みんなの不動産シリーズ

[6訂版]

改正民法対応

賃貸住居の法律Q&A

監修 小林芳郎　田中紘三　村田裕
推薦 篠塚力（東京弁護士会会長）
編著 東京弁護士会易水会

住宅新報出版

編集責任者のまえがき

　バブル経済の崩壊により経済的価値観が激変しました。少子化高齢化社会がすすんでいます。そのようなことから、マイホーム至上主義に疑問をもつ人も多くなってきました。家主や賃借人が経済的に行き詰まり、いままでの賃貸借契約に第三者の利害が入りこんでくることも多くなりました。賃貸借期間が長くなると、賃料が高すぎたり、低いままになっていたことによるトラブルや、建物や設備の老朽化による問題も増えがちとなります。最近では、明渡し時の原状回復をめぐるトラブルも目立って増えています。
　そのような場合には、家主も賃借人もみずからその解決に当たらなければなりません。たとえ弁護士に解決を一任するにしても、その解決がどのような方向になるのかを知っておかなければなりません。その最も重要な指標となるのは、法律の規定や裁判で集積され確立された判例です。これに思いをいたすことなく相手方の態度にいきりたつと、思わぬヤケドをすることもあります。
　本書の執筆には、同じ問題意識をもつ弁護士グループ（東京弁護士会の法友会に所属する1923年創立の易水会《えきすいかい》に籍をおく「民事裁判実務研究グループ」）がその知識経験をもとに分担して当たりました。本書によれば、家主にとっても、賃借人にとっても、たいていの紛争につき、「この紛争は、裁判になるとどう裁かれるのか」という点について簡単に確認できるはずです。また、裁判になった場合に必ず目をとおすべき判例の所在も明記してありますので、弁護士などに相談するときに、これを参考にしてもいいと思います。
　本書は、弁護士をはじめとする法律実務家が最新の判例理論の概観をつ

かむのに便利な内容にしてありますので、法律専門家以外の読者には難解な部分もあることでしょう。しかし、実際に紛争問題に巻き込まれてしまった人は、その問題に関しては、すぐに高度の専門的理解力を身につけてしまうのが普通のようです。また、難解な部分については弁護士などに相談するときに質問してその理解を深めるようにすれば足るものと思います。

　本書は、4章から構成されています。ただし、幾つかの章にまたがる問題を特定の章のなかにむりやり押し込んだところもなきにしもあらずです。できれば、ある問題が生じたときは、目次の全部をじっくり見渡し、関連する他の章の回答欄もお読みください。編集責任者としては、すべての章の視座と内容に食い違いがないように工夫し、かつ、とりはからったつもりですが、もしそうでない部分があれば、それは、答えが複数あり得るためとご理解ください。

　本書を監修していただいた橋元四郎平・元最高裁判所判事及び本書を推薦していただいた小堀樹・元日本弁護士連合会会長には、執筆者全員が弁護士登録以来親しくご指導をうけ、薫陶をうけました。監修と推薦の目に漏れが生じた部分や構成上の不手際があれば、その責任はすべて編集責任者にあります。

　本書の刊行にあたっては、住宅新報社の編集部にもお世話になりました。そのおかげで本書を完成させることができました。お礼申し上げます。

　　　平成13年10月

　　　　　　　　　　　編集責任者　弁護士　田　中　紘　三

風蕭々（かぜしょうしょう）として易水寒し（えきすいさむ）
壮士（そうし）ひとたび去りて
復（ま）た還（かえ）らず（史記刺客列伝第26より）

3訂版のまえがき

　本書は、平成12年2月の初版刊行以来、建物賃貸借に関わる問題点を網羅的に取り上げた実務書としてご好評をいただいて参りました。

　この間、平成13年10月に改訂版を刊行いたしましたが、その後さらに担保・執行法、破産法など多くの法改正が行われ、賃貸借関係でも、短期賃貸借保護制度が廃止されるなど大きな改正がありました。

　また、建物賃貸借に関する新たな判例も集積されており、近時増加しているピッキング被害に関連する問題など新たに検討すべき事項も出てきました。

　そこで、今回、これらの改正法や判例を盛り込むとともに、新たに検討すべき設問を追加した3訂版を刊行することになった次第です。

　この3訂版にあたっては、各執筆者をわずらわして内容の見直しをし、また、とりあげる項目も多少変更しました。それらの整合作業については、絶対的に信頼できる佐藤雅彦弁護士に中心となっていただきました。佐藤雅彦弁護士は、法の過去を知り、その現在を語り、将来を見据えることのできるわが易水会の逸材のひとりです。

　本書が、弁護士も愛用している実用書として、また、弁護士の日常的職務のなかで迅速に記憶を再確認するための座右資料として、これまで以上に多くの方にご活用いただければ幸いです。

　平成17年7月

　　　　　　　　　　　　編集責任者　　弁護士　田　中　紘　三

4訂版のまえがき

　ゆったりと時が流れる。もうそのような時代ではなくなりました。短い契約期間の賃貸借の世界でも、契約を調印した時と契約が終了した時とでは、法律や判例が大きく変わっているということが珍しくなくなりました。本書も頻繁に改訂していかなければ、読者の求めに応じられません。そこで、このたび3訂版の完売を機として、現時点における法律や判例と整合しているかどうかを改めて全頁にわたってチェックし、4訂版としてお届けすることにいたしました。

　4訂版では、特に、最近の紛争例でしばしば問題となる明渡し時の原状回復について、判例を紹介するとともに、解説を充実させました。紙面の都合上、ガイドラインの詳細な解説はできませんでしたが、ガイドラインに関しては、インターネットで検索をすれば、かなりの情報を得ることが可能です。

　最近は、賃貸人や賃借人もみずからの権利義務について研究し、それらを主張することが増えてきました。本書は、そのような賃貸人や賃借人から相談を受ける弁護士の実用書として用いられることを目的とするだけでなく、賃貸人や賃借人本人が読んでもわかりやすいように表現方法を工夫しています。これまで以上に多くの方々にご愛読いただければ幸いです。

　　平成20年9月

　　　　　　　　　　　　編集責任者　　弁護士　田　中　紘　三

5訂版のまえがき

―不安定化する賃貸借、原子力損害の賠償、民法（債権関係）の改正―

　4訂版が発刊された平成20年9月に発生したリーマンショック以来5年間、わが国においても、その後不況が深刻化して非正規社員が増加するなかで経済的に困窮した賃借人が増加しました。これに対する「追い出し屋」の横行などの違法な自力執行が社会問題となるなど、法の適正な運用が求められてきました。

　また、平成23年3月には東日本大震災が発生し、同時に発生した原子力発電所の事故により、多数の被害が発生しました。震災復興と同時に発生した原子力損害に対する賠償問題もようやく紛争解決機関による集中的な紛争解決が進みつつあります。

　他方、法律自体の改正も進展しています。平成21年11月から法務省法制審議会民法（債権関係）部会において、120年ぶりに市民生活の基本法である民法の改正に関する検討が行われています。判例学説実務の現状分析、関係法令の歴史的な研究、そして世界的な民法改正の動向も踏まえた検討が続けられ、その検討結果も公表されています。

　5訂版においては、新たな執筆者も数多く参加して、4訂版までの成果を活かしつつ、これらの変化を踏まえて、多くの箇所で加筆するとともに、新設の項目を追加しています。

　本書は、賃貸住居に関する問題を網羅して弁護士向けの実用書とするとともに、賃貸借にかかわる一般の市民、企業の方にも十分に理解して頂くよう表現を工夫しております。これまで以上に多くの方々に読んでいただければ、これ以上の幸せはありません。

　　平成26年3月

　　　　　　　　　　　編集責任者　　弁護士　篠　塚　　　力

6訂版のまえがき

　東京弁護士会の一会派である易水会は、2023年に創立100周年を迎えます。

　当会では、これまで、本書の改訂を重ねてまいりましたが、創立100周年を前に、現時点での賃貸住居にまつわる様々な法的、社会的問題、新たな裁判例や実務の動向などを踏まえてアップデートし、改正民法債権法の2020年4月の施行を先取りする形で、新たに6訂版として皆様にお届けするものです（経過措置については、本書Q1-1、Q1-3に記述がありますので適宜ご参照願います。）。

　さて、本書の特徴として、これまでどおり全ての項目につき実務に精通した弁護士の手で執筆しており、内容の信用性を担保しています。しかも、6訂版では、当会の総力をあげた企画として位置付け、執筆陣についてもこれまで以上に拡充をはかり、経験を重ねたベテランから新進気鋭の若手まで、当会が誇る140名を超える弁護士による執筆が実現したことは、画期的でもあります。さらに、6訂版では、読者の皆さんからのリクエストに応じ、知りたい情報に速やかにアクセスできるよう、巻末には新たに索引（さくいん）を設けました。

　本書が賃貸住居の法律に関する実用書として、不動産賃貸借の実務に関わる弁護士や賃貸仲介業者などはもちろん、貸主又は借主になる一般の企業や市民の方などを含めて、これまで以上に多くの方々にご活用いただき、紛争の予防や解決の手がかりにしていただければ、当会として、この上ない喜びです。

　2019（令和元）年9月

　　　　　　　　　　易水会幹事長　弁護士　竹　内　英一郎

推薦のことば

　賃貸住居は、多くの場合、借主にとっても貸主にとっても生活の基盤です。そのため、賃貸住居の仲介、賃料、賃貸期間、修繕、更新、中途解約、不履行解除、原状回復、明渡等を巡り、日々切実で複雑な紛争が繰り返されています。さらに、近年は、民法をはじめとする基本法の大きな改正が続いています。改正に対する新たな対処の仕方を知らずにいると、予想外の結果を招く状況が生まれています。弁護士が賃貸住居の問題に関して紛争解決や紛争予防に当たる例も絶えることがありません。

　本書は、前身である「アパートの法律」を1993（平成5）年の発刊を受け、2000年（平成12）年の初版以来、東京弁護士会易水会において、賃貸住居の法律問題に精通した会員が、改訂のための企画、編集そして執筆を担当してきました。

　初版から5訂版まで、その都度、法律制度の改正、判例の変更や追加、学説の動向そして実務の動向を反映させてきました。弁護士をはじめとする実務家に必要とされる水準を確保するとともに、Q&A方式により、法律家でない方々にも分かりやすい表現を維持し、版を重ねています。

　今回の第6訂版では、特に、民法債権関係の大改正に対応した内容に改訂されています。

　東京弁護士会易水会において、今回も、精通した会員の総力を結集して、改めて第6訂版を世に出すことできたことは、慶賀の至りです。同会の一員であり、第5訂版から編集責任者を務める者として、大変に誇りに感じております。

　弁護士そして賃貸住居の法律問題に関わる皆さんが、本書を賃貸住居の法律問題に関する最新の実務書として活用されることを願ってやみません。

2019（令和元）年9月

東京弁護士会会長　弁護士　篠　塚　　　力

	編集責任者のまえがき	i
	3訂版のまえがき	iii
	4訂版のまえがき	iv
	5訂版のまえがき	v
	6訂版のまえがき	vi
	推薦のことば	vii

第1章　債権法改正

1-1	債権法改正と賃貸住居の法律（俯瞰）（篠塚　力）	2
1-2	原状回復と敷金に関する改正（濱島幸子）	4
1-3	保証人に関する重要改正（佐藤雅彦）	6
1-4	賃貸借の期間、短期賃貸借、賃借物の滅失、妨害排除に関する改正（小松達成）	8
1-5	転貸借、不動産の賃貸人たる地位の移転に関する改正（小松達成）	10

第2章　契　約

2-1	旧借家法（旧法）と借地借家法（新法）との関係（小林芳郎）	14
2-2	定期借家制度の運用状況（岡田卓巳）	16
2-3	公正証書による賃貸借契約（今井　勝）	18
2-4	賃貸借契約で規定してはならないこと（岩渕靖子）	20
2-5	消費者契約法により問題になる契約条項（田中みちよ）	22
2-6	家賃保証契約における違約金等の条項の効力（鈴木善仁）	24
2-7	契約条項の趣旨（田中みどり）	26
2-8	管理細則の一方的制定権限（田中紘三）	28
2-9	仲介報酬の支払義務（中川寛道）	30
2-10	仲介業者の調査説明義務の範囲（今井勇太）	32
2-11	心理的欠陥と貸主の告知義務（今井勇太）	34
2-12	賃貸借契約のドタキャン（芳賀成之）	36

2-13	一時使用に限定する建物賃貸借(林　友宏)	38
2-14	定期建物賃貸借契約(清澤清一郎)	40
2-15	妻の代理権(吉田清悟)	42
2-16	入居者の属性に関する虚偽説明(小野高央)	44
2-17	替え玉による入居契約(神山卓也)	46
2-18	正体不明者の入居(木皿裕之)	48
2-19	法人の賃借名義と役員等の変更(外立憲和)	50
2-20	賃貸借の無断転貸(花田勝彦)	52
2-21	営業委託契約と賃貸借契約(谷村孝一)	54
2-22	サブリース契約(大西英敏)	56
2-23	賃貸借契約の解除と転貸借契約との関係(岡田卓巳)	58
2-24	会社の借り上げ住宅と従業員・役員の解雇解任(高橋辰三)	60
2-25	賃貸建物の共有化と賃貸借(星野久美子)	62
2-26	オーナーチェンジによる建物譲受人の地位(児島雅彬)	64
2-27	賃借人の倒産と賃貸借の解除(藤原　浩、間嶋修平)	66
2-28	賃貸人の破産と解除(鈴木美華)	68
2-29	賃貸人に破産管財人がついたときの対応法(大西雄太)	70
2-30	譲渡担保権者の賃料請求と敷金返還義務(小島功一)	72
2-31	競売と敷金・保証金の引き継ぎ(風祭　寛)	74
2-32	賃借権の相続(武藤　功)	76
2-33	内縁の夫死亡後の妻の居住権(石島美也子)	78
2-34	離婚後の居住使用権(本橋光一郎)	80
2-35	更新契約書面がない場合の賃貸借更新(橋本　潤)	82
2-36	賃貸人による解約予告の撤回(安斎業陽)	84
2-37	賃借人による解約予告の撤回(浅野聡子)	86
2-38	中途解約の禁止条項(髙池勝彦)	88
2-39	賃借人の保証人の責任(吉田直可)	90
2-40	賃貸借と使用貸借(松本行哲)	92
2-41	賃貸借と時効(中野敬子)	94
2-42	公営住宅の諸問題(河野満也)	96
2-43	マンション賃貸に伴う諸問題(秦野匡宏)	98

2-44	シェアハウス（神尾真澄）	100
2-45	サービス付き高齢者向け住宅（三島木久美子）	102
2-46	借地借家法の適用がある「建物」と家屋の一部や駐車場（宇田川靖子）	104
2-47	外国人への賃貸（土方恭子）	106

第3章 用 法

3-1	看板の設置（牧野盛匡）	110
3-2	法人名義の表札（金子博人、宇田川靖子）	112
3-3	自室で商売（牧野盛匡）	114
3-4	不誠実敵対的態度（青木和久）	116
3-5	言動不審者の入居（新谷紀之）	118
3-6	暴力的賃借人（板垣幾久雄）	120
3-7	暴力団事務所（下田俊夫）	122
3-8	他の居住者に対する迷惑行為（菅野庄一）	124
3-9	刃傷沙汰事件を生じさせた入居者に対する賠償請求（市村直也）	126
3-10	きたない利用（菅野庄一）	128
3-11	賃貸人にとっての貸室の騒音問題と対応（片野陽介）	130
3-12	生活音に対する隣室からの苦情（長谷川浩一）	132
3-13	多人数使用（渡邊 信）	134
3-14	ペット（長谷川浩一）	136
3-15	付帯使用権（角田 淳）	138
3-16	模様替え（小林哲也）	140
3-17	新品設備の設置義務（渡部 政）	142
3-18	摩耗品の取替義務（市川 尚）	144
3-19	設備の修理費（田村佳弘）	146
3-20	構造的欠陥の修繕義務（外立和幸）	148
3-21	賃貸当初からの欠陥（山口昭則）	150
3-22	シックハウス（松村恵梨）	152
3-23	老朽アパートの修繕責任（石坂大輔）	154

3-24	低家賃アパートの修理責任(川　義郎)	156
3-25	無断改装と契約解除(寺澤春香)	158
3-26	室内工事(小川亮太郎)	160
3-27	室内点検の認容義務(角田　淳)	162
3-28	修繕の受忍義務(山下大輝)	164
3-29	改装工事の騒音振動(小西麻美)	166
3-30	改修工事期間中の居住不能(加藤義樹)	168
3-31	修繕費用負担者の区分(高橋真司)	170
3-32	賃借人依頼の内装工事業者に対する支払義務者(田中みちよ)	172
3-33	改築建物への再入居妨害(中川寛道)	174
3-34	類焼による火災(藤堂武久)	176
3-35	火の不始末による失火(早野貴文)	178
3-36	転借人の失火と賃借人の責任(小松達成)	180
3-37	入居者の事故(今井　勝)	182
3-38	防犯の管理(風祭　寛)	184
3-39	ピッキングと賃貸人の管理義務(井上壮太郎)	186

第4章　賃　料

4-1	適正賃料(中沢信介)	190
4-2	賃料格差(髙池勝彦)	192
4-3	賃料の自動値上げ条項(中村克利)	194
4-4	賃料の減額請求(竹内英一郎)	196
4-5	賃料の増額請求(黒澤　弘)	198
4-6	調停による賃料改定手続(笹浪雅義)	200
4-7	賃料の増減額請求と賃料支払供託(林　敏彦)	202
4-8	長期供託と供託額(牛江史彦)	204
4-9	供託の無効(村田　裕)	206
4-10	供託金の還付と取戻し(藤原亮太)	208
4-11	マンション管理費等の賃借人負担条項(福盛章子)	210

4-12	修繕義務違反を理由とする賃料の支払拒否(濵島幸子)	212
4-13	第三者からの明渡請求と賃料支払拒絶権(菊地将太)	214
4-14	賃料不払いによる解除(柴田征範)	216
4-15	賃料受領拒否(岡田 功)	218
4-16	賃借人死亡後の賃料支払義務者(小久保成)	220
4-17	同居人に対する賃料請求(橋本 潤)	222
4-18	扶養義務者の賃料支払義務(笹浪恒弘)	224
4-19	賃料支払先の変更通知(外立憲和)	226
4-20	第三者による賃料の支払い(大原義隆)	228
4-21	賃料の代理受領(田中みどり)	230
4-22	賃料の仮差押え(加藤一郎)	232
4-23	賃料の差押競合(若林信子)	234
4-24	抵当権者による賃料からの債権回収(鈴木恭平)	236
4-25	賃料差押えと賃借人が差し入れた敷金の関係(須藤耕二)	238
4-26	賃料債権の譲渡通知(鈴木道夫)	240
4-27	賃料の差押えのがれ(摺木崇夫)	242
4-28	賃貸人の死亡と賃料の支払先(宗村森信)	244
4-29	賃貸人の倒産および行方不明(小森 燈)	246
4-30	集金管理の委託(高瀬靖生)	248
4-31	家賃保証会社の取立て(久保友子)	250
4-32	消費税の付加請求(喜多俊弘)	252
4-33	使用損害金(青柳 周)	254

第5章 明渡し

5-1	賃貸借解除による建物明渡請求訴訟と占有移転禁止の仮処分(松浦賢輔)	258
5-2	賃貸人の都合による明渡請求訴訟(雨宮 慶)	260
5-3	立退料(平池大介)	262
5-4	老朽化や危険性を理由とする契約の終了(金山直樹)	264
5-5	賃借権に基づく妨害排除請求(菊地将太)	266

5-6	明渡しの強制執行の手続（箭内隆道）	268
5-7	占有移転禁止の仮処分（佐藤雅彦）	270
5-8	裁判費用の請求（田代奈美）	272
5-9	明渡しの判定時期（伊東大祐）	274
5-10	敷金返還拒絶と少額訴訟手続（上林祐介）	276
5-11	行方不明になった賃借人に対する明渡請求訴訟（渡邊慎一）	278
5-12	居留守の賃借人に対する通知方法（小倉慎一）	280
5-13	単身入居者死亡時の残置品の処分（青木和久）	282
5-14	残置品処分費および残置高価品（小森貴浩）	284
5-15	原状回復義務（川合晋太郎）	286
5-16	通常損耗分についての特約（椎橋徹治）	288
5-17	明渡時のクリーニング費等の請求（藤原靖夫）	290
5-18	経年劣化品の取替代金（溝口竜介）	292
5-19	修理代金の請求（山内　隆）	294
5-20	追い出しのための居住妨害（東城輝夫）	296
5-21	自力救済を許容する特約（加藤　潤）	298
5-22	退去後のカギの交換（村山栄治）	300
5-23	社宅における諸問題（櫻庭知宏）	302
5-24	第三者の圧力を利用した明渡請求（酒井康生）	304
5-25	家賃保証会社による居室退去の強要（久保友子）	306
5-26	明渡しと留守との違い（荻野明一）	308
5-27	不法行為債務との相殺（坂東利国）	310
5-28	賃借権と抵当権との関係（今井和男）	312
5-29	複数の賃貸借契約を結んでいる場合（平山　諒）	314
5-30	競売手続中の明渡請求（宗万秀和）	316
5-31	競売買受けと引渡命令（川合順子）	318
5-32	第三者に対する賃貸借の対抗力（大越　徹）	320
5-33	敷金返還請求権の差押えと質入れ（中村隆史）	322
5-34	譲渡制限特約のある敷金返還請求権の譲渡（宇田川靖子）	324
5-35	敷金・保証金と賃料との相殺および賃料の支払留保（宮村純子）	326
5-36	建物所有者の敷金・保証金等返還義務（堀越　董）	328

5-37	賃借人の敷金・保証金返還請求権と自己破産（宮崎大輔）	330
5-38	賃貸会社の破産等と敷金・保証金（上林典子）	332
5-39	賃貸会社の役員の個人責任（後藤　大）	334

索　引 …………………………………………………………………… 336

第1章 債権法改正

債権法改正と賃貸住居の法律（俯瞰）

債権法改正が賃貸住居の実務に与える主要な点として、どのようなものがありますか。

■ 改正法を理解する上でのポイント

いわゆる債権法改正（民法の一部を改正する法律　平成29年法律第44号、以下「改正民法」といいます）により、民法の賃貸借の規定にも改正がありました。

しかし、その多くは、賃貸借に関する従来の一般的な理解や、確立した判例の立場を明記し、分かりやすくする趣旨によるものです。これまでの賃貸住居の法律関係・実務のルールを変更するものではありません。

改正民法で、新しいルールの制定や、従来のルールの変更があった箇所こそ、実務に変更がある箇所ですから、これらを押さえることが理解のポイントとなります。

■ 原状回復義務および敷金に関する改正は従来のルールの明文化

改正で条文が新設され、注目を浴びたものとして、原状回復義務（民法621条）および敷金（民法622条の2）に関する規定の新設がありますが、これらは、従来のルールを変更するものではなく、従来のルールを分かりやすく明確化したものの例です（1-2で詳しく解説します）。

従来のルールを明文化したものについては、それぞれの箇所で解説しています（1-2、1-4、1-5を参照）。

■ 保証に関する新しいルールが賃貸住居の保証人に与える影響

改正民法では、保証に関して新しいルールが制定されており、これが賃貸住居の保証人に大きな影響を与えています。賃貸住居の保証人が個人である場合、個人根保証契約に該当するので、極度額（保証人が責任を負うべき上限額）の定めがない保証契約は無効となります（民法465条の2）。賃借人が賃料を不払いしたり、あるいは賃借した建物を焼失させるなどの債務不履行があっても、賃貸人は保証人に対し、保証債務の履行をもとめ

ることができなくなります。そうならないように、賃貸人としては、契約書を改訂する必要が生じます。また、改正民法では、3種類の情報提供義務の規定も設けられました（民法458条の2、458条の3、465条の10）。新たなルールの制定により、従来の実務に大きな変更が生じるところです（1-3で詳しく解説します）。

■ 賃貸借に関する新たなルールの制定・従来のルールの変更

賃貸借に関して、新たなルールが制定・従来のルールが変更されたものとしては、次のようなものがあります。
・賃貸借の期間が20年から50年に伸長されました（民法604条 1-4参照）。
・賃借人が賃借物を修繕できる場合のルールが新設されました（民法607条の2）。
・賃借物が一部滅失するなど、賃借物の一部を使用収益できなくなった場合において、それが賃借人の責に帰することができない事由によるものであるときの賃料の割合的減額は、賃借人の請求による減額から当然減額にルールが変わりました（民法611条1項 1-4参照）。
・賃貸借の対抗要件を備えた賃貸不動産の譲渡の際に、不動産の譲渡人と譲受人が、賃貸人たる地位を譲渡人に留保することおよびその不動産を譲受人が譲渡人に賃貸することを合意したときは、賃貸人たる地位を譲渡人に留保することを認めました。この場合において、譲受人と譲渡人との間の賃貸借契約が終了したときは、譲渡人に留保された賃貸人たる地位は当然に譲受人に移転します（民法605条の2第2項、詳細は1-5参照）。
・賃借人の用法違反による賃貸人の損害賠償請求権については、賃貸人が返還を受けた時から1年を経過するまでは、消滅時効の完成が猶予されます（民法622条の準用する民法600条2項）。

その他、民法の時効に関する新たなルール改正は、もちろん賃貸借契約に大きな影響を与えます。

■ 経過措置

改正民法は、2020年4月1日から施行されますから、施行日以後に締結された賃貸借契約には改正民法が適用されますが、施行日前に締結された賃貸借契約には、なお従前の規律によります（附則34条1項、例外の34条2項、3項について、1-4参照）。施行日前に締結された賃貸借契約が施行日以後に当事者の合意によって更新された場合には、改正民法が適用されますが、借地借家法26条で契約の更新をしたものとみなされる場合には、更新後も旧法が適用されることになると解されています。もっとも、賃貸借契約の更新と保証との関係には、注意が必要です（1-3で詳しい解説があります）。

篠塚・野田法律事務所　弁護士　篠塚　力

原状回復と敷金に関する改正

原状回復と敷金に関する改正の内容と注意点はどのようなものですか。

■ 原状回復義務に関する改正

(1) 改正前民法における賃借人の原状回復義務

改正前民法のもとでは、賃借人が契約締結後に賃借物に附属させた物についての収去義務について明文はなく、賃借人の収去権(改正前民法616条、598条)を根拠に収去義務を負うと解されていました。

また、賃借物が損傷した場合の原状回復義務については、その具体的内容が明確ではなく、原則として賃借人は原状回復義務を負うものの、賃借人の帰責事由によらないものは対象外とされ、判例法理によって、特約がある場合を除いて通常損耗については原状回復義務を負わないとされていました(最判平成17年12月16日民集218号1239頁)。

(2) 改正民法による収去義務および原状回復義務の明文化

改正民法は、明渡し時に多い賃貸借契約のトラブルを防止するため、解釈に委ねられていた賃借人の収去義務及びその内容を明文化し(民法622条、599条1項)、原状回復義務に関する一般的な理解と通常損耗(経年変化を含む。以下同じ)に関する判例法理も明文化して、通常損耗の原状回復は賃借人の義務ではないことを明示しています(民法621条)。

(3) 注意点

改正民法によって明文化されたとはいえ、同規定は任意規定ですので、収去義務や原状回復義務の内容を特約により変更することは可能です。特約には、①賃借人の収去義務・原状回復義務を免除する特約や、②賃借人に通常損耗についても原状回復義務を負わせる特約が考えられます。

②の特約については、判例に従えば、「賃借人が補修費用を負担することになる通常損耗の範囲が賃貸借契約の条項自体に具体的に明記されているか、仮に賃貸借契約書では明らかでない場合には、賃貸人が口頭により説明し、賃借人がその旨を明確に認識し、それを合意の内容としたものと認められるなど、その旨の特約が明確に合意されている」(最判平成17年

12月16日民集218号1239頁）か否かが有効性の判断基準となります。

　消費者契約法の適用される居住用不動産の賃貸借の場合には、特約の有効性が肯定されたとしても、消費者契約法上の有効性も問題となります。賃借人に通常損耗まで負担させるような特約は、消費者の利益を一方的に害するものとして消費者契約法10条により無効となるリスクがあるといえるでしょう。消費者契約法が適用される賃貸借契約において、通常損耗を賃借人負担とする特約を定める場合は、無効となるリスクがあることに十分留意の上、具体的範囲と合理的な理由付けを契約書上明記し、賃借人に十分説明したことを書面上にも残しておくことが重要です。

■ 敷金に関する改正

(1) 改正前民法における敷金に関する規定

　改正前民法においては、敷金の定義や基本的な法律関係を定めた明文規定はなく、判例法理や解釈によって判断されてきました。

(2) 改正民法による敷金の定義および法律関係の明文化

　改正民法は、敷金の実務における重要性に鑑み、敷金に関する判例法理や一般的理解を明文化しています（民法622条の2）。

　敷金は「いかなる名目によるかを問わず、賃料債務その他の賃貸借に基づいて生ずる賃借人の賃貸人に対する金銭の給付を目的とする債務を担保する目的で、賃借人が賃貸人に交付する金銭をいう」と定義されました（民法622条の2第1項本文）。敷金返還債務の発生時期も「賃貸借が終了し、かつ、賃貸物の返還を受けたとき」（同条1項1号）または「賃借人が適法に賃借権を譲り渡したとき」（同条1項2号）であることが明示されています。また、「賃借人が賃貸借に基づいて生じた金銭の給付を目的とする債務を履行しないとき」は賃貸人が敷金を充当できる旨も明記されました（同条2項）。

(3) 注意点

　今回の改正は、従来の判例法理等を明文化したものなので、実務上の大きな変更はありませんが、「敷金」以外の名目であっても担保目的があれば敷金に該当することがより明確になったといえます。優先弁済に関しても明文化されていますが、賃貸人が敷金を債務に充当した場合に、賃借人が減少分の敷金差入義務を負うかについては、改正後も当事者間の合意内容によりますので、賃貸人は意識的に特約を設けるべきでしょう。

村田・加藤・小森法律事務所　弁護士　濱島幸子

保証人に関する重要改正

保証に関する改正のうち賃貸借の保証に関係するものにはどのようなものがあるでしょうか。

■ 保証に関する改正事項

保証に関する改正事項としては、①保証の基本的な内容である付従性に関連する規定の明文化、②保証人に対する情報提供義務の新設、③根保証契約の見直し、④公証人による保証意思確認手続の新設があります。このうち④公証人による保証意思確認手続は、事業のために負担した貸金等債務の保証契約に関する規定なので、以下では、賃貸借の保証に関係するものとして①～③の内容を見ていきましょう。

■ 主債務の加重と保証人の責任

保証人の関与なくその負担が加重されるのは相当でないことから、改正民法では、主債務の目的または態様が保証契約の締結後に加重されたときであっても、保証人の負担は加重されない旨の明文規定が置かれました（民法448条2項）。従来からの一般的解釈に従った規定であるため、この規定の新設による実務への影響はないものと考えられますが、賃貸人の側からは、念のため、賃貸借契約書の保証条項に「賃貸借契約後の賃料増額にも保証人の責任が及ぶこと」を明示するなどの対応を検討してみてもよいでしょう。

■ 極度額の定め

根保証契約は保証人の責任が予想外に過大となるおそれがあり、特に個人の保証人においては生活の破綻に追い込まれる例もあります。このような個人保証人を保護するため、平成16年の民法改正において、個人が貸金等根保証契約を締結する場合には、極度額を定めなければならないものとする規定が置かれました（改正前民法465条の2）。しかし、保証人の責任が予想外に過大になるおそれがあることは何も貸金等根保証契約に限ったことではありません。そこで、今回の民法改正では、極度額による規律

の対象が貸金等根保証契約以外の根保証契約にも拡充され（民法465条の2）、賃貸借の保証契約もその対象に入ることになりました。したがって、改正民法施行後に締結される賃貸借の保証契約で、個人が保証人となる場合には、契約書に極度額を記載する必要があります。

■ 情報提供義務

保証人は主たる債務者の履行状況を常に知り得る立場にないため、改正民法ではこのような保証人を保護するため情報提供義務が規定されました（民法458条の2、458条の3、465条の10第1項）。

賃貸借においても、これらの規定に基づき、例えば、賃貸人は、委託を受けて保証した保証人から請求があったときは、賃料および共益費等の支払状況や滞納金の額、損害賠償の額等の情報を提供しなければならず（民法458条の2）、賃貸人がこの義務の履行を怠った場合、損害賠償責任が生ずることがあります（民法415条）。

また、事業のための賃貸借について賃借人が個人に保証を委託する場合、賃借人（主たる債務者）は自己の財産および収支の状況等の情報を保証人に提供する義務があり（民法465条の10第1項）、賃借人がこれを怠った場合、保証人は、賃貸人の悪意または過失などの一定の要件のもとに保証契約を取り消すことができます（民法465条の10第2項）。

■ 経過措置

保証に関する規定については、保証契約の締結が改正法施行日の前か後かにより改正民法の適用が決まりますが（附則21条1項）、更新については注意が必要です。改正法施行前に賃貸借契約およびこれに付随する保証契約が締結され、施行後に賃貸借契約が自動更新条項に従って更新された場合、賃貸借契約は改正法施行後に更新の合意があったものと解されて、改正民法が適用されます。しかし、保証契約は、特段の事情のない限り、当初契約時に保証人が更新後の賃貸借から生ずる賃借人の債務についても保証の責めを負う趣旨で合意されたものと解され（最判平成9年11月13日判時1633号81頁、判タ 969号126頁）、更新時に新たな保証契約が締結されるものとは解されません。よって、保証契約については改正前の民法が適用されることになります。

viola法律事務所　弁護士　佐藤雅彦

賃貸借の期間、短期賃貸借、賃借物の滅失、妨害排除に関する改正

賃貸借の期間、短期賃貸借、賃借物の滅失、妨害排除に関する改正はどのようなものですか。

■ はじめに

 いわゆる債権法改正(民法の一部を改正する法律 平成29年法律第44号、以下「改正民法」といいます)の影響により、賃貸住居の実務において特に注目すべき部分については、1-1から1-3で解説があります。これらの他にも、改正民法は、賃貸借の規定を全般的に整備しています。以下、賃貸借の期間、短期賃貸借、賃借物の滅失、賃借人による妨害排除請求に関し、改正民法による規定の整備を説明します。

■ 賃貸借の期間に関する改正

 改正民法は、借地借家法等の特別法の適用のない賃貸借の存続期間を20年から50年に伸長しました(民法604条1項)。ゴルフ場の敷地や太陽光発電パネルの敷地、重機等の動産の敷地といった長期の賃貸借が必要な場合を念頭に置いたものです。また、賃貸借契約が更新された後の存続期間も同様に50年に伸長されました(同条2項)。なお、施行日前に賃貸借契約が締結された場合でも、施行日以後の更新の合意には改正民法が適用され、更新後の期間を50年とすることができます(附則34条2項)。

■ 短期賃貸借に関する改正

 改正法は、短期賃貸借について、「処分の権限を有しない者」(具体的には不在者財産管理人、相続財産管理人、後見監督人のある場合の後見人等)が行う場合に適用されるものであることを明確化し、法定の短期の期間を超えた場合の効果は、その超えた期間のみ無効となる旨を明文化しました(民法602条 中田裕康『契約法』394頁 有斐閣2017年)。
 なお、改正前は「処分につき行為能力の制限を受けた者」という文言がありましたが、未成年者や成年被後見人であっても短期賃貸借であれば単独で有効にすることができるという誤解が生じ得るので、改正民法はこの

文言を削除しました。制限行為能力者については、制限行為能力の規定に委ねることとして（民法13条1項9号、17条1項）、規定の棲み分けがされました。

■ 賃借物の全部滅失、一部滅失による使用収益不能

判例（最判昭和32年12月3日民集11巻13号2018頁等）は、賃借物が全部滅失するなど、賃借物の全部を使用収益することができなくなった場合には、賃貸借は終了するとしていますから、改正民法はこの旨を明文化しました（民法616条の2）。

改正民法は、賃借物が一部滅失するなど、賃借物の一部を使用収益できなくなった場合において、それが賃借人の責に帰することができない事由によるものであるときは、使用収益ができなくなった部分の割合に応じて当然に賃料が減額されることを定めました（民法611条1項）。また、賃借物の一部滅失により使用収益ができなくなった場合において、残存する部分のみでは賃借人が賃借をした目的を達することができないときには、賃借人は契約の解除もできます（同条2項、賃料の当然減額の場合と異なり、賃借人の帰責事由の如何を問いません）。

なお、賃料減額に関しては、小作人の保護を目的とした規定についても文言の明確化がされています（民法609条）。

■ 不動産の賃借人による妨害排除請求権

判例（最判昭和28年12月18日民集7巻12号1515頁、最判昭和30年4月5日民集9巻4号431頁）は、不動産の賃借権が対抗要件を備えている場合、賃借権に基づく妨害排除請求権や返還請求権を認めています。

改正民法は、かかる不動産の賃借人による妨害排除請求権について、判例を明文化しました（民法605条の4）。明文化されたのは、妨害の停止および返還についてであり、賃借権に基づく妨害予防請求権については、判例がないなどの理由で規定されていません（前掲中田456頁から457頁）。

なお、改正民法の施行日前に賃貸借契約が締結された場合でも、施行日以後にその不動産の占有を第三者が妨害し、またはその不動産を第三者が占有しているときには、民法605条の4が適用されます（附則34条3項）。

上記の施行日以後に更新をする場合の賃貸借の期間および不動産の賃借人による妨害排除請求権に関するもの以外の経過措置については、1-1を参照してください。

篠塚・野田法律事務所　弁護士　小松達成

Q 1-5 転貸借、不動産の賃貸人たる地位の移転に関する改正

転貸借、不動産の賃貸人たる地位の移転に関する改正はどのようなものですか。

■ 転貸借に関する規律の整備

賃貸人Aが賃借人Bに対し、転借人Cへの転貸を承諾するなど、適法な転貸借がされた場合、CはAに対して直接に義務を負います（改正前民法613条1項前段）。この義務は、CがAに対して転貸借に基づく債務を直接履行するものですから、CのBに対する債務の範囲内であることはもちろん、BのAに対する債務の範囲に限られると解されていました。改正民法は、この解釈を明文化しました（民法613条1項）。

また、改正民法は、判例（最判昭和62年3月24日判時1258号61頁等）に従って、Bが適法に目的物をCに転貸した場合に、AがBの債務不履行による解除権を有していたときを除き、Aは、Bとの間の賃貸借を合意解除したことをもってCに対抗することができないことを明文化しました（民法613条3項）。

■ 賃貸借の対抗要件を備えた賃貸不動産の賃貸人たる地位の移転

契約の当事者の一方が第三者との間で契約上の地位を譲渡する旨の合意をしても、相手方がその譲渡を承諾しない限り、契約上の地位は第三者に移転しません（民法539条の2）。

しかし、①賃貸借の対抗要件を備えた賃貸不動産が譲渡人Xから譲受人Yに対して譲渡された場合、判例（大判大正10年5月30日民録20輯1013頁）は、その賃貸人たる地位は、賃借人Zの承諾を要せずに、Yに移転すると解していました。改正民法は、この旨を明文化しました（民法605条の2第1項）。

■ 賃貸不動産の譲渡の際の賃貸人たる地位の留保

上記①の例外として、②改正民法は、賃貸借の対抗要件を備えた賃貸不動産の譲渡の際に、不動産の譲渡人Xと譲受人Yが、賃貸人たる地位をX

に留保することおよびその不動産をYがXに賃貸することを合意したときは、賃貸人たる地位をXに留保することも認めています（民法605条の2第2項前段）。もっとも、この場合、元々の賃借人Zが転借人の立場となりますから、YとXとの間の賃貸借契約が終了した場合に、Zが不利益を被ります。そこで、改正民法は、YとXとの間の賃貸借契約が終了したときは、Xに留保された賃貸人たる地位が当然にYに移転する旨を定めました（民法605条の2第2項後段）。

■ 賃貸人たる地位の移転を賃借人に対抗するための要件

上記①の賃貸借の対抗要件を備えた賃貸不動産が譲渡された場合に、新賃貸人Yが、賃貸人たる地位の移転を賃借人Zに対抗するためには、判例（最判昭和49年3月19日民集28巻2号325頁）は、その不動産について所有権移転登記を具備しなければならないとしています。改正民法では、この旨を明文化しました（民法605条の2第3項）。

■ 敷金返還債務・費用償還債務の新賃貸人への承継

判例（最判昭和44年7月17日民集23巻8号1610頁）は、賃借人が旧賃貸人に交付していた敷金は、旧賃貸人の下で延滞賃料等の債務があれば、敷金からこれに当然に充当されて、残額のみが新賃貸人に承継されるとしていました。しかし、実務上は賃貸不動産の譲渡に際して敷金から当然充当するのではなく、別途精算を行うことが多いので、改正民法は、敷金返還債務は新賃貸人に承継されるという点のみ明文化しました（民法605条の2第4項）。承継される敷金返還債務の額については、判例の明文化はされておらず、解釈に委ねられています。費用償還債務についても、新賃貸人に承継されることを明文化しました（民法605条の2第4項）。

■ 賃貸借の対抗要件を備えていない賃貸不動産の賃貸人たる地位の移転

賃貸借の対抗要件を備えていない賃貸不動産が譲渡された場合における賃貸人たる地位についても、改正民法は、判例（最判昭和46年4月23日民集25巻3号388頁）に従って、不動産の譲渡人と譲受人との合意により、賃借人の承諾を要せずに、賃貸人たる地位を移転することができる旨を明文化しました（民法605条の3前段）。この場合にも、民法605条の2第3項および第4項が準用されます（民法605条の3後段）。

経過措置については、1-1を参照してください。

篠塚・野田法律事務所　弁護士　小松達成

第2章

契約

旧借家法（旧法）と借地借家法（新法）との関係

旧借家法のもとで成立した賃貸借契約に借地借家法の適用はありますか。

■ 借地借家法の制定・施行

「借地借家法」（以下「新法」といいます）は、平成4年8月1日から施行されました。これに伴い、従前の「建物保護ニ関スル法律」、「借地法」および「借家法」（以下「旧法」といいます）は廃止されました（新法附則2条）。また、新法38条の改正により定期建物賃貸借が導入され、平成12年3月1日から施行されています。

■ 既存の借家関係への新法の適用

新法施行後に成立した借家関係に新法の適用があるのは当然ですが、旧法が廃止された平成4年8月1日よりも前に成立していた建物賃貸借契約（以下「既存関係」といいます）は、新法の適用を受けるでしょうか。

この点、新法附則（以下「附則」といいます）は、文言上は既存関係にも新法が遡及して適用されることを原則としながら（附則4条本文）、同時に以下の2つの例外を定め、既存関係への新法の適用を限定的なものにしています。

先ず1つは、附則に特別の定め（附則5条以下）を設けて新法の遡及適用を排除し、従来どおり旧法が適用されるのと同一の取扱いをする場合を認めた点です（附則4条本文）。もう1つは、旧法により生じた効力は新法の施行によっても変更を受けないとした点です（同条ただし書）。これらの例外によって、旧法のもとで保障されていた権利や利益に重大な変更が生じることはなく、既存関係の安定が図られるとともに、とりわけ賃借人に不利な影響あるいは不安を与えることが回避されているのです。

■ 具体的な規定の適用について

以下、新法の主な規定について、既存関係への適用の有無を説明します。
(1) 附則に特別の定めがあるもの

ア　契約の更新（新法26条）、解約による終了（同27条）、更新拒絶等の要件（同28条）

　正当事由に関する部分を含め、契約の期間・更新に関する新法の改正内容は適用されず、旧法1条ノ2ないし3条が適用されます（附則12条）。

イ　転借人の賃貸人に対する造作買取請求権（新法33条2項）

　新法で新設された規定です。既存関係を基礎とする転貸借の成立時期が新法施行前である場合には適用されませんが、新法施行後である場合には適用されます（附則13条）。

ウ　借地上の建物賃借人の保護（新法35条）

　これも新設規定です。借地権の存続期間が平成5年7月31日までに満了した場合には適用されませんが、それより後に満了する場合には適用されます（附則14条）。

(2)　賃借人の賃貸人に対する造作買取請求権（新法33条1項）

　既存関係にも適用されます。旧法では強行規定でしたが（旧法5条、6条）、新法では任意規定となりました（新法33条1項、37条）。既存関係において賃借人の造作買取請求権を排除する特約を結んでいたとしても無効であり、これが新法施行により有効に変わることはありませんが（附則4条ただし書）、新法施行後、改めて同じ特約を結べば有効となります（同本文）。

(3)　定期建物賃貸借等（新法38条、39条）

　附則には定めがありませんが、新法で新たに導入された制度であり、既存関係でこれらの制度を利用するものは存在しませんので、遡及適用されることはありません。

　なお、定期建物賃貸借（新法38条）が施行された平成12年3月1日より前に成立していた建物賃貸借契約を合意解約したうえで、定期建物賃貸借契約に切り替えることについては、「当分の間」認めないとされたまま（平成11年改正附則3条）、その後現在に至るまで見直されていません。

(4)　その他の規定

　借家期間（新法29条）、借家権の対抗力等（同31条）、家賃増減請求権（同32条）、建物賃貸借終了の場合における転借人の保護（同34条）、居住用建物の賃貸借の承継（同36条）は既存関係にもそのまま適用されます（附則4条本文）。

今川橋法律事務所　弁護士　小林芳郎

Q 2-2 定期借家制度の運用状況

借地借家法の施行から25年が経過しました。新法の規定のなかでも定期借家制度はどのように運用されているのでしょうか。

■ 定期借家制度導入の経緯

借地借家法が平成4年8月1日に施行されてから25年以上が経過しました。借地借家法の借家に関する規定の多くは、旧借家法における解釈・判例を踏襲する内容でしたが、借地借家法を一部改正して導入され、平成12年3月から施行された定期借家制度は、旧借家法にはなかった新しい制度です（制度の内容については2-14を参照してください）。

定期借家制度が導入された背景には、正当事由による解約制限の適用を排除することによって多様かつ良質な賃貸住宅の市場への供給を促すという政策的な狙いがありました。制度導入により、空き家や遊休持家対策、高齢者住宅の流動化等につながることが期待されました（衆議院法制局・建設省住宅局監修『実務注釈　定期借家法』（信山社）58頁）。

■ 定期借家制度の利用状況

国土交通省の平成30年度住宅市場動向調査によると、三大都市圏で定期借家制度を認知している人は38.3％に上る一方、民間賃貸住宅で定期借家制度を利用した割合は過去5年間1％～3％台を推移しており（平成20年度は5.7％）、普及率は頭打ちの状況です。

また、アットホーム株式会社が首都圏の居住用賃貸物件を対象として行った平成30年度の調査によると、一戸建では11.4％、エリアによっては2割以上を定期借家物件が占めるものの、平均契約期間が2.5年と短期にとどまっており、利用目的が転勤時の短期間のリロケーションなどに偏っていることがうかがわれます。

このように、制度導入から20年近く経過した現在、定期借家制度は市場に定着しているものの、依然本格的な広がりをもって利用されるには至っていないといえるでしょう。

制度普及への課題と対策

　定期借家制度の普及が進まないのは、契約書面の作成、説明書面の交付、および契約終了時の事前通知の手続き等が煩雑であるため（借地借家法38条1〜4項）、家主に敬遠されがちだからだといわれています。また、長期の契約が少ないのは、現行法では200㎡未満の住宅については中途解約権を排除することができないため（同条5項）、契約期間が長くなるほど中途解約リスクが高く、普通借家と比べて割安な賃料を設定しにくいからだと指摘されています。法改正前に締結された契約は、たとえ当事者双方が希望しても定期借家契約への切替えが禁止されている（良質な賃貸住宅等の供給の促進に関する特別措置法附則3条）ことにも批判があります。

　最近になって、国土交通省は、契約締結時の手続を合理化するため、一定の要件を満たす場合に定期借家契約に関する事前説明（借地借家法38条2項）を重要事項説明（宅地建物取引業法35条1項）と兼ねる方法を認めました。これにより宅建業者が賃貸人を代理して事前説明を行う場合、重要事項説明を別個に行う必要がなくなりました。また、賃貸取引に関して認められている「IT重説」（テレビ会議等のITを活用して行う重要事項説明）の方法を、事前説明の方法として利用できることも明らかにしました（平成30年2月28日国土動第133号および国住賃第23号）。

　定期借家制度が賃貸人・賃借人双方にとってより合理的で利用しやすい制度となるように、立法論的な解決も含めてさらなる改善が期待されます。

制度の広がりと悪用事例

　UR（都市再生機構）では、定期借家制度を利用して若年世帯向けに割安な賃貸住宅を供給しています。各地の自治体やNPO法人などが、高齢者が所有する空き家を借り上げ、定期借家契約で子育て世代等に転貸する動きも活発になっています。過疎地では、田舎暮らしを希望する若者世代の移住促進策に定期借家制度を活用する試みも行われています。

　一方で、低所得者をターゲットに、格安賃料を謳って、劣悪な物件を十分な説明のないまま短期間の定期借家契約で賃貸する例も見受けられます。そのような場合、賃借人は、期間満了によって住む場所を失ったり、高額な賃料での再契約を強いられたりするおそれがあります。

　定期借家制度を正しく活用するためには、行政や専門家が正確な情報を発信するとともに、具体的事例の収集により、制度を不断に見直していくことが重要でしょう。

志賀・飯田・岡田法律事務所　弁護士　岡田卓巳

公正証書による賃貸借契約

2-3

建物の賃貸借契約を公正証書にする必要はあるのでしょうか。

■ 公正証書とは

　公正証書とは、公証人が証書として作成した文書をいいます。通常は、公正証書の作成を希望する者が公証人役場に出向き、公証人に公正証書の作成を依頼（嘱託といいます）して作成してもらうことになります。

■ 法律上の必要性について

　土地・建物の賃貸借契約は書面を作成しなくても口頭で成立しますが、平成4年8月1日施行の借地借家法によって創設された定期建物賃貸借の場合には書面の作成が必要となります。書面については、借地借家法38条は公正証書による等書面の作成が必要となるとするのみで、必ず公正証書を作成しなければならないとはしていません。また、取り壊し予定の建物賃貸借（借地借家法39条）の場合にも、その特約を書面に記載しなければならないことになっていますが、この書面も公正証書である必要はありません（2-14参照）。

　以下、賃貸借契約を公正証書にすることによって、賃貸人および賃借人にどのようなメリットがあるかという観点から検討することにします。

■ 賃貸人の立場からの考察

　まず、賃貸人の立場から考えるならば、公正証書を作成することにより、賃貸借期間、賃料の額および支払方法、解除原因、敷金など賃貸借契約の内容を明確にし、かつ証拠を残すことができ、後日、これらの点に関して紛争が起きることを未然に防止することができます。特に、連帯保証人の保証意思の確認の点ではメリットがあります。ただ、これらの点については、公正証書以外の書面で契約する場合でも、宅地建物取引士の立会いのもとで契約をするとか、連帯保証人に印鑑証明書を添付させるなどの方法をとれば十分であるとも考えられます。

賃貸人の関心は、前記の点よりはむしろ、毎月の賃料が確実に得られるか、賃借人が賃料の支払いを怠ったときに、賃貸借契約を解除して直ちにアパートを明け渡してもらえるかという点にあると思われます。

　これらの点のうち未払賃料の回収に関していえば、公正証書には大きなメリットがあります。すなわち、公正証書のうち強制執行認諾の文言が記載されたものは、「執行証書」と呼ばれ、給付を命じる確定判決と同じ効力が認められているのです（民事執行法22条5号）。簡単にいえば、あらかじめ執行証書を作成しておけば、紛争が生じたときに、裁判所に対して訴えを提起したり、あるいは支払督促を求めたりしなくても、公正証書をもとに直ちに強制執行ができるということです。

　しかし、この執行証書は、一定額の金銭給付を目的とする請求権についてしか認められていません。したがって、未払賃料については強制執行ができますが、たとえ公正証書に、賃料の支払いを怠った場合には賃貸借契約を解除し、賃借人は、直ちに明け渡す旨の条項があったとしても、この条項をもとに、アパートの明渡しの強制執行をすることはできません。

■ 賃借人の立場からの考察

　敷金返還請求権に関しては、一定の金銭給付を目的とする請求権ですから、賃貸人のところで述べた内容と同じく執行証書として強制執行ができるというメリットはあります。また、公証人法26条は、無効な法律行為について公正証書を作成することを禁止していますので、賃借人の立場から考えるならば、契約内容が公証人によって慎重に審査されることから、無効な契約条項（借地借家法30条参照）を内容とする契約を締結しなくてすむというメリットはあります。しかし、その余の点については、それほどメリットはありません。

■ 結　論

　以上のとおり、執行証書として公正証書を作成しておく場合を除いては、必ずしも公正証書の作成が必要というわけではありません。

今井法律事務所　弁護士　今井　勝

賃貸借契約で規定してはならないこと

賃貸借契約には、どのような内容の条項でも自由に定めることができますか。

■ 結　論

　契約内容は自由に定めることができるのが原則ですが、借地借家法は、その例外として、契約更新や解約申入れ等に関して、賃借人を保護する強行規定を置いています。これらの強行規定に反する賃借人に不利な特約は、賃貸借契約で定めても無効となります。

■ 契約自由の原則

　一般的には、当事者間で合意が成立すれば、有効な取決めとして扱われるのが原則ですから（契約自由の原則）、当事者に対する義務付けを伴う規定も、当事者がこれに合意して契約していれば有効であり、基本的にその規定に当事者は拘束されることになります。

■ 強行規定による制約

　しかし、賃貸借契約においては通常賃貸人のほうが経済的に強い立場を有しているため、賃借人はたとえ不利な条項が含まれていてもこれを拒否することができず、賃貸人の提示する一方的な契約内容で合意することを余儀なくされる場合が少なくありません。
　そこで、借地借家法は、このような事態を回避し賃借人の有する賃借権の保護を図る見地から、賃貸借契約の更新、更新拒絶、解約申入れ、賃貸借の期間、賃借権の対抗力などに関して、当事者間の合意にかかわらず適用される強行規定を定めました。これら強行規定に反して賃借人に不利な特約を契約に規定したとしても、そのような特約は無効とされます（借地借家法30条、37条）。
　なお、無効とされるのはあくまでも当該特約のみであって、賃貸借契約自体は無効とはなりません。

■ 強行規定に反するとされる具体例

　賃借人に不利なものとして無効とされる特約の具体例をみてみると、例

えば賃貸人からの解約申入期間を6か月と定める借地借家法27条1項に反してこの期間を短縮する趣旨の特約や、賃貸人の要求があれば直ちに契約が終了する旨の特約などは、無効と解されます。判例には、賃借建物の使用収益に不可欠な敷地の一部を賃貸人の請求があり次第明け渡す旨の特約について、建物賃借人の敷地利用権を消滅させ、ひいては建物賃貸借契約の終了を余儀なくさせるものとして賃借人に不利な特約に当たると判示したものがあります（最高裁昭和47年3月30日民集26巻2号294頁）。

また、賃貸人の更新拒絶の通知（借地借家法26条1項）や正当事由の存在（同法28条）を不要とするような特約、例えば期間満了と同時に賃貸借契約が当然に終了する旨の特約なども、無効と解されます（東京高裁昭和49年6月27日判時753号21頁）。

さらに、賃借人に一定の事由が生じたときは契約を解除できる旨の特約は、直接借地借家法の規定に反するわけではありませんが、賃借権保護という借地借家法の趣旨に照らして無効とされる場合が多いと考えられます。判例でも、賃借人が差押えを受け、または破産の申立てを受けたときは賃貸人は直ちに契約を解除できる旨の特約について、旧借家法1条ノ2（借地借家法28条）の趣旨に反し、賃借人に不利なものであるとして無効としたものがあります（最高裁昭和43年11月21日民集22巻12号2726頁）。

ただし、賃貸人との信頼関係を破壊するような賃借人側の事情を契約解除原因とするような特約は有効と解されていることから、一概にこの種の解除特約が直ちに無効となるとはいえないことに留意すべきでしょう。例えば、近隣住民等への度重なる迷惑行為による解除（東京高裁平成26年4月9日）や、共同生活の秩序を乱した場合の無催告解除（東京地裁平成10年5月12日判時1664号75頁）、長期無断不在の場合の当然解除（東京地裁平成6年3月16日判タ877号218頁）など、解除事由が信頼関係を破壊すると解される場合、または信頼関係を破壊するような事由に限定解釈できる場合には、特約の有効性が認められています。

■ その他規定が無効とされる場合

建物賃貸借の更新等の強行規定に無関係の条項については、法律の定めと異なる合意や賃借人に不利な合意（例えば造作買取請求権の放棄、修理費の負担、貸室の模様替えの禁止等を定める特約）をしても差し支えありません。しかし、その合意内容が不当であると判断されたときは、公序良俗違反として民法90条により無効とされることもあります。なお、消費者契約法との関係については、2-5を参照してください。

弁護士　岩渕靖子

Q 2-5 消費者契約法により問題になる契約条項

賃貸借契約条項が消費者契約法により無効となることはありますか。

■ 消費者契約法

消費者契約法は平成13年4月1日から施行された法律です。その目的は、事業者と消費者との間には情報の量・質や交渉力等に格差があるため、事業者の一定の行為により消費者が誤認し、または困惑した場合には契約の申込み、またはその承諾の意思表示を取り消すことができることとするとともに、消費者の利益を不当に害することとなる条項の全部または一部を無効とすることにより消費者の利益を図ろうとするところにあります（同法1条）。

■ 同法が適用される賃貸借契約

消費者契約法は消費者と事業者を対象とする法律です。同法で保護される消費者とは、個人（事業としてまたは事業のために契約の当事者となる者を除く）をいい、事業者とは、法人その他の団体および事業としてまたは事業のために契約の当事者となる場合における個人をいいます（同法2条）。したがって、個人住宅の建物賃貸借契約には、ほとんどの場合同法が適用されます。また、アパート経営者は、それがサラリーマンの副業であったとしても事業者となり、同法が適用されます。

■ 同法により無効とされる契約条項

同法は、事業者の損害賠償の責任を免除する条項（同法8条）、消費者が支払う損害賠償の額を予定する条項等（一定の額を超える場合、同法9条）および消費者の利益を一方的に害する条項（同法10条）は無効であると規定しています。これらの条項に該当する場合、同法12条に基づき、意思表示の差し止めを求めることも可能です（大阪地裁平成24年11月12日判時2174号77頁）。

■ 裁判例で同法違反が問題とされた契約条項

(1) 原状回復義務に関する条項

最高裁において、当該建物に生ずる通常損耗等の補修費用として通常想定される額、賃料の額、礼金等他の一時金の授受の有無およびその額等に照らし、敷引金の額が高額に過ぎると評価すべきものである場合には、当該賃料が近傍同種の建物の賃料相場に比して大幅に低額であるなど特段の事情のない限り、敷引特約は信義則に反し、消費者である賃借人の利益を一方的に害するものであって、同法10条により無効となるという判断がなされました（最高裁平成23年3月24日）。ただし、その後、クリーンアップ代の特約事項について、負担部分の明示や賃借人が負担部分を明確に認識できることなどを理由に同法10条該当性を否定したり（上記大阪地裁平成24年11月12日）、清掃費用実費を控除する特約が同法10条により無効とは言えない（東京地裁平成29年3月9日）などとする裁判例もあり、負担部分や金額によっては有効となる可能性もあります。

(2) 更新料

更新料支払いの条項については、これを有効とする裁判例と無効とする裁判例があり、判断が対立していましたが、賃貸借契約書に一義的かつ具体的に記載された更新料条項は、更新料の額が賃料の額、賃貸借契約が更新される期間等に照らし高額に過ぎるなどの特段の事情がない限り、消費者契約法第10条にいう「民法第1条第2項に規定する基本原則に反して消費者の利益を一方的に害するもの」には当たらないと解するのが相当であるとする裁判例が出されました（最高裁平成23年7月15日）。

(3) 倍額条項

賃貸借契約に関する損害金を賃料の2倍とするいわゆる倍額条項については、同法10条該当性を否定する裁判例が出ています（東京地裁平成24年7月5日判時2173号135頁、東京地裁平成20年12月24日、上記大阪地裁平成24年11月12日、東京高裁平成25年3月28日）。なお、東京地裁平成22年3月25日は、賃料の3倍の損害金についても同法10条該当性を否定しています。

(4) その他

定額の催告手数料を賃借人の負担とする条項は同法9条および10条のいずれにも該当しないとし、後見開始または保佐開始の審判や申立てがあったときに解除を認める条項は同法10条に違反するとした裁判例があります（上記大阪地裁平成24年11月12日）。

田中法律事務所　弁護士　田中みちよ

家賃保証契約における違約金等の条項の効力

2-6 家賃保証会社から、契約書に記載のある、違約金といった高額な金銭を請求されておりますが、支払わなければなりませんか。

■ 結　論

消費者契約法により、当該違約金等について定められた契約条項は、無効とされる可能性があります。

■ 家賃保証等をめぐる消費者トラブル

昨今、家賃保証会社との間のトラブルとして、本件設問のように、過大な違約金や、解除更新料、内訳不明の事務手数料といった金銭の支払条項が存在する場合があります。また、この他にも、保証会社による貸室への立入りや、家具等の動産の撤去・処分について予め承諾する旨の条項や、撤去された動産の処分にあたり保証会社は一切の責任を負わない旨の免責条項が存在しているといったケースも、トラブルとなっております。

■ 各条項について

(1) 違約金条項について

損害賠償額を予定し、または違約金を定める条項については、支払残高に年利14.6％を乗じて計算した額を超える場合、その超過部分が無効とされます（消費者契約法9条2号）。

(2) 解約更新料条項について

賃借人が賃料の支払を1回でも滞納した場合に、保証委託契約が自動的に解除されたうえで、自動的に同一条件で更新され、その都度解除更新料として1万円を家賃保証会社に支払う旨の約定がなされていた事案において、当該解除更新特約および解除更新料特約を、消費者契約法10条により無効と判断した裁判例があり（名古屋地判平成23年4月27日判例秘書ID06650555）、このような支払いの根拠が不明確かつ不合理な条項については同様に判断される可能性があります。

(3) 内訳不明の金銭の支払条項について

内訳不明の金銭の支払条項については、その内容次第によっては、錯誤取消し（民法95条）を主張することが可能な場合もあると考えられます。
　なお、前掲の裁判例においては、上記解除更新料を含む根拠の明らかでない金銭も含めて賃借人に過分な支払いをさせていたことや、不当な退去勧告を組織的に行っていたこと等から、家賃保証会社による不当な請求や退去の勧告については、社会通念上許容される限度を超えたものとして、不法行為に該当するもので、賃借人の家賃保証会社に対する慰謝料の支払請求を認容しております（前掲名古屋地判平成23年4月27日判例秘書ID06650555）。

(4)　貸室への立入り、動産撤去・処分への承諾条項について
　家賃保証会社による貸室への立入りについては、貸室内での事故（死亡等）や、無断退去等の可能性が存在する場合に、その状況を確認するために緊急やむを得ない措置を定めたものと解釈することができるのであれば、消費者契約法10条や公序良俗（民法90条）に反して無効とされることはないと考えます。
　他方で、家賃保証会社が貸室へ立ち入ったうえで、鍵の交換および家具等の動産を撤去処分したという事例において、保証会社は賃借人に対する貸室の明渡しを求めることができる立場にはなく、これら行為は自力救済ですらない等として不法行為の成立を認めたものも存在するところであり（東京地判平成24年9月7日判例時報2171号72頁）、貸室内の動産を撤去処分することを予め賃借人に承諾させる約定は、公序良俗違反（民法90条）として無効とされる可能性があります。

(5)　免責条項について
　保証会社が撤去した動産について、一切の責任を負わないという免責条項については、事業者の不法行為により消費者に生じた損害を賠償する責任の全部を免除するものとして、消費者契約法8条により無効とされます。

武藤綜合法律事務所　弁護士　鈴木善仁

契約条項の趣旨

賃貸借契約において特に注意すべき条項にはどのようなものがありますか。

賃貸借契約を締結した後、すぐにその契約書が必要となるような紛争になる場合もありえます。そのため、特に次の条項には注意を払いましょう。

■ 詳しすぎる契約条項

何頁にもわたる詳細規定を盛り込んだ賃貸借契約を結ぶ例があります。そのような契約書にすると入居希望者がいなくなってしまうという心配もありますが、「賃貸人が快適な住環境の維持に気配りしている」という安心感を与えるとも考えられます。ただし、そのような場合には、賃借人に過酷な条件や負担を押し付けるような規定や明らかに法的に無効な規定を盛り込まないように気をつける必要があります。

■ 合意管轄裁判所の定め

紛争解決のために裁判をしなければならない場合、「専属的合意管轄裁判所」として特定する条項が設けられていると、原則的にその裁判所以外での訴訟提起はできなくなります（ただし、「専属的」の3文字が抜けていると、このようにはなりません）。例えば、契約書上、賃貸建物所在地を管轄する裁判所を専属的合意管轄裁判所として指定すると、賃貸借契約終了後に賃借人が遠方に転居した場合には、賃借人は、転居前の住所を管轄する裁判所以外では裁判解決を求められないことになります。遠方物件を賃貸する場合にも、同様の問題が賃貸人側に生じることになります。

■ 賃料倍額相当使用損害金の定め

「明渡し期限経過後の使用損害金は、賃料倍額相当とする」といった規定です。このような規定がないと、賃貸借解除後の訴訟が長期化する原因となります。「賃料の倍額」よりも多額の金額を設定するとすると、その合理性を争われて、無用な時間を費やさざるを得ないこともあります。

なお、賃料のほかに毎月定額の共益費の支払いをする約束になっている

ときは、上記特約の基礎金額となるのは「賃料」ではなく、「賃料および共益費の合計額」と規定するのが理にかなっています。

■ 解除事由の定め

賃貸借契約のなかには、「一度でも賃料の支払いを怠ったときは賃貸借を解除できる」と規定するのではなく、「2回以上怠ったときでなければ解除できない」と規定されている例があります。後者の規定にすると毎月1カ月近く遅れて賃料の支払いをしても大丈夫であると誤解する賃借人もいます。実際にいつ解除権を行使ができるのかは重要な問題ですので、そのような誤解を招くような規定はやめたほうがお互いのためになるでしょう。

■ 原状回復義務条項の定め

原状回復をめぐる紛争が多発しています。実務上は、特別の規定を設けたときは別論として（最高裁平成17年12月16日判タ1200号127頁）、原則として、国土交通省の「原状回復をめぐるトラブルとガイドライン」や東京都の場合にはいわゆる「東京ルール」に準拠した解決がなされています。とくに問題となりやすいのは、壁紙の張替えとハウスクリーニングの費用です。

■ 残置品の処置の定め

「賃借人は残置品の所有権を放棄したものとみなす」といった規定です。この規定がないと、残置品の所有権は賃借建物退去後も賃借人に属するので、賃貸人がこれを勝手に処分すれば、民事（損害賠償）・刑事（窃盗罪、器物損壊罪等）の法的責任が生じます。かといって賃借人が任意に引き取らない場合、後日の紛争のおそれがないように完全に合法的に処分するのはなかなか厄介です。この規定があると、賃貸人は賃借人の明渡し後、残置品を自由に処分することができ、円滑な明渡しの履行を確保することができます。ただし、賃借人に処分権のない残置品はもちろん、例えば現金、金塊、宝石など移動して保管することが容易な高価品については、この規定の効力は及ばないと解されます。

田中法律事務所　弁護士　田中みどり

管理細則の一方的制定権限

Q 2-8 賃貸人が一方的に、管理細則や電気水道料金の賃借人の負担額を規定することはできますか。

■ 問題の所在

　賃貸借契約のなかには、内容を明記することなく賃貸人が将来別途制定した管理細則の遵守義務を賃借人にあらかじめ要求したり、賃借人専用のメーターによる電気水道料金の負担額の計算方法を明記しないまま、賃借人に一方的に負担義務を負わせたりする例がみられます。さらには、契約書上、このような事項が全く触れられていないのに、賃貸人が当然のことのように管理細則を制定する例もあります。
　このような管理細則は、文書のこともありますし、口頭のこともありますし、ペットの飼育とか門限掃除当番などについても規定する場合があります。以下において、その法的効力を検討します。

■ 管理細則制定の一任

　他人に対して契約上の義務を生じさせるためには、両当事者の合意またはこれに代わる法律の規定を必要とします。ただし、この合意内容の決定を第三者にゆだねることは、一身専属的な事柄を除けば、不可能ではありません。したがって、賃貸借契約において、賃借人が賃貸人による管理細則の制定を容認する規定が設けられている場合には、賃貸人は、管理細則を制定することができますが、どのような内容の管理細則を制定できるかは、賃貸借契約の解釈の問題です。多くの場合、賃貸借契約の要素となるような重要事項に関しては、賃貸人が管理細則の制定を一任されているという解釈はとれないでしょう。

■ 建物所有権等に基づく管理細則制定権

　建物賃貸借の場合には、賃貸借契約に特別の規定がなくても、賃貸人は、一定の合理的限度で居住使用方法に関する管理細則を制定する権利を有しているものと解されます。これは、賃貸人の建物所有権ないし賃貸人たる

地位に根拠を置くものです（電気代の計算配分方法につき東京地裁平成3年11月26日判時1428号110頁）。また、その一方、賃借人が電気供給のための設備や管理の費用を負担する旨の特段の約定のなき限り、賃借人が負担する電気料金は自己の電気使用量に応じた実額に限られ（東京地裁平成29年9月13日）、その実額に加えて、さらに設備維持管理費等の名目の如何を問わず一定割合で増額・上乗せ請求することは許されない（大阪高裁平成19年5月23日）とする裁判例があります。これは、実質上、賃料の一方的値上げの強行になってしまうからです。

　賃借人に建物を引き渡した後も、賃貸人は、原則として、その建物の保守修繕義務を負っています。また、多数の賃借人がいる賃貸建物では、賃貸人は、建物全体の居住環境を維持改善していかなければなりません。廊下やゴミ置き場などといった共用場所の使用方法に関するルール作りも必要になってきます。管理組合のある場合には、管理組合がそれらの対応をすることができますので（建物区分所有法26条1項）、個々の専有部分の所有者は、管理組合に任せればよいのですが、そうでないときには、賃貸人がみずから処理せざるを得ません。

　以上のように、建物所有者である賃貸人は、合理的な範囲内で賃貸建物の維持管理に必要な管理細則を制定して、賃借人にその尊重ないし遵守を求めることができます（賃借人から無視されたときには、信頼関係の破壊を根拠とする賃貸借の解除にいたることもあり得ます）。ただし、何が合理的であるかをめぐる紛争を防止するため、賃貸借契約の調印と同時に詳細な管理細則に対して賃借人の承諾を求めることも検討した方がよいでしょう。

　なお、大規模かつ多数の賃貸借契約を締結する際に、同一契約書のひな形を使用して賃貸借契約を締結するような例外的な場合を除いては、管理細則は「定型約款」（民法548条の2）には該当しないと解されています。

田中法律事務所　弁護士　田中紘三

Q 2-9 仲介報酬の支払義務

賃貸借の仲介報酬は、約束がなくとも支払わなければならないのでしょうか。また、契約調印後の段階で解約となった場合はどうなるでしょうか。

■ 結　論

仲介の依頼をしていない場合は、報酬を支払う必要はありません。また、契約成立後に、契約が解除あるいは解約となっても、原則的に仲介の報酬は支払わなければなりません。

■ 不動産仲介（媒介）契約の成立

宅建業者に対して、不動産を紹介してとの申込みをし、これを受けて、業者が物件を紹介してくれる、これが不動産仲介（媒介）契約の成立です。

契約が成立したか否かは、行動の全体を合理的に解釈して判断すべきものですので、黙示であっても、まして、文書はなくても契約は成立します（名古屋高判平成24年9月11日判時2168号141頁は、仲介業者が媒介契約書を作成しないで媒介行為をした場合について、媒介契約の成立を認めています）。コンビニで、黙って商品を差し出し、お金を支払い、それを受け取れば、それで売買契約は立派に成立するのと同じです。

■ 依頼していない仲介行為により契約が成立した場合

契約当事者の一方からのみの依頼で仲介がなされることがあります。契約の更新の際には、通常は、賃貸人のみが更新手続を望むでしょうから、こうしたケースがこれにあたります。この場合に、仲介を依頼していない当事者も、賃貸借契約が（更新により）成立した以上利益を受けるのだからとして報酬を支払わなければならないかが問題になります。

普通は頼んでもいない（契約もしていない）のに報酬なんか支払えるかと考えればいいのですが、商人がその営業の範囲内において他人のために行為をしたときは、相当の報酬を請求できるという規定があり（商法512条）、宅建業者は概ね商人でしょうから、これによれば、依頼をしたかどうかに関係なく、しかるべき報酬は支払わなければならないという考え方

が成り立つことになります。

　これについて、下級審は、消極裁判例と積極裁判例とに分かれていたのですが、最高裁は、（売買の仲介につき）宅建業者は、一方当事者からの委託を受けず、かつ、その者のためにする意思を有さないで行った媒介については、その者に対して報酬を請求することはできない旨判示しました（昭和44年6月26日判時561号69頁）。したがって、本問において、仲介の依頼をしていない当事者は、宅建業者に対して報酬を支払う必要はないということになります。

■ 契約調印後未入居の時点で解約になった場合

　仲介というのは、ある人とある人を取り結ぶことであり、取り結ぶとは、賃貸借契約を成立させることです。したがって、契約成立後、契約が解除あるいは解約されたとしても、原則的に報酬請求権に影響はなく、これを支払わなければなりません。未入居であっても同じことです。ただし、解除、解約が業者側の責任・事情によるということであれば、仲介契約自体の債務不履行として支払いを拒絶できるでしょう。

　解約あるいは自己の債務不履行による解除であれば文句のつけようはありませんが、相手方の債務不履行による解除の場合は、自分に責任はなく、住む目的も達せられず、にもかかわらず仲介報酬は支払わなければならないというのは納得しがたいところですが、下級審において、このような場合にも報酬請求を認める判決が多数出されています（東京地判昭和56年6月24日判時1022号85頁、東京高判平成6年7月19日金商964号38頁、名古屋高判平成29年8月31日判例秘書登録判例番号L07131912）。

　それを避けるには、事前に、（自分に落ち度がなく）目的が達成されなかった場合は報酬支払義務のないことを業者と特約しておくことが賢明です。（売買の仲介につき）報酬の支払義務は不動産取引が完了したときに確定するとの条件が付されていた契約について、売買契約が合意解除され、その合意解除に仲介業者が同意していた場合は、支払義務はないとする判例があります（東京地判平成28年8月26日判タ1447号108頁）。

　このような特約がなければ、仲介業者に支払わざるを得なかった仲介報酬は、落ち度のある賃貸借契約当事者の相手方に損害賠償請求するしかないでしょう。

中川寛道法律事務所　弁護士　中川寛道

仲介業者の調査説明義務の範囲

Q 2-10 仲介業者にはどのような点について、調査説明義務がありますか。

■ 仲介業者の義務

仲介業者は、宅建業法35条1項記載の重要事項について調査説明義務を負うほか、宅建業法47条1号に基づく告知義務、準委任契約に基づく善管注意義務および信義則に基づく説明義務を負います。

■ 説明義務の内容

建物を借りようとする人は、建物の権利関係等について事前に調べておかないと、賃貸借契約を締結した後に思わぬ損害を被ることがあります。

しかし、一般の借主は、通常、建物の権利関係等について知識もなければ調査する能力もありません。これに対して、仲介業者である宅建業者は、建物の権利関係等についての知識や調査能力を有しています。そこで、宅建業法35条1項は、賃貸の仲介業者に対して、重要事項について宅地建物取引士をして説明する義務を負わせています。

仲介業者が説明する義務の内容は、宅建業法35条1項に記載されており、いずれも当該建物を借りようとする人が賃貸借契約を締結するか否かを判断するために影響を与える重要事項です。

なお、仲介業者は、宅建業法35条1項に記載された事項について、説明義務を負う前提として調査義務も負っていると解されています。

また、宅建業法35条1項に記載された事項は、「少なくとも」仲介業者がこれだけは説明しなければならないと定められた事項です。そのため、仲介業者の説明義務は、同条に記載された事由に限定されるわけではありません。

宅建業法47条1号では、仲介業者が同条に記載された事項について、故意に事実を告げず、または不実のことを告げる行為を禁止しています。すなわち同法35条1項に記載されている事項以外にも、判断に重要な影響を及ぼすこととなる事項については、同法47条1号に基づいて告知しなけれ

ばなりません。ただし、同条には、「故意に」と規定されていますので、同条違反の対象となる行為は重要な事項について故意による不告知、または不実の告知に限られます。

さらに、仲介業者は、依頼者と仲介契約を締結することにより、依頼者に対し、民法の準委任契約に基づき善管注意義務を負うため、委任の本旨に従って事務処理を行わなければなりません。特に、宅建業者である仲介業者は高度な専門知識を有していることを前提とされているため、高度の注意義務が課されています。そのため、宅建業法35条1項記載事由以外にも重要な事項がある場合には、依頼者に対して（場合によっては依頼者以外の第三者に対しても）注意義務を負います（最高裁昭和36年5月26日判時261号21頁）。裁判例では、建物賃貸借契約を締結したが、建物の賃貸人（所有者）から転貸の承諾が得られなかったため建物を転借できなかった事案において、仲介業者が所有者から転貸の承諾の確認を得ることを怠ったことが善管注意義務違反にあたるとされた事案があります（東京地裁平成18年2月23日）。

また、仲介業者は、信義則上の説明義務を負うこともあります。信義則上の説明義務違反としては、建て貸し（貸主が借主の要望に応じて建物を増改築してから借主に賃貸する形態）の事案において、借主が中途解約した場合には借主が残余期間の賃料を保証する旨の条項を設ける必要があったにもかかわらず、仲介業者がこれを除外した点について、依頼者である貸主に対して具体的に説明して承諾を得るべき義務があったという裁判例があります（福岡地裁平成19年4月26日判タ1256号120頁）。

■ 説明の方法

宅建業法35条1項記載事由については、契約締結前に、宅地建物取引士をして、書面を交付して説明することが法律上要求されています。通常は重要事項説明書とよばれる書面を交付して説明します。善管注意義務等に基づく説明義務については、説明の方法について決まりはありませんが、後日の紛争を防ぐためにも書面を交付して説明しておくべきです。

■ 調査説明義務違反の効果

宅建業法35条1項や同法47条1号に違反すると同法に基づく処分の対象となります。同法47条1号に違反した場合は罰則もあります。また、依頼者が損害を被れば依頼者から損害賠償を請求されることがあります。

今井法律事務所　弁護士　今井勇太

心理的欠陥と貸主の告知義務

借主が室内で自殺した場合、貸主は、次に借りようとする者に対して、この事実を告知する義務がありますか。

■ 不法行為責任および担保責任

前の借主が自殺した事実を知っている貸主には、信義則上、次に借りようとする者に対して、前の借主が自殺した事実を告知する義務があり、これを怠って賃貸借契約を締結すると借主から不法行為責任および担保責任を問われることがあります。

■ 賃貸人の告知義務

賃貸借契約の賃貸人は、契約の締結に当たり、賃貸目的物に関する重要な事項を賃借人に告知すべき信義則上の義務を負っています。ここでいう重要な事項とは、賃貸目的物の構造的な欠陥などの物理的な欠陥のほかに、建物にまつわる嫌悪すべき歴史的背景等に起因する心理的欠陥も含まれます。

居住目的で建物を借りようとしている者にとって、当該建物の室内で前の借主が自殺したという事実は、一般的に当該建物を賃借してそこに居住することを躊躇させる可能性が高い事実であるため、重要な事項といえます。そこで、前の借主が自殺した事実を知っていた貸主は、賃貸借契約を締結するに当たり、次に当該建物を借りようとする者に対して、この事実を告知する義務があります。

裁判例では、室内で1年数か月前に居住者が自殺した事実を貸主が知っていながら故意に借主に対してその事実を告げずに賃貸借契約を締結したことは不法行為に該当すると判断しています（大阪高裁平成26年9月18日判時2245号22頁）。また、同裁判例は、貸主が告知していれば借主は賃貸借契約を締結していなかったと認定し、貸主に対して、借主が支出した礼金、賃料および引越料等ならびに借主が被った精神的苦痛に対する慰謝料の賠償責任を認めています。

■ 賃貸人の担保責任

　また、売買契約には担保責任に関する規定があり（民法562条～564条）、この規定は賃貸借契約にも準用されます（民法559条）。そのため、貸主が賃貸した建物が賃貸借契約の契約内容に適合しないとき、貸主は、借主に対して担保責任（追完、代金減額）を負い、また、借主から債務不履行に基づく損害賠償請求（民法415条）や、契約を債務不履行解除（民法541条～542条）されることもあり得ます。ここでいう「契約内容に適合しない」にも物理的な欠陥のほかに心理的な欠陥も含まれると考えられますから、前の借主が自殺していた建物は心理的な欠陥に該当するといえます。

　この場合、貸主は借主に対して担保責任を負うことになり、追完ができないときには、一定程度賃料減額を請求されることが考えられます。また、契約上生じる告知義務の違反に基づく損害賠償請求のほか、社会通念上自殺者がいたことは軽微な瑕疵とは言い難いことから、借主から契約を解除されることが考えられます。

　これに対して、例えば、貸主が借主に対して前の借主が室内で自殺したという事実を告知して賃貸借契約を締結していた場合には、借主は、そのような事情のある建物を賃借するということを認識したうえで賃借しているので、契約内容に適合していると認められ、借主は担保責任を主張することができないと考えられます。

■ どのような事由が心理的欠陥に該当するか

　裁判例では、自殺の事案であっても、店舗目的で賃貸した建物の屋上から1年6か月前に飛び降り自殺した事実は、心理的欠陥にあたらないと判断しています（東京地裁平成18年4月7日）。また、居住目的の賃貸借契約であっても、賃貸建物の階下の部屋で半年以上前に住人が自然死した事実は、心理的欠陥にあたらないと判断しています（東京地裁平成18年12月6日）。これに対して、売買の事案ですが、居住目的でマンションの一室を購入したところ、当該居室が前入居者によって相当長期間にわたり性風俗特殊営業に使用されていたことは、心理的欠陥に該当すると判断しています（福岡高裁平成23年3月8日判タ1365号119頁）。

今井法律事務所　弁護士　今井勇太

賃貸借契約のドタキャン

契約の直前に調印を取りやめた場合、損害賠償義務を負うのでしょうか。また、仲介手数料の支払義務を負うのでしょうか。

■ 契約締結上の過失

当事者には、契約締結の自由がありますので（民法521条1項）、契約条件が折り合わないなどの理由により契約締結に至らなかった場合でも、直ちに相手方に対して損害賠償義務を負うわけではありません。

しかし、契約が成立しなかった場合であっても、契約準備段階で、一方の当事者が相手方に対して契約が締結されるであろうという信頼を与えている場合には、信義則上、信頼を裏切らないように行為する義務を負い、この義務に違反して相手方の契約成立への信頼を裏切り、契約の不成立をもたらした場合には、契約成立を信頼して行動した相手方に対し、その生じた損害の賠償責任を負担すると解されています（最高裁昭和59年9月18日判時1137号51頁（不動産売買の事案）等）。

■ 賃貸借契約の場合

賃貸借契約についても、他の契約と同様、契約締結上の過失が問題となります。しかも、賃貸借契約は、売買等の単発的な契約関係とは異なり、契約期間が比較的長期にわたる継続的な契約関係であり、契約締結以前であっても、当事者が契約のスムーズな履行に向けて多大な出捐（先行投資等）を行ったり、他の第三者との契約締結交渉を中止したりすることが多いことから、契約成立への期待保護の要請は特に高いと言えます。

裁判例では、賃貸人側が交渉を破棄したものとして、①焼き菓子専門店舗の出店を予定するXと物件所有者であるYが交渉を行った末、賃料については合意が成立し、契約期間等も2年の普通賃貸借契約で交渉が進んでいたにもかかわらず、Yが、Xに対し、突然、賃料を大幅に値上げし、契約期間も10年の定期建物賃貸借にするとの重大な変更の申入れをした上、Xがこの申入れを拒絶すると、本物件を賃貸する義務はないなどと主張して契約の成立を拒否した事案で、Yは正当な理由なくXの信頼を裏切って

おり、契約締結上の過失による不法行為が成立とすると判断した事例（東京地判平成26年9月16日LLI/DB判例秘書登載）、②賃借予定者（X）が賃貸予定者（Y）に対して賃貸借契約の内容を書面で要望したのに対し、Yはその諾否について明確な意思表示をせず、Xが入居に当たって建物内部の変更工事等の準備行為を行ったことについても異議を述べなかったことから、Xは、要望どおりの内容で賃借できるものと信じて具体的な準備を進行させていたところ、Yがより有利な条件で契約できる賃借希望者が出現したことを理由に、契約締結に向けての交渉を突然一方的に破棄した事案で、Yに対し、信義則上、一種の契約上の責任があるとして、Xにおいて契約が締結されるものと信じたために被った信頼利益の侵害による損害の賠償を命じた事例（東京高判平成14年3月13日判タ1136号195頁）などが存在します。

他方、賃借人側が交渉を破棄したものとしては、賃貸予定者（X）と賃借予定者（Y）との間で約10ヶ月間、継続的に契約交渉が重ねられ、契約条件もほぼ確定し、Xにおいて対象物件を賃借人募集対象から外したことをYも認識していたにもかかわらず、Yが突如契約締結を破棄したという事案で、Xが契約締結に強い期待を抱いたのは相当の理由があり、Yには、信義則上、その期待を侵害することのないように行動する義務があったとして、Yに対し、信義則上の注意義務違反を理由にXが被った損害（契約締結の準備段階に入った日からYが契約締結を拒絶した日までの賃料相当額）の賠償を命じた事例（東京高判平成20年1月31日金商1287号28頁）などが存在します。

このように、契約締結を前提に交渉を進め相手方が契約準備行為を行っているのを容認していながら突然契約を拒絶したり、交渉の途中ですでに合意に至っていた契約条件を一方的に変更するなどとして契約の成立を阻害したりすると、損害賠償の義務を負う場合がありますので注意が必要です。

■ 仲介した宅建業者の仲介手数料

仲介業者の仲介手数料は成功報酬であり、原則として当事者間で契約が成立した場合にのみ発生します（一般媒介契約約款8条。なお商法550条参照）。したがって、契約が成立しなかった場合には、特段の事情がない限り報酬請求権は発生しません（2-9参照）。

橋元綜合法律事務所　弁護士　芳賀成之

Q 2-13 一時使用に限定する建物賃貸借

転勤期間中のように一定期間が経過した時に、建物を明け渡してもらうためにはどうすればいいですか。

■ 結 論

一時使用目的の建物賃貸借（借地借家法40条）を締結することで、一定期間が経過した時に、建物を明け渡してもらうことができます。

■ 通常の建物賃貸借について

(1) 1年未満の期間を定めて建物の賃貸借契約を締結した場合

期間の定めにかかわらず、その賃貸借契約は期間の定めのないものとみなされます（借地借家法29条1項）。

その結果、賃貸人から賃借人に対して、解約をするためには、賃貸借契約を終了させたい日の6か月前に解約の申入れをすることが必要となることに加え（同法27条1項）、当該申入れに正当事由が備わっていることが必要となります（同法28条）。

(2) 1年以上の期間を定めて建物の賃貸借契約を締結した場合

賃貸借契約で定めた期間が経過する1年前から6か月前までの間に更新をしない旨の通知をしなければ、従前の契約と同一の条件で契約を更新したものとみなされます（同法26条1項）。

この更新を拒絶する通知にも正当事由が備わっていることが必要となります（同法28条）。

■ 一時使用目的の建物賃貸借

(1) 上記1のとおり、通常の建物賃貸借の場合、一定期間が経過した時に、賃貸借契約を終了させるためには、正当事由が必要とされることから、賃借人に建物の明渡しを求めることは、必ずしも容易ではありません。

そのため、一定期間が経過した場合に、正当事由を必要とせず、建物の賃貸借契約を終了させたいという要請から、一時使用目的の建物賃貸借が規定されています（同法40条）。

(2) 方式

　一時使用目的の建物賃貸借の契約を締結する場合、特段、方式の定めはありません。また、期間の長短にも制約はありません。

　ただし、契約の内容を明確にする趣旨で、一時使用目的であるということを契約書に明記しておくことが望ましいです。

　この点、一時使用目的の建物賃貸借の契約書を公正証書によって作成する方法もありますが、公正証書で作成したからといって、必ずしも、一時使用目的の建物賃貸借の効果が生じるわけではありません。公正証書の記載内容に対応する一時使用目的の建物賃貸借と認められるような諸事情が存在している必要があります。

　また、裁判上の和解条項に一時使用と記載されていたり、和解条項上一時使用とする合意が認められたりしても、諸般の事情から、一時使用目的の建物賃貸借の効果が認められないこともあります（大阪地判昭和53年1月25日判時897号85頁、東京地判平成2年7月30日判時1389号102頁、東京地判平成5年7月20日判タ862号271頁等）。

(3) 一時使用目的の建物賃貸借の判断基準

　一時使用目的の建物賃貸借であるか否かについては、賃貸借の目的、動機、経緯、賃貸期間、建物の種類、構造、規模、使用状況、賃料の多寡、契約書上の記載内容、その他諸般の事情から、賃貸借契約を短期間に限り、存続させる趣旨のものであることが客観的に判断されるかどうかがその判断基準となります（最高裁昭和36年10月10日民集15巻9号2294頁、大阪地裁平成3年12月10日判タ785号166頁等）。

　しかし、この基準を実際に適用するのは、かなり難しいことです。

　更新条項のある契約書を作成し、特約条項に「一時使用」と記載したのみでは、一時使用賃貸借としての合意の明確性は十分とはいえません（東京地裁平成3年7月31日判時1416号94頁）。

　また、高額な家賃を受領していた、何回も更新を繰り返していた、賃料を増額したなどの事情があった場合については、一時使用目的の建物賃貸借の効果を認めていない裁判例が多数あります。

　　　　　　　　弁護士法人梅ヶ枝中央法律事務所　弁護士　林　友宏

定期建物賃貸借契約

2-14 契約で定めた期間の満了により、更新されることなく確定的に建物の賃貸借契約を終了させることはできますか。

■ 結 論

定期建物賃貸借契約（借地借家法38条）を締結すればできます。

この定期建物賃貸借契約の成立には、①書面による契約であること、②期間を定めること、③更新がないことの合意、④更新がないことの説明が必要です。

■ 新法による定期建物賃貸借契約の導入

「良質な賃貸住宅等の供給の促進に関する特別措置法」が平成11年に成立したことにより、借地借家法の一部（主として38条）が改正され、定期建物賃貸借契約という契約類型があらたに導入されました。定期建物賃貸借契約は、居住用であると事業用であるとにかかわらず、また、その賃貸面積にかかわらず、利用することができます。この定期建物賃貸借契約は、継続賃料を抑制し、賃貸借の更新拒絶に正当事由を要求することなどにより賃借人を保護してきた伝統的法制度を一変させるものであり、これによって良質な賃貸建物の供給を促進することができるとの考えのもとに立法されたものです。

■ 書面による事前説明および契約書面の必要性

定期建物賃貸借契約を結ぼうとするときは、事前に書面で賃借人となる人に対し、「期間満了で賃貸借は更新なく終了する」旨を記載した書面を交付しなければなりません（借地借家法38条2項）。この交付がないときは、定期建物賃貸借契約は効力を生じません（借地借家法38条3項）。この事前説明のための書面について、裁判所は、契約書とは別個独立の書面であることを要すると判断しました（最高裁平成24年9月13日民集66巻9号3263頁）。

また、定期建物賃貸借契約は、公正証書による必要はありませんが、書面により、かつ契約の更新がないこととする旨を明示された内容のものでなければなりません（借地借家法38条1項前段）。

■ 定期建物賃貸借契約は契約期間満了と同時に終了

　定期建物賃貸借契約をどの程度の期間として設定するのかは自由です。1年未満の短期でもかまいませんし（1年未満の建物賃貸借を期間の定めがない建物賃貸借とみなす借地借家法29条1項を同法38条1項後段が排除）、20年以上の長期でもかまいません（建物賃貸借期間の上限を20年とする民法604条1項を借地借家法29条2項が排除）。もっとも、賃貸借期間中に賃料を随時改定することはできないので、あまり長すぎるのは現実的ではないでしょう。期間が満了したときは、この建物賃貸借契約は確定的に終了します。ただし、書面による再契約を結ぶことは可能です。
　定期建物賃貸借契約の期間が満了したときには、賃借人は、再契約の締結を要求する権利を有しません。立退金を要求したり、居住継続の正当事由を主張したり、居住権を主張したりして居座ることは許されていません。
　一方、定期建物賃貸借契約においても、期間内解約の特約を設けることは可能です。その特約を設けなかった場合には、期間内解約を申し入れるためには、大型建物でないこと（200㎡未満）、および「転勤、療養、親族の介護その他のやむを得ない事情」があることが必要となります（借地借家法38条5項）。

■ 期間満了の事前通知義務

　定期建物賃貸借契約を結んだ場合、賃貸人は、期間満了の1年前から6か月前までの期間中に、賃借人に対し、期間満了による賃貸借終了の通知をしなければなりません（借地借家法38条4項本文）。この通知期間を忘れて通知が遅れた場合でも、その通知の日から6か月経つと、賃貸借期間は満了したとみなされます（借地借家法38条4項ただし書）。賃貸借期間満了後に通知をした事案においても、裁判所は、通知の日から6か月経過後は契約の終了を賃借人に対抗できると判断しました（東京地裁平成21年3月19日判時2054号98頁）。ただし、この通知義務があるのは、契約期間が1年以上の定期建物賃貸借契約のみです。

■ 従前の賃貸借の定期建物賃貸借契約への切り替え

　借地借家法の一部改正に伴う経過措置として、平成12年3月1日の同法施行前に締結された居住用建物の賃貸借契約は、借主保護の観点から、借主と賃貸建物が同一の場合、当分の間、定期建物賃貸借契約への切り替えが認められません。

スプリングサン法律事務所　弁護士　清澤清一郎

妻の代理権

2-15
賃借人が多忙という場合、賃貸人が賃借人の妻とした合意は、賃借人である夫との間に効力が及ぶのでしょうか。

■ 賃借人の妻の代理権

　賃貸人が賃借人でない者と合意（契約等）しても、賃借人による代理権の授与や賃借人による追認などがなければ、合意の効力は賃借人には及ばないのが原則です。

　もっとも、夫婦の一方が「日常の家事」に関して取引の相手方である第三者と法律行為をしたときは、他方の配偶者はこれによって生じた債務（日常家事債務）につき、相手方に対して連帯責任を負います（民法761条本文）。民法761条本文は、文言上、日常家事に関する責任のみを規定していますが、その前提として、夫婦が相互に「日常の家事」に関する法律行為につき他方を代理する権限を有することも規定しているとされています（最判昭和44年12月18日。なお、婚姻関係が破綻し夫婦の実質が消失している場合に連帯責任が生じないとした裁判例として東京高判昭和56年4月28日）。

■ 妻に代理権が認められる日常家事とは

　「日常の家事」とは、夫婦の共同生活関係から生ずる通常の事務を指します。しかし、具体的な内容や範囲は、当該夫婦の社会的地位、職業、資産、収入等によって、また、その夫婦が生活する地域社会の慣習によっても異なります。さらに、民法761条が取引の相手方の保護を目的とするため、夫婦の共同生活の内部的な事情やその行為の個別的な目的のみならず、さらに客観的に、法律行為の種類、性質等も十分に考慮して判断することになります。もっとも、前記最高裁判例も示唆するように、「日常の家事」をあまり広く考えてしまうと、夫婦の財産の独立を損なう結果になることへの懸念もあるため、慎重さを要することに注意すべきです。

　裁判例では、賃料の支払い（東京地判平成18年1月30日）、賃借物件の光熱費の支払い（長野簡判昭和25年8月31日）、放送受信契約の締結（札

幌高判平成22年11月5日)、妻が夫名義で賦課された所得税および夫婦の居住する家屋の固定資産税を納付するための資金を抵当権等を設定して借り受ける行為(横浜地判昭和42年11月15日)について、「日常の家事」に当たるとした例があります。

なお、賃貸借契約終了後明渡しまでに生じた損害金の支払債務は、日常家事債務に当たらないとした例(札幌地判昭和32年9月18日)および日常家事債務に当たるとした例(前掲東京地判平成18年1月30日)の双方が存在し、下級審でも判断が分かれています。

■ 実務的な対応

妻の行為が「日常の家事」に当たる場合であっても、夫が賃貸人に対し、あくまで自分(夫)と話すよう申し入れていた等、妻と合意したところで夫として責任を負わない旨の「予告」があったときは、夫は責任を負いません(民法761条ただし書)。

したがって、「日常の家事」の範囲に関する紛争を予防するという意味で、賃貸人が妻と合意(契約等)する場合には、夫の意思を確認するようにし、妻に代理権を授与した旨の委任状や同意書等を文書で提出してもらう方が安心といえます。

■ 妻が賃借権まで取得することがあるか

ちなみに、民法761条の存在に関連して、夫が賃貸借契約を締結していた場合に、妻が賃借権まで取得することはあるかという問題があります。内縁の夫婦の事例ですが、夫が賃貸借契約を合意解除して住居を立ち去ってしまった場合に残された妻に賃借人の地位を肯定した例(大阪地判昭和27年9月27日)がある一方で、民法761条は、特段の事情がないかぎり、夫婦の一方が締結した借家契約により、他の一方も当然に賃借人としての地位を取得するに至る趣旨までも含むものとは解されないと否定した例(東京地判昭和39年8月28日。ただし、内縁の解消に際し、賃借権を残存配偶者に譲渡し、賃貸人にその承諾を申し出た場合に、もし承諾が得られなかったとしても、賃貸人が賃貸借契約を解除するのは解除権の濫用と解される場合のあることを示唆した例)もあります。

なお、夫婦の離婚後の居住使用権については2-34を参照してください。

viola法律事務所　弁護士　吉田清悟

入居者の属性に関する虚偽説明

Q 2-16 夫婦で入居するという説明を信じたところ、不倫関係にある女性が単身入居しました。近隣住民の教育環境上困った事態だと思いますが、やむを得ないのでしょうか。

■ 不倫と賃貸借契約

　不倫を、一応、配偶者がある者の配偶者以外の者との性的関係と定義しますと、この関係は当該配偶者に対する関係での不法行為とはなり得ますが、賃貸人との関係での法律問題となるわけではありません。

　したがって、賃借人の不倫行為は基本的に賃貸借契約に何らの影響を及ぼすものではないといえます。つまり、賃借人が不倫関係にある女性を入居させたとしても、それだけでその賃貸借契約を解除することはできません。ただ、その不倫行為が近隣住民等の第三者に迷惑を及ぼすという外形的行為に及んだ場合や、入居時の虚偽説明といった問題は別に考慮する必要がありますので、以下これらの点につき説明します。

■ 賃貸借物件の使用方法

　賃借人は、賃貸借契約または建物の性質により通常予定された用法に従ってこれを使用しなければならず（民法616条、594条1項）、また、賃貸人が迷惑や損害を受けるような反社会的行為をしない信義則上の義務もあります。裁判例では、共同住宅の賃貸借では賃借人は他の賃借人や近隣住民の迷惑となる行為をしてはならない義務を賃貸人に対して負っていると判断したものもあります。本問の「近隣住民の教育環境上困った事態」のような、近隣への迷惑行為もその一つと考えることができます。このほか、騒音・悪臭、ゴミ放置、暴行・暴言を働く行為、性風俗営業、ペットの飼育方法等が迷惑行為の例として挙げられます。ただ、これらの近隣への迷惑行為の受け取り方は多分に主観的なものであり、また、建物の立地、環境等によっても大きく異なるものです。

　本問の事案も、不倫関係にある者が入居したこと自体が問題なのではなく、その結果、騒音等の迷惑行為により客観的に平穏な生活環境が侵害されるに至ったか否かが義務違反の有無の判断基準となるわけです。

しかしながら、その迷惑行為が賃貸人に対する義務違反に該当するとしても、さらに、これによって賃貸人と賃借人の間の信頼関係が破壊されたとまで言えなければ賃貸借契約を解除することはできません。単に不倫関係の存在が教育環境上困った事態だというだけで解除できないことは言うまでもありませんが、例えば、不倫関係にある女性を入居させたことにより、痴話喧嘩が大声で連日深夜まで絶えず、制止の申入れにも全く耳を貸さないような極端な事態に至らない限り、契約解除はできないと考えます。

■ 入居に際しての虚偽説明

賃貸借関係は継続的な人的信頼関係を基礎にしますから、賃貸人としては、契約の締結に先立ち、賃借人の経済的信用力、同居人の有無・内容、使用目的等を調査したうえで契約するか否かを決定するのが一般的です。そして、賃貸人は基本的には賃借人を選ぶ自由を有していると考えます。本問は、夫婦で入居すると偽り、不倫関係にある女性を単身入居させたものです。もし、賃借人が最初からこのことを正直に話していれば契約できなかったかもしれません。しかし賃貸借関係が成立してしまった以上、賃貸借契約をした際に、夫婦入居が絶対的条件である特殊な事情があることが事前に明示されていたというような特別な状況がない限り、契約の解除は困難です。ただ、虚偽説明は好ましくないことはもちろんですから、ほかに契約解除の要因があるような場合、特にそれが虚偽説明と関連するようなときは、双方併せて賃貸借の信頼関係を破壊するものと判断され契約解除の一要因となることはあり得ます。

■ 無断転貸について

本問の例では、女性が単身入居した、とあるだけでその余の詳細は不明です。例えば、実際にはこの女性のみが常時占有使用し、自己の表札を掲出し、電気水道などの契約名義人となったような場合は、この女性に独立の占有が認められて、男性名義で賃借した建物の無断転貸による賃貸借解除という問題が発生する余地があります。もっとも、非常に技巧的な考え方ですし、転貸を立証することは困難を伴うことから、無断転貸を理由として契約を解除することもやはり難しいと言わざるを得ないでしょう。

弁護士　小野高央

替え玉による入居契約

賃借人が替え玉を使って賃貸借契約を締結し、実際に入居したのは全くの別人でした。賃貸人は立退きを求めることはできますか。

■ 結 論

　立退きを求めることができる場合が多いでしょう。当事者間の個人的信頼を基礎とし、特に借主の個性に重きを置く借家契約においては、賃借人の同一性に関する錯誤は法律行為の目的および取引上の社会通念に照らして重要なものであるといえるからです。この場合、賃貸人は賃貸借契約の錯誤取消しを主張し（民法95条1項）、立退きを求めることができます。もっとも、賃借人の同一性に関するすべての錯誤について取消しを主張できるわけではなく、替え玉となった人物と実際の入居者との相違点を、賃貸人が重要な要素と考えていたかどうかを、個々の事案につき具体的に判断することになります。

■ 賃借人の同一性に関する錯誤

　前項（2-16）で検討した入居者の属性についての問題は、あくまで同じ人物でありながら、その人物に関する情報が事実と異なっていた場合であるのに対して、替え玉による入居契約は、契約当事者とは全くの別人が入居する場合であり、賃借人の同一性の問題となります。

　賃貸人には、賃借人を選ぶ自由があります（契約自由の原則）。したがって、賃貸人は、入居審査として、主に入居希望者の職業、収入、年齢等を考慮し、当該人物を入居させることに問題がないかを検討した上で入居契約を締結するのが通常です。

　ところが、替え玉による入居契約が行われた場合には、そもそも実際に入居する人物についての入居審査は何ら行われていないのですから、賃貸人が立退きを求めたいと考えるのも無理はありません。個人的信頼を基礎とする建物賃貸借契約においては、個人に重きが置かれ、特に賃借人が誰であるかということは契約の重要な要素と考えられることから、賃借人の同一性に関する錯誤は、法律行為の目的および取引上の社会通念に照らして重要なものであると認められ取り消すことができる場合が多いといえま

す（民法95条1項）。

　もっとも、替え玉となった人物と実際の入居者が別人であっても、両者の職業、収入、年齢等の属性に大きな差異がない場合は、賃貸人にとって実害はなく、取消しを主張する必要性に乏しいといえます。よって、この場合には、賃貸人において、賃借人が実際の入居者だとわかっていたら契約しなかったが、替え玉を賃借人であると誤信したために契約したというような事情がない限り、錯誤が法律行為の目的および取引上の社会通念に照らして重要なものであったとはいえません。

■ 高齢者が替え玉を使って入居契約した場合

　前述のように、賃貸人には賃借人を選ぶ自由があるので、入居希望者が単に高齢者であるという理由だけで入居を断ることもできます。実際の入居審査においても、年齢は職業や年収と並んで重視される事項といえます。高齢者の場合、火の不始末のおそれ等の管理上の問題があることや、年金収入等で賃料の支払いにつき不安があること等がその理由とされています。

　では、若い替え玉を使って入居契約し、実際に入居したのは高齢者だった場合、この賃貸借契約の効力はどうなるのでしょうか。

■ 裁判例

　真の賃借人である84歳の男性の代理人が、別の35歳くらいの男性を同行し、賃借人本人であると称して賃貸借契約を締結した事案において、「本件賃貸借契約において借主がどのような人か、ことに借主が高齢者であるかどうかは契約の要素であって……借主となるべき本人の同一性ないし年齢についての錯誤は要素の錯誤に当たり……本件賃貸借契約は無効である」と判断しました（東京地裁平成2年4月24日判タ738号131頁）。

　同判例は、借家契約が当事者間の個人的な信頼関係が重要性を持つものであることに言及していますが、そのことから直ちに賃借人の同一性に関する錯誤を要素の錯誤であると判断したのではなく、本件賃貸人もまたその仲介業者も、共に60歳以上の高齢者への賃貸を断っていた事実を認定した上で、仮に賃借人が84歳であることを知っていたならば賃貸を承諾しなかったであろうとし、上記結論を導いている点に注意を要するといえます。

　これに対し、仮に、日頃は賃借人の年齢に全く注意を払わず、高齢者と若い人を区別することなく賃貸を承諾していた場合であれば、結論は異なったかもしれません。

世田谷用賀法律事務所　弁護士　神山卓也

正体不明者の入居

2-18 賃借人が、契約名義人とは全く別の正体不明者であることがわかりました。この場合の賃貸借の当事者は誰になるのでしょうか。

■ 問題の所在

　賃貸人にとって、賃借人がどのような人であるかはとても重要な問題です。建物をていねいに使用してくれるかどうか、賃料をきちんと支払ってくれるかどうかなど賃借人の性質によって賃貸人の利害に大きく影響する場合があるので当然のことです。しかし、現実の賃貸においては、賃借人に住民票謄本を提出させ、その記載が賃借人と一致する身分証明書を提出させる場合ばかりではないと思われます。

　本問で想定されるケースとして考えられるのは、契約名義人と別の者が居住しているとのことですから、事情があって賃借人が本名を伏せている場合もあるでしょうし、契約名義人は建物から退去してどこかへ行ってしまったのかもしれません。いずれにしても、実際に居住している正体不明者は契約名義人本人と自称しているのですから、正体不明者と契約名義人が一緒に居住している状況ではなく、また、契約名義人から賃借権を譲り受けたとか転借したという言い分はなさそうです。このような場合には、賃貸人と正体不明者、契約名義人はどのような関係になるのでしょうか。

■ 契約名義人の許諾がない場合

　ある人物Aが第三者Bの名前をBに無断で使用して賃貸借契約を締結した場合、賃借人は、「BことA」（すなわち、Bと名乗るA）と読み替えて、Aが賃借人ということになります。したがって、賃貸人は、Aに対し、賃料の請求をすることができます。このことは、Bが実在の人物であっても、仮名であっても変わりありません。それでは、Bが実在の人物であった場合、賃貸人はBに対して賃料の請求をすることができるのでしょうか。この場合、後述するようにBがAにB名義を使用することを許諾したような場合を除いては、Bは賃貸人とAとの間の契約関係とは全く無関係なのですから、賃貸人はBに対し、賃料の請求をすることはできません。

また、AがBの名前を使用して、ことさら自己の無資力を隠匿したような場合など、B名義の使用によってAと賃貸人との信頼関係が破壊されたといえるような場合には賃貸人は賃貸借契約の解除をすることができます。

■ 契約名義人の許諾がある場合

　前述したとおり、AがBと名乗ることをBから許諾されていた等の事情がある場合には賃借人がBとなることもあり得ます。そのような場合には、賃貸人はBに対して賃料の請求をすることになります。そして、Aとの関係は無断転貸ないし賃借権の無断譲渡の問題となります。この場合には、Aは何らの法的裏付けなく単に建物を不法占拠する者ということになります。

　一方、賃貸借契約はBと結んだのに、Aが賃貸人に無断で入居してB本人と名乗っているにすぎない場合、問題は替え玉による契約締結（2-17参照）の事例に似てきます。この場合、錯誤により賃貸借契約が無効となる場合もあるでしょうし、Aへの占有移転が賃借権の無断譲渡、転貸にあたる場合もあるでしょう。これらにより契約が無効となったり解除されたりすれば、Aは不法占拠者となります。不法占拠者に対しては、賃貸人との間で契約関係がないため、賃料の請求はできませんが、建物を占有された損害として少なくとも賃料に相当する損害金の支払いのほかに明渡請求も認められます。

　ただし、A名義で賃料の支払いがなされている場合には、賃貸人が転貸ないし賃借権の譲渡を承諾したとみなされる場合もあるので、賃貸人は注意をしなければなりません。

■ 貸主と正体不明者の関係

　では、賃貸人が名前のわからない正体不明者に対して、明渡請求などの法的措置をする場合にはどのようにすればよいのでしょうか。それには債務者を特定しないで発する占有移転禁止の仮処分（民事保全法25条の2）を申し立て、その保全執行において、執行官の現地調査を通じて正体不明者を明らかにしてもらったうえで、明渡請求訴訟を提起していくのも一つの方法でしょう（5-7参照）。

芝大門法律事務所　弁護士　木皿裕之

Q 2-19 法人の賃借名義と役員等の変更

賃借人が法人名義でしたが、経営者が交代し、役員や株主も変わったようです。賃借権の無断譲渡・転貸になりますか。

■ 問題の所在

　株式会社などの法人と賃貸借契約した場合、賃借人はあくまで法人自身です。経営者個人との間に賃貸借契約が成立するわけではありません。

　ところが、法人とはいっても、個人事業の色彩が強く、家族などが役員に名を連ねるだけの法人もあります。法人と契約する形になったとはいえ、経営者個人を知っていてその信用で賃貸した経過があったのに、経営者が突然交代したとか、役員や株主が知らない人に変わってしまえば、実質的には賃借権が別の主体に無断で譲渡等されてしまったようにも見え、契約を解除（民法612条2項）できるのではという問題が生じます。

■ 会社経営者の変更と無断譲渡・転貸についての判例の流れ

　従前の下級審判例には、無断譲渡・転貸の肯定例と否定例の両方がありました。もっとも、肯定例は、当初の個人事業（非法人）が法人成りし（法人化）、その後、経営者が交代した例であるという指摘もあります。

　最高裁は、小規模で閉鎖的な有限会社において、代表者及びその家族が持分全部を第三者に譲渡し、役員も全員が交代してしまった事案で、原審が実質的にみて賃借権の譲渡に当たると判断したことに対し、「賃借人が法人である場合において、右法人の構成員や機関に変動が生じても、法人格の同一性が失われるものではないから、賃借権の譲渡には当らない」「右の理は、特定の個人が経営の実権を握り、社員や役員が右個人及びその家族、知人等によって占められているような小規模で閉鎖的な有限会社が賃借人である場合についても基本的に変わるところはない」とし、原審判決を破棄し差し戻しました（最判平成8年10月14日判タ925号176頁）。

■ 今後の賃貸人の対策について

　すると、もし経営者個人への信用から法人名義で賃貸借契約に至った事

情は推察されるとしても、法人と賃貸借契約した以上、法人役員等の変更から当然に無断譲渡・転貸をいうのは困難と思われます。

　もっとも、上記最高裁判決が、法人の法人格が全く形骸化して法人格の否認の法理が妥当する場合は賃借権の譲渡がなされたものと認める余地のあること、また賃借権の譲渡を理由にはできなくとも、経営者交代の事実が賃貸人賃借人間の信頼関係を悪化させ、他の事情と相まって賃貸借契約の解除事由を発生させる場合があり得ることを示している点は注意すべきです。したがって、経営者が交代してもおよそ無断譲渡・転貸が成り立たないとか解除権は発生しないと、一義的に断定することはできません。

　また、最高裁は、賃貸人として経営者個人との信頼関係を重視するような場合、①当該個人を相手方として賃貸借契約を締結するか、②法人と契約を締結するときでも、賃借人が賃貸人の承諾を得ずに役員や資本構成を変動させたときは契約を解除することができる旨特約しておくなどの処置を講ずることができるはずだと示唆しています。もっとも、①に関しては、法人が設立されている以上、法人で賃料を支払う税務上のメリットが賃借人側にあることや、後日紛争が生じて明渡訴訟や強制執行に至った場合にもし法人の占有実態が認められてしまったときの賃貸人側の支障や手間を考えると、実用性に若干疑問が残ります。②に関しては、確かに契約段階での賃貸人の対応として顧慮すべきです。もっとも、仮に特約違反という事態が生じた場合であっても、裁判所がそれだけで当然に解除まで認めるかは別途検討する必要があります。特約さえあれば当然解除できると即断はできず、賃借人側の背信性により信頼関係がどれほど損なわれる事態となったか、実情に応じて対処すべきと思われます。

　ちなみに、賃借人が実質的に変更したときは違約金等を負担する旨定めることは実務上もあり、裁判例も見られます。賃借人の代表者変更があった場合に一定の約定金を負担させる特約があり、約定金の不払を理由に解除があった事案で、特約は有効としつつ、解除は認めなかったという裁判例があります（東京地判平23年6月10日）。また、会社分割（吸収分割）の事案ですが、賃借人（分割会社）がその地位を他に承継させた例で違約金の支払債務を争うことが当該事案で信義則に反する旨判示した最高裁判例もあります（最判平成29年12月19日判タ1452号35頁）。賃貸人の対策のあり方に関し、今後も裁判例の更なる集積が待たれます。

　　　　　　　そとだて総合法律事務所　弁護士　外立憲和

賃貸借の無断転貸

2-20 留守番だ、家族だ、従業員だなどといって、見知らぬ人が賃借人と入れ替わって住んでいます。無断転貸にならないのでしょうか。

■ 無断転貸とは

　転貸とは、いわゆる「又貸し」のことで、賃借人が第三者（転借人）に賃借物をさらに賃貸等（無償で居住させる場合も含みます）することをいいます。転貸は、賃借権の譲渡とは異なりますが、どちらも賃貸人の承諾が必要とされています（民法612条1項）。

　賃貸人の承諾を得ない転貸を無断転貸といい、賃借人が第三者（転借人）に賃借物の使用収益をさせたときには、賃貸人は賃借人との賃貸借契約を解除できます（同条2項）。

■ 無断転貸か否かの判断基準

(1) 法文上は無断転貸がなされ、転借人が賃借物を使用収益すれば、賃貸人は直ちに賃貸借契約を解除できるはずです。しかし、判例上、賃借人の無断転貸が「背信行為と認めるに足りない特段の事情」があるときには、賃貸人は賃貸借契約を解除できないという理論が定着しています（最高裁昭和28年9月25日民集7巻9号979頁、最高裁昭和30年9月22日民集9巻10号1294頁等）。判例がこのような解釈をとる根拠は、賃貸借関係の基礎となる信頼関係を個別的、客観的に捉えることによって具体的に妥当な解決を図ろうとすることにあります。

(2) それでは、いかなる場合に「背信行為と認めるに足りない特段の事情」があるといえるのでしょうか。

　一般的には、使用収益の主体に変化があったとしても、使用収益の実態に変化がない場合ということができるでしょう。言い換えると、転借人に独立の占有が認められない場合といってもよいと思います。裁判例において背信行為がない「特段の事情」が認められるとされたものとしては、①転貸が一時的であるなど義務違反が軽微である場合、②転貸人と転借人が親族その他の特殊関係にある場合、③権利金が皆無である

など非営利性が強い場合、④賃借家屋で営業していた個人が法人組織に変わったが、営業状況に実質的な変化がない場合などが挙げられます。

なお、親族間でなされた借地上の建物の共有持分の譲渡に伴う借地の無断転貸に「特段の事情」があるとした判例があります（最高裁平成21年11月27日判時2066号45頁）。

(3) もっとも、上記①から④に該当すれば、直ちに「特段の事情」が認められて背信行為がなく、賃貸人が解除できないというものではありません。結局は、具体的事案ごとに背信行為の有無を個別的に検討せざるを得ないものと思われます。

■結 論

(1) 通常、留守番は賃借人が一時不在の期間中、賃借人のために借家に入居して借家を管理するもので、留守番は賃借人から独立して占有を有するものではありません。したがって、賃借人が単に留守番をおいたというだけでは、無断転貸にはあたらないということができます。もっとも、留守番が入居した事情、入居後の生活状態などによっては、留守番が自己の生活の本拠として借家を利用していると評価できる場合もあると思われますので、そのような場合には無断転貸にあたり、背信行為があったとして賃貸人が解除できる場合もあると思われます。

(2) 賃借人の世帯の一員として家族を同居させるような場合であれば、その家族には独立の占有があるとはいえず、無断転貸にはあたらないということができます。この場合、同居の家族は転借料や権利金を支払っていない場合が多いでしょう。もっとも、家族とはいっても、賃借人とは独立の世帯をもって、多額の転借料を支払っている場合などには、無断転貸にあたる場合もあると思われます。

(3) 従業員についても、転借料を支払ったり、表札を掲げたり、光熱費をその人の名前で支払っているなどの事情によっては、無断転貸になることもあると思われます。

なお、賃借人が借家で営業をしており、その従業員に経営委託をしたような場合については、2-21を参照してください。

さくら総合法律事務所　弁護士　花田勝彦

営業委託契約と賃貸借契約

2-21 営業委託契約に借地借家法は適用されるでしょうか。賃借建物での営業を委託することは無断転貸になるでしょうか。

■ 問題の所在

営業に伴う建物の使用に関し、営業委託契約という契約方式を採った場合、委託（委任）契約等、賃貸借契約とは異なる契約方式として、借地借家法や民法の適用がなく、契約の解除が容易であったり、賃借建物の無断転貸にならなかったりするようにも考えられます。そこで、本問が問題となります。

■ 営業委託契約の意義

営業の委託契約は、営業用建物の賃貸借とは異なり、対外的には、委託者が依然として営業主であり、営業から生ずる権利義務の帰属者であると解されます。

他方、内部的には2種類に分類されます。

すなわち、営業は委託者の名と計算で行われ、受託者が営業事務処理の対価として、委託者から一定の報酬を受ける場合（これを経営管理契約といいます）と、営業が委託者の名で受託者の計算において行われ、委託者が受託者から一定の金員の支払いを受ける場合（これを経営委託契約といいます）です。

■ 借地借家法、民法の適用の有無

委託者から受託者に建物が引き渡された場合、経営管理契約では、委託者は受託者に対し営業事務処理のために当該建物を引き渡すのであり、これを賃借権の目的としているわけではないので、借地借家法の適用は受けず、また賃借権の無断転貸という問題も生じないでしょう。

他方、経営委託契約では委託者は受託者に対し、委託者の営業組織体を包括的に一体として利用させるために物的営業設備（建物を含む）も引き渡すことになります。そして受託者は営業組織体を利用できる対価として

委託者に対し金員の支払いをするということになります。

そこで、経営委託契約の中には、建物の使用収益の対価として賃料を支払う賃貸借契約に近い性質を有するものもあり、借地借家法の適用の有無や無断転貸にあたるかが問題になります。

■ 裁判例

判例には、賃借家屋の一部を店舗として使用する営業委託について、実質的に転貸借にあたると判断したものや（最判昭和39年9月24日民集75号445頁）、旧国鉄の高架下飲食店の営業委託につき、実質的に賃貸借にあたるとして、借家法の適用があることを判断の前提としたものがあります（最判平成4年2月6日判時1443号56頁）。

また、裁判例では、牛丼屋の営業委託契約について、経営委託契約であることを認定し、実質的には賃貸借（転貸借）であるとした事例（大阪高判平成5年4月21日判時1471号93頁）、契約書上、店舗経営委託契約という記載のあるスナックの営業委託について、建物賃貸借の性格を有するとした事例があります（大阪高判平成9年1月17日判タ941号199頁）。

他方、否定例としては、百貨店の地下2階部分での飲食店経営について、借家法の適用のない販売業務委託であるとした裁判例もあります（大阪地判平成4年3月13日判タ812号224頁）。

■ 回答

判例実務からみると、経営管理契約は賃貸借とはみなされない反面、経営委託契約に関しては実質的に賃貸借とみなされ、借地借家法が適用されたり、無断転貸とみられたりする場合があるようです。

両者の分水嶺は、「経営権の実質が受託者にあって委託者は一定額の金銭を受領するにすぎないもの」であるか否かということになると思われます。すなわち、経営の外部に対する名義は委託者にあっても、経費は受託者が負担し、営業の損益はすべて受託者に帰属し、委託者は一定額を受領するのみで、受託者に対して営業の指導も監督もしないし、できないというような契約関係にある場合は、賃貸借と評価されうるでしょう。

したがって、営業委託契約に基づき受託者に建物を使用させた場合であっても、借地借家法や民法が適用される場合があるので、委託者、受託者双方とも十分注意する必要があります。

そとだて総合法律事務所　弁護士　谷村孝一

サブリース契約

2-22

いわゆる「サブリース契約」に借地借家法の適用はあるのでしょうか。

■ 問題の所在

　サブリース契約というのは、簡単にいえば、建物所有者を賃貸人、転貸業者（サブリース業者）を賃借人とする建物賃貸借契約です。サブリース業者は、建物を一括賃借し、これを各室ごとに転貸して転借料と賃料との差額を利益としています。このような契約は、90年代に、当時のバブル景気を背景とし、有利な転借人が予定されていた時期に多く締結されたものです。

　サブリース契約の賃料については、通常の賃料とは異なり、全期間にわたりあらかじめ決定されていたり、一定期間ごとに増額するなどの特約があるのが普通です。

　しかし、バブル経済の崩壊後、転借人の退去や転借料の減額により、転賃料がサブリースの賃料を下回り、逆ざやとなる事態が生じました。そこでサブリース業者は、サブリース契約が借地借家法の適用がある賃貸借契約であることから、同法32条あるいは事情変更の原則を理由にサブリース契約の賃料減額を所有者に求める事例が増えてきたのです。これに対し、所有者は、サブリース契約は賃貸借と異なる特別な類型の契約であるから前記特約は有効であるとして、借地借家法32条や事情変更の原則の適用はないとして全面的に争いました。

■ サブリース契約と借地借家法32条の適用の有無についての判例の流れ

　この点、下級審の判断は分かれていましたが、平成15年以降最高裁判決が相次いで出されました（①最判平成15年10月21日民集57巻9号139頁、②同平成15年10月21日裁時1350号1頁、③同平成15年10月23日判時1844号54項、④同平成16年11月8日判時1883号52項）。これらの最高裁判決はいずれも、サブリース契約にも借地借家法が適用され、同法32条の規定も適用されるとするものであり、また、借地借家法32条1項の規定は、強行法規であって賃料自動増額特約や賃料保証特約によってもその

適用を排除することができないと判断しています。したがって、これらの判例によれば、賃借人は賃貸人に対して、借地借家法32条1項に基づく賃料減額請求をなし得るということになります。

■ 減額請求の当否および相当賃料額の判断要素

では、賃借人が賃貸人に対して、借地借家法32条1項に基づく賃料減額請求をした場合、その請求の当否および相当賃料額はどのような要素に基づいて判断されるのでしょうか。

この点については、前記①③④の判例を参考にして整理すると、一般論としては「賃貸借契約の当事者が賃料額決定の要素とした事情その他諸般の事情を総合的に考慮すべき」ことになり、具体的には、(ア)本件契約において賃料額が決定されるに至った経緯、(イ)賃料自動増額特約が付されるに至った事情、(ウ)賃料保証特約の存在や保証賃料額が決定された事情、(エ)当該約定賃料額と当時の近傍同種の建物の賃料相場との関係(賃料相場とのかい離の有無、程度等)、(オ)賃借人の転貸事業における収支予測にかかわる事情(賃料の転貸収入に占める割合の推移の見通しについての当事者の認識等)、(カ)賃貸人の敷金および銀行借入金の返済の予定にかかわる事情等を考慮すべきことになります。この基準による参考判例として東京高判平成23年3月16日金法1368号33頁があります。

■ サブリース契約と借地借家法 28 条の適用の有無

また、借地借家法28条の適用の有無について、前記の一連の最高裁判決と同様の立場をとってサブリース契約について借地借家法の適用を肯定したうえで、賃貸人である建物の所有者がサブリース契約の更新を拒絶した場合には、その更新拒絶について、同法28条の「正当の事由」が認められなければならないとした下級審の判例があります(札幌地裁平成21年4月22日判タ1317号194頁)。

■ その他

サブリース契約と同様に、賃貸借とは別の類型の契約ではないかと議論されてきた、いわゆるオーダーメイド賃貸借(建て貸し)にも、判例は借地借家法32条の適用を認めています(最判平成17年3月10日判時1894号14項)。

なお、サブリース業者とテナントとの契約については、サブリース契約ではありませんので、借地借家法が適用されることに争いはありません。

大西綜合法律事務所　弁護士　大西英敏

Q 2-23 賃貸借契約の解除と転貸借契約との関係

建物の賃借人が、賃貸人の承諾を得て適法な転貸借をした後に、賃借人の賃料不払いにより賃貸借契約が解除されてしまった場合、転貸借契約はどのような影響を受けるのでしょうか。

■ 賃貸借契約の解除と転貸借契約の関係

賃貸借契約と転貸借契約は別個独立の法律関係ですから、賃貸借契約の解除により賃借権が消滅したからといって、転借人の転借権が当然に消滅するわけではありません。しかしながら、転貸借は、賃貸借契約の存在を前提としてその権利の範囲内で設定されるものですので、その存立の基礎である賃貸借契約が解除によって消滅した以上、転借人は賃貸人に転貸借権をもって対抗することができません（最高裁昭和36年12月21日民集15巻12号3243頁等）。このような両者の関係は「親亀こければ、子亀もこける」と喩えられます。したがって、賃貸借契約が賃料不払いにより解除された場合、賃貸人から明渡しを求められれば、転借人は原則的にはこれに応じなければならないことになります。

これに対し、建物賃貸借契約の合意解除は、賃借人（転貸人）の債務不履行があるため賃貸人において解除権の行使ができるときにされたものである等の事情がない限り、転借人に対抗できないとするのが確立した判例です（最高裁昭和62年3月24日判時1258号61頁等）。このような判例の考え方は民法613条3項に明文化されています。

■ 転貸借契約の終了時期

賃貸借契約が解除された場合に、転貸借契約がいつ終了するかについて、判例は、原則として賃貸人から転借人に対して目的物の返還請求があったときに、賃借人（転貸人）の転借人に対する債務の履行不能により終了するとしています（最高裁平成9年2月25日判タ936号175頁）。この考え方に従えば、賃貸借契約が解除された後も目的物に居住し続けている転借人は、賃貸人から明渡しを求められるまでは賃借人に対する転借料の支払義務を負い、その反面、賃貸人に対する使用損害金の支払義務は負わないことになります。

■ 転借人に対する事前通知の必要性の有無

　ところで、賃貸人が賃料不払いを理由に賃貸借契約を解除する場合、転借人にあらかじめ賃料不払いの事実を通知するなどして未払賃料の代払いの機会を与える必要があるか否かという問題があります。学説では、賃借人の賃料不払いという自己の関知しない事情によって転借人の地位が覆されるのは不合理であることなどを理由に、代払いの機会を与えるべきだとする見解が多数説ですが、判例は一貫して、民法613条からは賃貸人にそのような義務を認める根拠は認められないなどとして、転借人に代払いの機会を与える必要はないとしています（最高裁平成6年7月18日判タ888号118頁など）。判例の考え方は、転貸借契約が賃貸借契約の存在を前提とする以上、転借人は、転貸借が賃貸借の帰趨により影響されることを承知のうえで転貸借契約を締結しているはずであるから、あらかじめ代払いの機会を与えなくとも、転借人に予期せざる格別の不利益をもたらすものではないという判断によるものだと思われます。

　もっとも、判例も「特段の事情」がある場合まで一切通知が不要としているわけではありません（上記最高裁平成6年7月18日）。例えば、賃貸人と賃借人が通謀のうえ債務不履行解除の形式を装う「馴れ合い解除」のように、信義則違反や権利濫用にあたるような事情がある場合には、事前の通知等により転借人に代払いの機会を与えることが例外的に必要とされる場合が考えられます。

■ 転借人の対応

　以上からすると、本問では、賃貸人から明渡しの要求があった時点で、転借人は建物から立ち退かなければならないということになります。これに対し、賃貸借契約の解除が「馴れ合い解除」にあたるような場合には、転借人は立退きを拒むことができますが、多くの場合、転借人が「馴れ合い解除」を立証することは困難だといわざるを得ません。

　したがって、転借人としては、賃貸人から転貸借の承諾を得る際に、代払いの機会を与える旨を承諾書面に追記してもらっておく方が安全です。そのような書面がない場合には、賃貸人に対し、延滞賃料を自分が代払いすることを条件に賃貸借契約の解除の撤回を交渉してみることになるでしょう。

志賀・飯田・岡田法律事務所　弁護士　岡田卓巳

会社の借り上げ住宅と従業員・役員の解雇解任

2-24

社宅として建物を賃貸していたところ、会社と入居者の従業員との間で解雇をめぐる紛争が生じました。会社は賃料を支払わないから入居者に対して明渡請求訴訟を提起してほしいといっています。どうしたらよいでしょうか。

■ 従業員・役員の解任解雇と社宅居住使用権

　会社が住宅を賃借し、これを役員や従業員に社宅として転貸する例があります。会社と従業員等との貸借関係は、使用貸借の場合もありますが、多くは廉価での賃貸借契約が用いられます。このような貸借関係においては、従業員や役員が会社を退職したことにより貸借契約が当然に終了するものと解されています（解任解雇により明渡しを請求する正当事由が生じたと判断する判例として最高裁昭和28年4月23日民集7巻4号408頁、取締役用社宅契約の期間について東京地判平成14年11月1日）。

■ 賃貸人の契約上の基本的地位

　家主である賃貸人からみると、社宅の入居者は転借人ということになります。賃貸人は、賃借人である会社が賃料を支払わないときは、会社との賃貸借を解除し、入居者に対しても明渡しを請求することができ、未払賃料の支払いを賃借人の債務の範囲を限度として入居者である転借人に直接請求することもできます（民法613条1項）。この時に賃貸人は転借人に対し支払いの催告をする必要はないと解されています（最高裁平成6年7月18日判タ888号118頁。2-23参照）。

■ 転借人に対抗できない合意解除

　転借人を追い出す目的をもって賃貸人と賃借人が両者間の賃貸借を合意解除しても、転借人には対抗できません（民法613条3項）。賃借人に賃料不払など債務不履行があって賃貸人が賃借人に対し解除権を有している場合には転借人に対し明け渡しを対抗できます（民法613条3項ただし書）。

■ 社宅入居者が解任・解雇の無効を主張して明渡しを拒否している場合

　社宅入居者が解任・解雇の有効性を争い、明渡しを拒否している場合に

は、建物の明渡しを求めるには様々な問題点が生じます。従業員が賃料（転借料）を支払わなければ、転貸人は建物明渡訴訟を提起できますが、賃料を支払っている場合に、転借人への明渡請求が認められるには、会社による当該従業員の解雇に合理的な理由があり社会通念上相当であることが十分な証拠をもって認められ、転貸借契約の終了の正当理由が認められなければなりません。

なお、転貸借終了後に転借人が占有を継続した場合には、賃貸人は、社宅としての低廉賃料ではなく、賃借人（転貸人）が賃貸人に負う債務の範囲を限度として通常の賃料相場に照らした額での賃料相当損害金を転借人に請求できます（東京地判平成14年10月21日、東京地判平成14年11月1日、民法613条1項）。

■ 本設問の回答

賃借人が賃料の支払いを停止した場合、賃貸人は賃借人および転借人の両者を被告として建物明渡請求訴訟を提起することができます。ただし、事案によっては、賃貸人と賃借人の利害の一致に基づく馴れ合い訴訟であり、実質的には合意解除と認定されて、賃貸人による明渡請求が棄却されることもあると思われます。また、訴訟において解雇の有効性も争点となり得、建物明渡訴訟が長期化することも予想されます。

転貸人である会社が転借人を解雇・解任したと話している場合でも、そのような解雇・解任が有効か否かは一概には言えません。転借人から、賃貸人による会社の賃料不払いに基づく解除は馴れ合いの合意解除であるとの主張がでることは予想できますし、転借人の明渡しにかかる訴訟費用や、その他、賃料の支払いを停止されてからの未収賃料回収のリスクを考えれば、賃貸人としては、賃借人には賃料の支払いを求め、転借人の明け渡しについては、転貸人側で実施するように求めるのが賢明でしょう。

以上のような理由から、設問の事例において、賃貸人は、転貸人と転借人間の紛争が終了するまでは、転貸人である会社に賃料支払いを求め、転借人退去後に賃貸借の継続か合意解除するかを判断すればよいでしょう。

もし、会社が賃料支払いに応じない場合には、賃料不払いによる解除に伴う建物明渡請求訴訟の提起を検討することになりますが、この場合には、馴れ合い訴訟ではないことを明確にするよう留意してください。

アジアンタム法律事務所　弁護士　高橋辰三

賃貸建物の共有化と賃貸借

2-25

賃貸建物が単独所有から共有に変わった場合、賃貸借契約はどのようになるのでしょうか。

■ 賃貸建物が共有化するに至る事由について

　賃貸建物の共有化の場面として、賃貸建物を単独で所有していた貸主が亡くなり、数人の相続人が共同して賃貸建物を相続した場合や、いわゆる不動産小口化商品の一つとして、投資者らが建物の共有持分を買い受けるケース等が考えられます。また、金融機関が不良債権化した抵当物件を競売する際、期間入札制度の活用により競落代金資金を複数人より調達して競落した後、その共同出資者が出資額の割合に応じて共有持分を取得するケースもあるようです。

■ 共有賃貸建物の賃料請求・受領と弁済について

(1)　建物を共有する複数の賃貸人は、各自賃料を全額請求して受領することができるのでしょうか。また、賃借人は複数の賃貸人のうちの一人に全額弁済することができるのでしょうか。それとも各賃貸人に分割額を支払わなければならないのでしょうか。

　これらについては、共有物件の賃料は不可分債権であるとの裁判例があり（東京地裁昭和47年12月22日判時708号59頁）、かかる裁判例によると、賃貸人は各自が全額請求できるし、賃借人は一人に対し全額弁済できることになります。貸主としての賃貸建物の用益提供が共同賃貸人の不可分的な債務である以上、これと対価関係にある賃料債権も不可分であると考えられるべきだからです（神戸地裁昭和53年11月29日判タ394号128頁）。

　なお、賃料全額を受領した共同賃貸人の一人は、共同賃貸人間の内部関係の割合（特段の定めがない限り当該建物について各人が有する共有持分権の割合に従うと考えられます。）に応じて、その受領した賃料を他の共同賃貸人に分与しなければなりません。

(2)　共同賃貸人のうち一人の請求は全賃貸人のために効力を生じますので

（民法428条、432条）、これを理由とする時効の完成猶予・更新の効果も全賃貸人のために生じます（絶対的効力）。しかし、例えば、一人の賃貸人と賃借人との間で賃料支払いの免除等があったとしても、相対的効力しかなく、他の賃貸人は賃借人に対し全額請求できます。もっとも、全額の支払いを受けた賃貸人は、債務の免除を行った賃貸人が債務免除をしなければ受け取ることができた分を、賃借人に返還しなければなりません（民法429条）。

■ 共有賃貸建物の修繕義務について

共同賃貸人は、その建物全部についてそれぞれ使用収益させる義務を負担しているので、その債務は不可分債務であると考えられています（宮崎地裁昭和40年8月10日判時428号83頁）。よって、使用収益に必要な修繕義務についても、免除の特約等がない限り各賃貸人に生じますので、同じように不可分債務とみるべきです。

■ 共同賃貸人の賃貸借契約締結、解除について

(1) 締結について、裁判例（東京地裁平成14年11月25日判時1816号82頁）によると、共有建物について賃貸借契約を締結するのは、それが民法602条の期間を超える場合には処分行為として建物共有者全員の合意が必要であり、民法602条の期間を超えない場合には、管理行為として持分の過半数で足りるとされています。もっとも、契約上の賃貸借契約の期間が民法602条の期間を超えなかったとしても、借地借家法等が適用される場合には賃貸借契約の更新が原則とされるため、賃貸借契約が長期間にわたって継続する蓋然性が高く、他の共有者に与える影響は民法602条の期間を超える場合と同視できます。よって、この場合には、原則として共有者全員の合意が必要であると考えられます。しかし、裁判例によると、持分権の過半数によって決することが不相当とはいえない事情がある場合には、共有者全員の合意がなくとも、持分権の過半数によって締結することができるとされました。

(2) 解除について、裁判例（東京地裁昭和30年5月23日下民集6巻5号1015頁）によれば、共有者が共有物を目的とする賃貸借契約の解除は、民法252条の共有物の管理行為に該当する（したがって民法544条1項の適用は排除される）ため、共同相続人のうち持分の過半数を占める相続人で契約を解除することができます。

高瀬法律事務所　弁護士　星野久美子

オーナーチェンジによる建物譲受人の地位

2-26 賃借人付きのマンションを居抜きで購入しました。このようなオーナーチェンジの場合、敷金などの権利義務はどうなるのでしょうか。

■ 結 論

マンションの購入者（新所有者）は、原則として、旧所有者の賃貸人たる地位を承継し、賃借人が旧所有者に交付した敷金を含む賃借人との間の権利義務関係は、賃貸人たる地位の承継時に、新所有者に承継されることになります。

■ 不動産譲渡と賃貸人たる地位の移転

賃貸借の対抗要件（民法605条、借地借家法31条など）を具備した場合において、不動産が譲渡されたときは、当該不動産の賃貸人たる地位は、その譲受人に移転します（民法605条の2第1項）。ただし、新所有者が賃貸人であることを賃借人に対して主張するには、不動産の所有権移転登記を具備する必要があります（民法605条の2第3項）。

以上の規定は、過去の判例法理を明文化したものですが、最高裁昭和39年8月28日民集18巻7号1354頁は、賃貸借の対抗要件を備えた賃貸不動産の譲渡であっても、「特段の事情」がある場合には、賃貸人たる地位が承継されないことを認めておりました。この点、民法605条の2第2項は、不動産の譲受人と譲渡人が、賃貸人たる地位を譲渡人に留保する旨および当該不動産を譲受人が譲渡人に賃貸する旨の合意をしたときは、賃貸人たる地位が譲受人に移転しない旨定めるにとどめており、同項以外にも、賃貸人たる地位の移転が例外的に認められない場面が存するかについては、今後の解釈に委ねられることになります。

なお、「特段の事情」については、①不動産の所有権移転に先立って、賃貸人において賃貸借契約上の賃貸人の地位の移転には賃借人の承諾を要する旨を了承している場合や②賃貸人が当該不動産の所有者であるというにとどまらないその個別的な能力等に基づく役務提供等の義務を負担する場合など、新所有者に賃貸人の地位を移転させることが、賃貸借契約の趣

旨に反しまたは賃借人の利益を著しく害する場合に認められるとした裁判例があります（東京地裁平成4年1月16日判タ794号128頁）。

■ 合意による賃貸人たる地位の移転

賃借権の対抗要件が具備されていない場合であっても、新旧所有者の間で、不動産の所有権の譲渡とともに賃貸人の地位を承継する旨の合意がなされたときは、賃借人の承諾を要することなく、賃貸人の地位は新所有者に承継されます（民法605条の3）。

当該規定も過去の判例法理を明文化したものですが、判例は、「特段の事情」があるときは、新旧所有者間における賃貸人の地位を承継する旨の合意の存在だけでは足りず、賃借人の承諾を要する場合があることを認めており（最高裁昭和46年4月23日判タ263号210頁）、民法605条の3がこのような例外事由を認めているのかについては、今後の解釈に委ねられることになります。

■ 承継する権利義務の内容

賃貸人たる地位が承継された場合、新所有者は、従前の賃貸借契約の内容（期間、賃料額、支払時期、支払方法など）をそのまま承継することになります。ただし、前述のとおり、新所有者が賃貸人であることを賃借人に対して主張するには、不動産の所有権移転登記を具備する必要がありますので、新所有者は、原則として所有権移転登記後の賃料についてのみ賃借人に請求することができます。

また、賃借人が旧所有者に交付した敷金についても、賃貸人たる地位の譲渡に伴い、新所有者に承継されます（民法605条の2第4項）。保証金、建設協力金または権利金など、敷金以外の名目で差し入れられた金銭であっても、その実態が「賃貸借に基づいて生ずる賃借人の賃貸人に対する金銭の給付を目的とする債務を担保する目的」（民法622条の2第1項参照）で交付された金銭についても同様です。

なお、判例は、承継する敷金返還債務の範囲について、賃借人の旧所有者に対する未払賃料債務等に当然に充当した上で、残額についての権利義務が新所有者に承継される旨判断しておりますが（最高裁昭和44年7月17日判タ239号153頁）、この点は明文化されておらず、今後の解釈または個別の合意に委ねられることになります。

橋元総合法律事務所　弁護士　児島雅彬

賃借人の倒産と賃貸借の解除

2-27 賃借人が倒産して行方をくらましました。家主は、賃貸借契約に支払停止が解除理由になると規定されていることを理由として、賃貸借契約を即時解除できますか。

■ 支払停止を解除理由とする特約の効力

　賃貸借契約において、賃借人が不渡手形を出し、支払停止となった場合には、直ちに契約を解除することができる旨の特約を定める例は多いと思います。そこで、本問のように、実際に建物の賃借人が支払停止となった場合、同特約に基づき、賃貸借契約を解除することが許されるでしょうか。

　建物賃貸借契約の解除特約の効力については、解除理由とすることに合理性がなく、賃借人に不利な場合には、借地借家法30条により無効となる場合があります。建物の賃借人が差押えを受け、または破産宣告の申立てを受けたときは、賃貸人は直ちに賃貸借契約を解除することができる旨の特約の効力について、旧借家法6条により無効であるとされた判例があります（最判昭和43年11月21日民集22巻12号2726頁）。これは、賃借人が差押えや破産申立てを受けても、そのことから直ちに賃料債務不履行の危険が具体的に発生したとは断定できないからです（上記判例も、賃借人は差押えや破産申立てを受けたものの、賃料債務を誠実に履行していたケースです）。

　支払停止を理由とする解除特約については、①支払停止という実質的な破産原因が発生しており、賃料債務不履行の危険が具体的に生じている以上、特約は有効であると考える立場と、②支払停止となっても、賃料債務が履行されることもあり得るのであるから、支払停止という事実だけで解除を認める特約は無効であると考える立場があります。

　この点に関し、賃借人の支払停止を理由とする賃貸借契約の解除が争われたケースにつき、支払停止を理由とする解除特約は借地借家法30条により無効である上、また支払停止の事実があっても、賃借人は破産宣告を受けることなく営業を継続し、賃料の不払いもない場合には、賃料債務不履行の危険が具体的、実質的に生じておらず、賃貸借契約を継続しがたい事実関係が発生したとはいえないため、賃貸人から賃貸借契約を解除する

ことはできないと判断した裁判例があります（東京地判平成4年12月9日金法1371号86頁）。この判決の考え方に従うと、支払停止を理由とする解除特約は、上記②のように無効という結論になり、賃貸借契約を解除するためには、別の解除理由が必要となりそうです。

なお、以前は支払停止を解除理由とする特約に基づく建物賃貸借契約の解除が争われたケースにつき、借家契約において賃借人が破産宣告を受けた場合、賃貸人は民法621条により解約できるのであるから、実質的には破産状態というべき支払停止をもって解除できるものとする特約は、賃借人に不当に不利なものとはいえないとして、特約の有効性を認めた裁判例もありました（大阪地判平成3年1月29日判タ777号208頁）。

しかし、平成16年の破産法改正に伴って、賃借人が破産宣告を受けた場合に、賃貸人または破産管財人による解約の申入れを認めていた民法621条は削除されましたし、上記の判決も、特約の効力を全面的に肯定したものではなく、賃借人が支払停止に陥っても、賃貸人の賃料請求権に格別不安が生じていないような場合には、特約の効力は認められないと述べており、その効力を限定的に解していることに留意する必要があります。

■ 本問の場合

賃貸借契約に支払停止を解除理由とする特約があり、賃借人が倒産して支払停止に陥った以上、賃貸人としては、当然に解除できると考えることは問題です。たとえ支払停止に陥っても、同特約は無効と解される可能性が高い上、賃借人に賃料の不払いがなく、その後も不履行のおそれがないような場合には、信頼関係が破壊されたとはいえず、解除は認められない可能性が高いからです。

他方、本問の場合において、信頼関係破壊を基礎付ける評価根拠事実として、賃借人が支払停止に陥ったことだけでなく、賃借人が行方をくらまして音信不通になったことや、実際に賃料の不払いが生じていること（目安として3ヶ月以上）など、賃料債務不履行の危険が具体的、実質的に認められる場合には、信頼関係が破壊されていると判断される可能性が高く、賃貸借契約を即時解除することも可能であると思います。

　　　　　橋元綜合法律事務所　弁護士　藤原　浩、弁護士　間嶋修平

2-28 賃貸人の破産と解除

建物の賃貸人が事業に失敗して破産手続が開始されましたが、賃貸人側から賃貸借契約を解除されてしまうのでしょうか。

■ 双方未履行の双務契約の処理に関する破産法の一般原則

　破産法では双方未履行の双務契約の処理に関する一般原則として、双務契約について破産手続開始時に双方が履行を完了していない場合、破産管財人は、契約の解除をし、または破産者の債務を履行して相手方の債務の履行を請求することができると定めています（破産法53条1項）。
　賃貸借契約は、賃貸人の目的物を賃借人に使用収益させる債務と賃借人の賃料を支払う債務が対価関係にたつ双務契約ですから（民法601条）、双方未履行の双務契約に関する破産法上の上記一般原則に従えば、賃貸借契約期間中、賃貸人に破産手続が開始されると、破産管財人は賃貸借契約の履行または解除の選択権（破産法53条1項）を有することになりそうです。

■ 借地借家における賃借人の権利保護

　他方、借地借家法は賃借人の土地や建物の利用の安定を図るべく、当事者が自由に契約をすることに対して一定の制約を設け、賃借人が安心して借地・借家できるようにしています。そのため、借地借家法で定める一定の規定に反する特約で、賃借人に不利なものは無効とされます（借地借家法30条等）。したがって、たとえ賃貸借契約において、賃貸人側の事情によっていつでも賃貸人側が解除できる旨の特約を定めても無効であり、賃貸人側からの一方的な契約解除は認められないのが原則です。
　そこで、上記双方未履行の双務契約の処理に関する破産法の一般原則と、借地借家における賃借人の権利保護との関係をどのように考えるかが問題となっていました。

■ 賃貸人の破産と解除の可否

　この問題は破産法の改正によって立法的に解決され、双方未履行の双務契約の処理に関する破産法の一般原則は、賃借権など使用および収益を目的とする権利を設定する契約については「破産者の相手方が当該権利につ

き、登記、登録その他の第三者に対抗することができる要件を備えている場合には、適用しない」と定められました（破産法56条1項）。

建物の賃借権の対抗力は賃借権設定登記のほか、賃借人が建物の引渡しを受けることによっても認められます（借地借家法31条）。したがって破産管財人は、そのような対抗要件を備えた賃借権にかかる賃貸借契約を解除することができないことになります。

なお、賃借権の対抗要件を具備する時期については、破産手続開始前に対抗要件が備わっている必要があるとする見解と、破産手続開始後に賃借人がその事実を知らないで具備した対抗要件（破産法49条ただし書参照）をも認める見解に分かれています。

■賃貸人の破産と正当事由の存否

また、破産法上の解除権が認められないとしても、借地借家法28条に基づく解除が可能か、この場合、賃貸人の破産がこの正当事由にあたるか否かが問題となります。

この点について、賃貸人の破産という事情のみをもって正当事由が肯定されることはなく、正当事由の一事情として斟酌しつつも、賃借人側の事情も勘案して正当事由を否定した裁判例があります（大阪高裁昭和53年12月21日下級裁判所民事裁判例集29巻9～12号382頁、大阪地裁昭和53年3月17日金融・商事判例555号23頁、東京高裁昭和31年7月18日下級裁判所民事裁判例集7巻7号1947頁）。学説の多くも、賃貸人の破産のみをもって正当事由を認めると、破産管財人の解除権を排除して賃借人を保護しようとした破産法56条1項の趣旨が損なわれるとして、正当事由とは認められないとしています。

■結　論

以上より、破産管財人は、建物の引渡し等を受けて対抗要件を備えた賃借人（借地借家法31条）に対して賃貸借契約を解除することができず、また賃貸人の破産のみを理由とする更新拒絶や解約申入れも認められないことになります。この場合、賃借人は原則として賃料を破産管財人に対して支払い続けることになりますが、抵当権の物上代位による差押えがなされた場合や、破産管財人が当該不動産を財団放棄してしまった場合の取り扱いについては、2-29を参照してください。

ホワイト＆ケース法律事務所　弁護士　鈴木美華

賃貸人に破産管財人がついたときの対応法

賃貸人に破産管財人がつきました。賃借人としてどのように対応したらいいでしょうか。

■ 賃貸人が破産したときの法律関係

賃借人が賃借権について対抗要件を具備している通常の賃貸借の場合、賃貸人に破産管財人がついたからといって、直ちに明渡しを迫られるというようなことはありません（破産法56条1項、2-28参照）。

■ 破産管財人の通常の実務処理

破産管財人は、特別のことがない限り、①賃借人に退去してもらい、空にして第三者に売却をする、②賃借人がいる状態のままで第三者に売却する、あるいは、③抵当権者がいるとして、その抵当権者が行う競売手続にまかせるなどの方針をたてると思われます。

①の場合は、立退きの時期、立退料等の話し合いが、②の場合は、新所有者への引継ぎの話し合いがなされるでしょう。一方、③の場合は、競落取得者の方針によっては、抵当権と賃借権の優劣の問題が起きたり、敷金・保証金の引継ぎがどうなるかなどの深刻な問題も起こり得ます（2-31、4-28参照）。

■ 賃借人の対応策

(1) 破産管財人との早期接触と交渉をおすすめします。
(2) 賃料は、破産管財人に支払うのが原則です（2-28、5-38参照）。しかし、抵当権の物上代位による差押えがあれば、その差押えが優先します。
(3) 賃借人が破産管財人に対して賃料を弁済する場合には、敷金返還請求権の額の限度において弁済額の寄託を請求することができます（破産法70条後段）。
(4) 裁判所から債権の届出用紙が送られてきますので、敷金・保証金の返還請求権等を記載して提出します。
(5) 賃借人が破産した賃貸人に対し売掛金等の反対債権を有するときや敷

金・保証金の相殺ができるかについては、5-38参照。
(6) 破産手続開始決定前に退去してしまった場合には、敷金・保証金返還請求権は、一般債権として扱われ、その破産配当率に応じて配当されることになります。破産手続開始決定後も継続使用している場合には、破産管財人との協議（和解）により、敷金・保証金の一部または全部を戻してもらうことを合意の内容に含めて解決されることが多いようです。

なお、最近では、特に多額の保証金を差し入れるようなときには、万が一の場合に備え、賃貸人たる家主からの将来の返還請求権を保証する担保が設定される例も多くなっています。
(7) 破産した賃貸人が建物所有者でない場合は、以上とは異なった問題が生じます。賃貸人が建物所有者の管理会社であるような場合は、建物所有者への契約引き継ぎを信義則上要求できる場合もあり得ると考えます。その他の場合でも、留置権などの主張はしていくべきでしょう。

■ 財団放棄の場合

破産管財人は、財産を保有していても費用負担ばかりで（抵当権オーバーローン等で）財団増殖の見込みなしと判断した場合、裁判所の許可を得て、財団放棄することがあります。

この場合、破産管財人は、財産管理権を失い、破産者が自然人の場合には当該自然人の管理に委ねることになりますが、破産者が法人の場合には、会社法478条2項の準用により清算人が選任され、その清算人による管理が本筋となります（株式会社の破産財団から解放（放棄）された不動産の清算手続については判タ1064号28頁の論文、金判1329号8頁の論文参照）。しかし、清算人がつかない場合も多く、実際上、管理権者が空白となってしまう場合もあります。抵当権の物上代位による差押えがないときには賃料供託等の対応をすることも考えられます。破産廃止の場合も同様となります。

大西綜合法律事務所　弁護士　大西雄太

譲渡担保権者の賃料請求と敷金返還義務

2-30

アパートを譲渡担保で取得しようと思います。敷金返還義務を負わずに賃料も請求するには、どうすればよいですか。

■ アパートを譲渡担保で取得するということの意味

あなたがアパートの所有者に対して、例えば貸金をもっている場合、アパートの所有者がこの借金を返済した場合は、アパートの所有権はアパートの所有者に戻るけれども、もし借金を返済することができなかった場合は、あなたが確定的にアパートの所有権を取得してこれによって借金が返済されたこととするという約束で、いったんアパートの所有権を取得するということが、アパートを譲渡担保で取得するということの意味です。このように実質は担保ですが、不動産譲渡担保の公示は所有権移転の登記によってなされるので、譲渡担保権者であるあなたが、完全な所有者であるかのように第三者の目からは見えることになります。そこで、形式と実質の乖離ということから問題が生じます。

■ アパートを売買で取得する場合

賃貸借契約存続中にアパートが売却されてその所有権が移転された場合、アパートの賃借人がその賃借権を第三者に対抗できるときは、これに伴って当然にアパートの所有権を取得した者に賃貸人の地位が移転します（最高裁昭和44年7月17日民集23巻8号1610頁、2-26参照）。敷金に関する法律関係は賃貸借契約に付随従属するものですから、敷金に関する権利義務は、賃貸人の地位の移転に伴い当然に新賃貸人に承継されます（最高裁昭和48年2月2日民集27巻1号80頁）。また、登記を備えていれば新所有者は賃借人に対し賃貸人としての地位を主張できますから、賃料を賃借人に請求できます。

■ アパートを譲渡担保で取得する場合

しかし、アパートを譲渡担保の目的で取得した場合は前項と同様に解することはできません。この場合、アパートを使用収益する権利（目的物の

利用権）までアパートの所有者からあなたに移転するわけではなく、したがって賃貸人の地位があなたに移転すると解することもできません。担保権が実行されてアパートの所有権があなたに確定的に移転し、これに伴って賃貸人の地位もあなたに移転してはじめて賃貸借契約上の敷金返還債務もあなたに移転すると考えられます（東京地裁平成2年10月3日判タ757号197頁）。このように、譲渡担保の実質に従えば、譲渡担保権が実行されない限りは賃貸人の地位は担保設定者にとどまると考えられますから、担保権が実行されて確定的に所有権があなたに移転しない限り、あなたは敷金返還要求に応じる義務はないということになりそうです。また、賃貸人の地位を有するのは担保設定者である以上、あなたは賃料を請求できないということになりそうです。

ところが一方、担保権の実行が未了で譲渡担保権者が確定的に所有権を取得していない場合でも、これを理由に敷金の返還義務を免れることはできず、この場合敷金返還義務は、担保設定者と譲渡担保権者とが重畳的に負担するとする裁判例もあります（東京地裁平成2年11月5日金法1288号34頁）。ただし、この裁判例の結論は、賃借人の保護という観点から導かれたものと考えられ、また、譲渡担保設定者の敷金返還義務も重畳的に認めていることからも、賃貸人の地位が譲渡担保権者に移転していることを前提にするものであるとは当然には解せませんから、この裁判例の考えによる場合でもあなたは賃料を請求できるとは必ずしもいえません。

■結論

このように判例の考え方がまだ定まっていない以上、アパートをその所有者から譲渡担保にとるにあたって、敷金返還義務を負うことなくかつ賃料もとりたいという場合は、「あなたは敷金返還義務を承継しない」「賃借人に対して賃料を請求できる者は、アパート所有者（譲渡担保設定者）ではなくあなたである」旨の合意書をあなた、アパート所有者および賃借人の三者間で作成しておく必要があります。なお、アパート所有者がアパートを第三者に売却するなど処分することを防ぐためにも、また、譲渡担保権実行後に賃料を請求するためにも譲渡担保にとるにあたり所有権移転登記を備えておくことは前提となります。

小島法律事務所　弁護士　小島功一

競売と敷金・保証金の引き継ぎ

競売によって賃貸建物の所有権を取得した場合、敷金・保証金の返還債務を引き継ぐことになるのでしょうか。

■ 賃貸建物の所有権移転と賃貸人の地位の承継

競売によって賃貸建物の所有権を取得した新所有者が、旧所有者と賃借人との間の賃貸借契約における賃貸人の地位を承継するかについては、賃借人が新所有者に対し、賃借権を対抗できるか否かで結論が異なります。

すなわち、建物の賃借人は、賃借権の登記がなくても建物の引渡しを受けていれば建物の新所有者に対して賃借権を対抗することができますが（借地借家法31条）、賃借人が新所有者に対して賃借権を対抗しうる場合には、旧所有者と賃借人との間の賃貸借契約における賃貸人の地位は、法律上当然に新所有者に承継されます（民法605条の2第1項）。

他方、賃借人が建物の引渡しを受ける前に（賃借権の対抗要件を具備する前に）差押えがなされたときや、抵当権が設定されたときなど、賃借人がその賃借権を新所有者に対抗できない場合、建物の旧所有者と新所有者との間に賃貸人たる地位を移転する旨の合意（民法605条の3）がなければ、賃貸人の地位は新所有者に承継されません。

■ 賃貸建物の所有権移転と敷金関係の承継

賃貸建物の新所有者が賃貸人の地位を旧所有者から承継した場合、旧所有者に差し入れられていた敷金は、賃借人の旧所有者に対する未払賃料債務があればその弁済としてこれに当然充当され、その限度において敷金返還請求権は消滅し、残額についてのみその権利義務関係が新所有者（新賃貸人）に承継されることになります（最判昭和44年7月17日民集23巻8号1610頁）。この判例を受けて民法605条の2第4項は、敷金の返還債務が新所有者に承継されることを定めました。ただし、上記最判の賃借人の旧所有者に対する債務が、敷金から当然に充当されるかについては、明文化されていません。

もっとも、競売手続において、目的物件の賃借人が故意に賃貸借契約の

存在およびその内容を明らかにしようとしないなど、競落人（新所有者）が賃貸借の存在および内容を知りえなかったことにつき賃借人の責めに帰すべき事由があるときは、賃借人は敷金の返還を請求することができないとした裁判例があります（東京地判昭和57年7月19日金商670号30頁）。

■ 賃貸建物の所有権移転と保証金関係の承継

　ビルの賃貸借の場合には、保証金が授受されることがありますが、賃貸建物の所有権が移転した場合、敷金と同様に、保証金も新所有者に承継されるのでしょうか。

　保証金には、一般に、敷金、建設協力金、貸金、即時解約金、権利金、またはこれらの性質を併せ持つものがあるといわれています。

　そして、裁判例をみると、事案ごとに当該保証金の性質を判断し、その名称にかかわらず、敷金としての性質を有するものであれば新所有者に承継され、そうでなければ承継されないとの結論を導いているようです。

　例えば、建物を競売で取得した新所有者に保証金返還債務が承継されるか否かが問題となった事例で、当該保証金がいわゆる建設協力金として賃貸借とは別個に消費貸借の目的とされたものであり、賃貸借上の債務を担保する目的で賃借人から賃貸人に交付された敷金とは性質を異にすることなどを理由に、当該保証金返還債務は当然には新所有者に承継されないとした最高裁の事例判決があります（最判昭和51年3月4日民集30巻2号25頁）。同様に、当該事案において授受された保証金が敷金とは性質を異にする建設協力金であると認定し、当該保証金返還債務が新所有者に承継されないとした下級審の裁判例があります（東京地判平成7年8月24日判タ904号156頁、同平成8年6月17日金法1488号60頁等）。

　また、競売手続によって賃貸建物の所有権を取得した新所有者が賃貸人の地位を承継する場合、その賃貸借契約において預けられている保証金（敷金としての性質を有する保証金）については、無制限にそのまま債務を承継するのではなく、賃貸人の賃借人に対する賃料等債権の担保として適正な額の限度で債務を承継すると解するのが相当であり、また、賃貸人たる地位の承継前に敷金返還請求権の行使が可能な条件が付着しているときは、新賃貸人には承継されないと解することが相当であるとして、新所有者に承継される保証金を適正な額に限定した裁判例があります（東京地判平成21年3月25日）。

橋元綜合法律事務所　弁護士　風祭　寛

賃借権の相続

2-32 借家の賃借人が死亡した場合、賃貸借は終了するのですか。それとも、賃借権は、相続人に承継されるのですか。

■ 問題の所在

　現在の一般的住宅事情や人間関係のもとでは、賃借人が死亡して無人化した賃借住居に相続人が新たに入居して居住し始めることはそう多くはないと思われます。このような場合、賃貸人と相続人とが協議して、賃貸借契約を合意解除することも多いでしょう。しかし、多額の未払賃料が残っていたり、返還されるべき敷金が多額である場合、さらには残置遺産が高額品であったり、逆にその処分に多大な費用を要する場合などには、相続人による賃貸借契約の承継は大きな問題となります。

■ 賃借権の相続

　賃借権においては、使用貸借の場合とは異なり、借主の死亡は契約関係の終了原因とされていないので（民法597条3項参照）、賃借人が死亡しても賃貸借関係は終了しません。そして、賃借権も財産権の一つですから、賃借人が死亡した場合には賃借権は相続人に当然相続されることになります（民法882条、896条）。

　なお、相続人が複数存在しその中に被相続人と同居する者と同居しない者がいる場合に、同居の相続人にのみ賃借権の相続を認めた裁判例もあります（東京地判昭和28年11月24日下民集4巻11号1744頁）が、これは個別の事案の具体的妥当性に配慮したものと思われます。少なくとも相続人全員が同居している場合や、反対に全員が別居している場合は相続人全員に賃借権が相続されると解されます。

■ 相続後の賃貸借関係

　賃借権が相続されると、賃料・返還時期・その他使用上の特約等の諸条件はそのまま相続人に引き継がれます。ですから、賃貸人から相続を理由として賃料の変更等の申入れがなされても拒むことができます。ただ、賃

貸人から解約の申入れがあった場合は、借地借家法28条（旧借家法1条の2）の「正当事由」の解釈により解約請求が認められることもあります。

死亡した賃借人が借家に必要費や有益費（民法608条1項、2項）を支出していた場合の償還請求権や、死亡した賃借人の差し入れていた敷金返還請求権も相続人に引き継がれます。

■ 共同賃貸借の権利義務関係

賃借権が複数の相続人に共同相続されると、共同相続人間では賃借権の準共有が生じ（民法264条）、全員が持分に応じた使用収益権を取得します。

賃料債務については、反対の事情が認められない限り、性質上不可分債務（民法430条）とするのが判例であり（大判大正11年11月24日民集1巻670頁）、賃貸人との関係では、相続人は、それぞれ家屋全部に対する使用収益を主張できますが、各自賃料全額を支払う義務を負担します。この場合、相続人の誰かが支払えば、支払われた限度で他の相続人は賃料の支払義務を免れます。

また、賃貸借の解除をする場合、賃貸人は特段の事情が認められない限り、相続人全員に対して解除の意思表示をしなければなりません（最判昭和36年12月22日民集15巻12号2893頁）。しかし、特定の相続人のみが賃借物を使用し賃料を支払っている等の事案において特段の事情があるとして、賃貸人はこの相続人に対してのみ解除の意思表示をすれば足りるとする裁判例（大阪地判平成4年4月22日判タ809号175頁）や、賃貸人が同居の相続人とのみ合意解除のうえ賃貸目的物を取り壊したという事案で、同居していない相続人による借家権侵害の損害賠償請求権が棄却された裁判例があります（東京地判平成5年5月19日判時1476号132頁）。

■ 公営住宅の場合（2-42 参照）

公営住宅の場合は、公営住宅法という法律があり、私人間の賃貸借契約の場合と取扱いが異なります。この点、公営住宅の使用許可を受けた被相続人と同居していた相続人について、公営住宅の使用承継の承認がなされず、相続人が賃料相当額の損害金を支払った事例において、同居者は、使用権を有する入居者の占有補助者として事実上公営住宅を使用できるにすぎず、また、入居者の死亡によりその相続人が当然に入居者の使用権を承継するとはいえないとした裁判例があります（東京地判平成23年11月18日）。

武藤綜合法律事務所　弁護士　武藤　功

内縁の夫死亡後の妻の居住権

2-33 法律上の婚姻関係にない夫婦において、建物賃借人の夫が死亡後、同居していた妻は住み続けることができるでしょうか。

■ 結論

建物賃貸借契約の当事者であった夫に相続人がいない場合には、同居していた事実上の妻は、賃借人の権利義務を承継し、その建物に住み続けることができます（借地借家法36条）。また、その夫に相続人がいる場合には、事実上の妻は、相続人が承継した賃借権を援用して、賃貸人に対し居住する権利を主張することができます。

■ 賃借権の相続性と事実上の夫婦の居住権

建物賃借権は、財産権の一種として相続の対象となり、賃借人が死亡すると相続人が賃借人たる地位（賃借人の権利義務）を承継します。そこで、互いに相続権のない事実上の夫婦の場合、賃借名義人であった一方が死亡すると、同居していた他方が、賃貸人や相続人から建物明渡請求をされ、居住することができなくなるのではないか、婚姻届は出していないが夫婦として共同生活を営み社会的にも認められている場合に居住はどのように保護されるべきかという問題があります。

■ 賃借人に相続人がいない場合

賃借人に相続人がいない場合については、昭和41年の借家法改正により立法的解決が図られ、婚姻届出をしていないが居住用建物の賃借人と事実上夫婦と同様の関係にあった同居者は、賃借人の権利義務を承継すると規定されています（借地借家法36条（旧借家法7条の2））。

事実上の妻は、賃借人の夫が相続人なしに死亡したことを知った後1か月以内に賃貸人に反対の意思を表示しない限り賃借人の権利義務を承継し、賃貸借契約関係に基づいて生じた債権債務は、すでに発生したものも含めすべて、承継者に帰属することになります。

■ 賃借人に相続人がいる場合

賃借人に相続人がいる場合については、事実上の妻は、相続人が相続し

た賃借権を援用して、引き続き居住する権利を賃貸人に対抗し得るとする、いわゆる「援用理論」が判例上確立しています（最判昭和42年2月21日民集21巻1号155頁、同昭和42年4月28日民集21巻3号780頁）。

　しかし、事実上の妻は賃借人の権利義務を承継するわけではなく、あくまで相続人の承継する賃借権の存在を前提としてこれを援用するものであることから、相続人と対立する場面では、様々な問題が発生するおそれがあります。相続人は賃借権に基づき建物明渡請求が可能で、事実上の妻は、相続人に対して建物の占有権原を主張することができません。ただし、事実関係によってはそのような請求が権利濫用として認められない場合もあります。権利濫用に該当するか否かは、双方の建物使用の必要性、逼迫性、明け渡した場合に被る不利益、代替住居や金員の提供の有無等を総合考慮して判断されることになります（所有家屋の場合につき最判昭和39年10月13日民集18巻8号1578頁、東京地判平成9年10月3日判タ980号176頁）。

　また、相続人と賃貸人が賃貸借契約を合意解除すると、援用すべき賃借権自体が失われることになります。ただし、援用者に不信行為があるなど合意解除することが信義誠実の原則に反しないような特段の事由がある場合のほかは、援用者に合意解除を対抗できないとした裁判例があります（東京地判昭和63年4月25日判時1327号51頁）。相続人が賃借権を放棄した場合も同様の問題が生じます（大阪地判昭和38年3月30日判時338号34頁は、賃借権の放棄を無効とした事例）。

　賃料支払義務は相続人に発生しますが、支払われない可能性があります。事実上の妻は、利害関係を有する第三者として、相続人の意に反しても弁済することができます（民法474条1項、2項）。相続人の賃料不払いにより賃貸借契約が債務不履行解除されることのないよう注意が必要です。

■ 紛争の予防対策

　このように、法律婚でない場合、賃借名義人でない妻の居住権は盤石なものとは言えません。したがって、賃借人の夫死亡後も確実に居住し続けるためには、夫の生前から共同名義で賃貸借契約を締結することにより自ら賃借人の地位を取得しておくのが最良の方法です。また、賃借権の遺贈や死因贈与契約によって、賃借人の地位を承継する方法もあります。

　なお、公営住宅の場合には、特別法による規制があります（2-32、2-42参照）。

橋元綜合法律事務所　弁護士　石島美也子

Q 2-34 離婚後の居住使用権

離婚した場合、妻は夫が賃借人となっていた住居に引き続き居住できるのでしょうか。

■ 賃借人の交替、賃借権の譲渡

　賃借人が交替する場合にもいろいろなケースがあります。賃借人死亡による相続のときは、賃借権の相続（＝賃借人たる地位の包括承継）として扱われ、賃借権の譲渡（＝特定承継）とは異なり、賃貸人の了解がなくとも相続人は賃借権を主張できることになります。

　相続のとき以外の賃借人交替は、賃借権の譲渡となることが通例であり、民法612条1項により「賃借人は賃貸人の承諾を得なければ、その賃借権を譲り渡し、又は賃借物を転貸することができない」とされています。したがって、賃貸人の承諾なしに賃借権の譲渡はできないのが原則です。しかし、判例上、賃借権の譲渡がなされたときでも、賃貸人に対する背信的行為と認めるに足らない特段の事情のあるときは、契約を解除することができないとして賃借権の保護を実質的に図るという考え方が定着しています（最判昭和28年9月25日民集7巻9号979頁等）。

■ 離婚の場合

　夫婦が離婚して、賃借人であった夫が（財産分与として賃借権を妻に渡したうえ）家を出ていくということがあります。このような場合につき「……被告はAの妻としてAの右賃借権に基づき本件家屋に終生居住することができるはずの者、すなわち、賃貸人たる原告らとしてはその居住（それが法律的にはAの賃借権に基づく従属的なものであるにせよ）を承認せざるを得ない者なのであるから、このような立場にある被告への右賃借権の譲渡は、原則として賃貸人たる原告らに対する背信性を欠き、その承諾を要せずして有効だと解するのが相当である」とした裁判例があります（大阪地判昭和41年12月20日判タ208号188頁）。

　したがって、上記裁判例の立場からみて、離婚に伴う賃借人の変更については、原則として賃貸人の承諾は不要であり、更新料の支払いや契約の

書き換えも不要と考えられます。また、上記裁判例によれば、離婚した妻が再婚後の世帯主となった夫に賃借権を譲渡して、再び賃借人の妻たる地位において引き続き居住した場合には、賃貸人に対する背信性を欠くということになるものと考えられます。

内縁解消の場合でも同様です（大阪地判昭和31年8月27日判時94号14頁、東京地判昭和33年8月19日判時163号16頁）。

■その他の所帯構成員等変更の場合

賃借人が転居し、その家族構成員が居残り、賃借家屋の独立の占有者となったときは、賃借権の譲渡または転貸とされ、賃貸借の解除事由となることがあります（大阪地判昭和39年11月5日判時408号41頁、東京地判昭和42年4月24日判時488号67頁）。しかし、信頼関係を破壊するほどの背信性を生じさせていないときは、解除事由とはなりません（京都地判昭和54年3月27日判時939号86頁参照）。

■離婚とはなっていないが、実質的に婚姻破綻の場合

会社が、代表者に建物を賃貸していたところ、婚姻生活が実質破綻となって、代表者が建物を出てしまった後に、建物を占有している妻に対し、所有権に基づき明渡しを請求した事案において、原審は、会社の明渡請求は権利の濫用に当たらないとして会社の請求を認めましたが、最高裁は、権利の濫用に当たらないとした原審の判断は違法として、原判決を破棄しました（最判平成7年3月28日判タ876号135頁）。

なお、婚姻破綻状態にある夫婦間において、建物所有者である妻からの建物占有者である夫に対してなされた明渡請求につき、婚姻生活を破綻状態に導いた原因ないし責任は専ら夫にある等と認定し、権利濫用には当たらないとして認容された裁判例もあります（東京地判平成3年3月6日判タ768号224頁）。

■まとめ

賃借人の交替、変更の場合は、賃貸人に対して、背信的行為となるかどうかという観点から、解除原因となるかを判断していくことになります。賃借家屋を占有している実態がそう変わらず、家賃支払いも従前どおりできるような状況であれば、離婚や内縁解消の場合でも、引き続き賃借権を承継することが認められるといっていいでしょう。

本橋総合法律事務所　弁護士　本橋光一郎

Q 2-35 更新契約書面がない場合の賃貸借更新

更新時期が過ぎたのに、更新契約書は、まだ調印されていません。どのような法律関係になってしまうのでしょうか。

■ 更　新

　当事者が合意で定めた賃貸借契約の期間を経過すれば、賃貸借契約は終了するのが原則です。もちろん当事者間の合意により更新を行えば賃貸借関係は継続します。この合意の内容を証拠上明らかにする書面が更新契約書です。しかし当事者の合意にのみ更新をゆだねると、賃貸人よりも社会的・経済的に弱い立場にある賃借人が、不利な変更・解約を強いられるおそれがあります。そこで借家関係の安定を目的として借地借家法（および旧借家法）は、当事者が借家関係解消に向けた一定の行為をとらない場合には、賃貸借契約が自動的に更新されるとする法定更新の制度を設けています。

■ 法定更新

　期間の定めのある借家契約を解消させる場合には、当事者は、①期間満了1年前から6か月前の間に更新拒絶の通知（または条件を変更しなければ更新しない旨の通知）をし、②期間満了後になお賃借人が建物を使用継続している場合には、賃貸人は遅滞なく異議を述べなければなりません（借地借家法26条、旧借家法2条）。

　期間の定めのない借家契約の場合、①賃貸人の解約申入れの日から6か月（賃借人の解約申入れの場合は3か月（民法617条1項2号））経過により賃貸借は終了することになりますが、②期間満了後も賃借人が使用継続している場合には、賃貸人は遅滞なく異議を述べる必要があります（借地借家法27条、旧借家法3条）。

　このような解消のための一定要件を満たさない場合、賃貸借契約は自動的に更新され継続します。また賃貸人の更新拒絶ないし解約申入れには正当事由が必要です（借地借家法28条、旧借家法1条の2）。正当事由が認められるような場合は限定されていますので、実際には法定更新が成立す

ることが多いと思います。法定更新について賃借人に不利な特約はできないのが原則です（借地借家法30条、旧借家法6条）。

■ 法定更新後の法律関係

法定更新後の賃貸借契約は、期間の定めのない賃貸借契約となり、従前どおりの条件で契約が更新されたものとみなされます。

更新後の賃料額について協議決定に至らない場合、更新前の賃料をもって更新後の賃料とした裁判例があります（東京地判昭和41年5月19日判時460号57頁）。

しかし、更新前の賃貸借の特約が、法定更新後にもそのまま適用があるかについては、各事案の合意内容などによって結論は異なります。

更新の際に更新料を支払うという特約が、合意更新の場合だけではなく、法定更新の場合にも適用があるかについては、裁判所が各事案内容に応じて判断を下しているので、個別の事案ごとに合意の内容等を判断する必要があります（消極：東京地判平成5年2月25日判タ854号231頁、東京地判平成4年1月8日判時1440号107頁等。積極：最判平成23年7月15日判タ1361号89頁、東京地判平成4年1月23日判時1440号109頁等）。法定更新に更新料特約の適用を肯定した事案で、更新料不払いを理由に賃貸借契約の解除を認めた裁判例もあります（東京地判平成5年8月25日判タ865号213頁）。

また、公正証書、和解調書などの債務名義の効力が、更新後の賃貸借に及ぶかについて、更新前の賃貸借と更新後の賃貸借は別個の契約であるとして、消極に解する裁判例が多数です（公正証書について東京地判平成8年1月21日判時1584号124頁、大阪地判昭和46年2月26日判時644号74頁等、和解調書について広島地判昭和41年6月6日判時462号46頁）。

債権法改正前に締結された賃貸借契約の場合で、経過措置により改正前民法が適用されるものについて、借地借家法による法定更新がなされた場合、改正前民法が適用されると解されます。借地借家法による法定更新は当事者の意思に基づくものではないので、改正民法が適用されることにつき当事者の期待が認め難いからです。他方で、賃貸借契約の更新が当事者の合意による場合、更新後の契約については新法を適用する期待があるとして、更新後の契約には改正民法が適用されると考えられています。

篠塚・野田法律事務所　弁護士　橋本　潤

賃貸人による解約予告の撤回

賃貸人は、賃貸借契約継続中に既に通知した解約予告等を、一方的に撤回することができますか。

■ 結 論

原則として、一方的に撤回することはできません。しかし、例外的に可能な場合があります。

賃貸借契約において解約予告等をする場合として、以下の例があります。

■ 期間の定めがある賃貸借の途中解約の場合

賃貸借契約に期間の定めがある場合、契約条項中、賃貸借契約期間中であっても、一定の事由が生じることを条件として、賃貸人が解約できる旨の規定を設けることがあります。この解約予告によって、6か月の予告期間をもって契約が終了することとなります（民法では、予告期間が3か月とされていますが（民法618条、617条）、借家人保護のため、特別法によりこれを6か月と伸長し（借家法3条、借地借家法27条）、さらにこれより短期に減縮する条項を無効としています（借家法6条、借地借家法30条）。

■ 建物賃貸借契約の解約申入れ

建物賃貸借契約に期間の定めがない場合（法定更新により期間の定めがないものとされる場合を含む）に、賃貸人が契約を解約しようとするときは、賃貸人から解約申入れをすることになります（借地借家法27条）。ただし、その予告期間は6か月であることは上記と同様です。

■ 建物賃貸借契約の更新拒絶の場合

建物賃貸借契約に期間の定めがある場合、賃貸人が期間満了により契約を終了させるためには、賃借人に対して、予め（6か月ないし1年前に）更新拒絶の意思表示をし、期間満了後でも賃借人が使用を継続する場合には、当該賃借人に対し、遅滞なく異議を述べる必要があります。この場合は解約予告ではありませんが、契約終了の効果を図る賃貸人の行為として、解約予告と同様の問題が生じる場面です。

■ 賃貸人による解約予告、解約申入れ、更新拒絶（異議申出）の撤回

　前述のとおり、賃貸人は、賃借人との間に、これ以上の契約関係を望まない場合、適宜に契約終了の意思表示をすることができますが、その効力が発生するまでには、最低でも6か月必要となります。その期間は、契約終了を受諾する賃借人が新たな転居先を探して契約終了に応じるための準備期間とされているのです。

　したがいまして、仮に、6か月の期間中、賃貸人の事情が変わるなどの理由で、従前の意思を翻意させて、契約の続行を望むとしても、賃貸人の一方的な事情で賃借人の地位が左右されるのは不都合ですから、撤回を認めることはできないのが原則です（民法540条2項参照）。ただし、賃貸人は、更新拒絶等の意思表示が賃借人に到達するまでの間であれば、これを撤回することができます（民法97条参照）。

■ 撤回に対する賃借人の承諾

　しかしながら、賃借人は、賃貸人による解約予告等の撤回に応じることとして、その撤回を承諾し、契約関係を続行することを選択するのは自由といえましょう。なぜなら、賃借人が将来に向かって更新拒絶や解約申入れの効力を失わせて契約関係を継続させることに承諾する場合、賃借人に不利益にならないと考えられるからです。なお、相手方の同意を得てした解除の意思表示の撤回を認めた判例が存在します（最判昭和51年6月15日）。

■ 賃貸人による撤回の撤回

　場合によっては、賃貸人による解約予告等の撤回に対して、賃借人がこれを承諾するまでの間、さらに賃貸人が撤回を翻意させ、やはり、解約の効果を生じさせて契約関係を終了させたいと考える場合もあります。しかし、このような解約予告等の撤回の撤回は、直ちに許されるものでないというべきです。少なくとも、賃貸人は、賃借人に対して、相当期間を定めて解約予告等の撤回に応じるか否か催告をなし、賃借人から明確な回答がないときに初めて、賃借人が撤回に応ぜず契約を終了させる態度とみなすことができるというべきでしょう（民法547条参照）。

　この場合（特に解約申入れの場合）、契約終了時期が問題となりますが、原則として従前の解約申入れによる契約終了を基準とするというべきでしょう。

虎門中央法律事務所　弁護士　安斎業陽

賃借人による解約予告の撤回

2-37 契約期間途中に解約を予告した賃借人が、やはり解約しないと言い出しました。賃貸人は明渡しを求められますか。

■ 結　論

賃借人は、原則として解約予告の撤回はできず、賃貸人は明渡しを求めることができます。もっとも、賃貸人が撤回を容認すれば、両当事者の合意により引き続き賃貸借契約を存続させることができます。

■ 賃貸借契約における解約権留保の可否

契約期間の定めのある賃貸借契約の場合、賃貸借契約書に、「賃借人は、中途解約を申し入れることができる。解約の効力は、解約申入日から30日の経過をもって発生する」などの規定を設ける場合があります。契約締結自由の原則から、このような解約権を留保する規定を設けることも可能です（民法618条参照）。解約の効力発生日についても、上記「解約申入日から30日」のように契約当事者間で自由に決定することが可能ですが、特にこれを規定しなかった場合は、（建物賃貸借の場合）解約申入れの日から3か月を経過した日になります（民法618条、617条1項2号）。

なお、いずれの当事者も中途解約できるという規定を設けた場合に、賃貸人がその規定をもとに中途解約するためには正当事由が必要です（借地借家法28条）。また、賃貸借契約書に解約権留保の規定がない場合には、賃貸借契約期間中の一方当事者からの一方的な解約申入れは認められませんが、賃貸人が賃借人の解約申入れを承諾して両当事者の合意により賃貸借契約を解約することは可能です。

■ 法定更新の場合

賃貸借契約期間が経過し、法定更新（借地借家法26条1項、2項）された場合には、期間の定めのない賃貸借契約となります（2-35参照）。この場合には、当事者双方に解約権が認められ、当事者が解約を申し入れてから3か月が経過することにより、賃貸借契約は終了します（民法617条）。

ただし、賃借人保護の観点から、借地借家法により、賃貸人が解約の申入れができるのは正当事由のある場合に限られ（同法28条）、かつ、賃貸人による解約の予告期間は6か月とされています（同法27条）（2-36参照）。

■解約予告の撤回の可否

本問の賃借人は、中途解約の申入れ（解約予告）を撤回したいと言い出したということですが、原則として、解約予告は撤回できません。これは、解除の意思表示は取り消すことができないという民法540条2項の規定を根拠とするものです。テナントが商売不振により3か月後に撤退を予定して賃貸人に解約予告をし、閉店セールを始めたところ、それがきっかけで商売大繁盛に転じたものの、解約予告の撤回が許されず、泣く泣く明渡しをしたという実話もあります。

解約予告の撤回が認められない以上、賃借人が行った解約予告は有効であり、賃貸人は、解約予告期間が満了すれば、賃借人に対して明渡しを求めることができます。解約予告期間満了後の居座りは不法占拠となり、例えば賃貸借契約書中に、契約終了後の賃借人の占有の場合、賃料倍額相当の損害金を支払う旨の条項があればそれも適用されます。賃借人が解約予告の撤回が認められたと思って賃料を支払い続ける場合でも、賃貸人はそれを損害金（の一部）として受領することができます。

他方、賃貸人側としても、社会経済情勢の変化により賃料が値下がり傾向にあったり、あるいは他の賃借人を見つけるのが困難であったりした場合には、賃借人が解約予告を撤回してくれたほうがありがたいというときもあるでしょう。このような場合に、賃貸人が賃借人に対し、解約予告の撤回を認め、賃借人との間で、引き続き貸し続ける旨の合意をすることは可能です。

■紛争の予防策

このように、賃貸人が解約予告の撤回を認めるかどうかによって、その後の賃借人との法的関係は大きく異なることになります。したがって、賃貸人としては、後日の紛争を避けるため、あいまいな対応をとらず、解約予告の撤回を認めるかどうか、書面で明確にしておくことが有効です。

笹浪総合法律事務所　弁護士　浅野聡子

中途解約の禁止条項

2-38

賃借人は、いつでも賃貸借を解除できるのですか。中途解除が許されない場合もありますか。

■ 中途解約の禁止条項とは

　建物の賃貸借契約における期間、例えば3年という契約の場合、その期間内は賃貸人から立退きを迫られないということになります。普通は、1か月とか3か月前に予告すれば出ていくことができるという条項が入った契約になっています（解約権留保の特約）。解約権留保の特約があっても、賃貸人のほうから途中で解約を申し出るときには、更新拒絶の場合と同様正当事由が必要とされています。中途解約の禁止条項とは中途で解約することができないとする条項のことです。賃借人保護の立場からこのような条項が認められるかどうかが問題となります。

■ 中途解約条項も中途解約の禁止条項もない場合

　前述のとおり、普通の賃貸借契約には、賃借人のほうから予告をして解約できるとする条項が含まれていますが、そのような条項がない場合でも、賃借人のほうから契約を解除することができるでしょうか。

　民法617条は、当事者が賃貸借の期間を定めなかったときには、各当事者はいつでも解約の申入れをすることができると定めています。その反面、確定的な期間を定め、途中解約の条項を定めなかったときには、当事者による合意解約のほかは、当事者の一方による中途解約は、原則として認められないことになります。

　従来、長年建物を賃借してきて突然出ていけといわれても、すぐには代わりの建物を見つけることができないということから、賃借人の保護が図られてきたわけですが、近年の不況下では、逆に、賃借人に契約途中で解約されてもすぐには代わりの賃借人を見つけることができないという状況にもあります。そのように、賃貸借期間は、賃借人のためばかりではなく、賃貸人のためにも定められているわけですから、中途解約は認められないのです。

しかし、賃貸借期間が、1年とか3年といった短期間ではなく、5年とか10年といった長期間の建物の契約の場合でも、賃借人が中途解約の申入れができないとすると不都合な場合がないのでしょうか。

賃借人はいつでも一方的に解約をなし得るとする説、1か月の予告で解約できるとする慣習があるとする説、さらには5年程度の期間が経過したら解約できるとする説などがあります。1年半の土地の賃貸借契約を締結した賃借人が、6か月を経過した時点で契約を解除し、保証金の返還を求めた事件で、最高裁は、「賃貸借における期間の定めは、……賃貸人、賃借人双方の利益のためになされたものというべきであって、期間の定めのある賃貸借については、解約権を留保していない当事者が期間内に一方的にした解約申し入れは無効である」と判断しました（最判昭和48年10月12日金法703号27頁）。

ただし、この最高裁の判決は、20年ないし30年以上の長期の賃貸借が普通である土地の賃貸借について、わずか1年半の短期の賃貸借を結び、しかも6か月後に一方的に解約したという事案ですから、建物の賃貸借で10年という契約の場合にも同じことがいえるのかどうか明白ではありません。

4年の建物賃貸借契約で、「期間満了前に解約する場合は、解約予告日の翌日より期間満了日までの賃料相当額を違約金として支払う」旨の条項があり、10ヶ月で解約したケースで、東京地裁は、1年分の賃料相当額を超える部分を、公序良俗違反を理由として無効と判断しました（東京地判平成8年8月22日判タ933号155頁）。

解約権の留保がなされていない長期間の契約において、賃借人が中途で解約したいと申し出て、それに対し、家主である賃貸人が賃借人に、解約は認められないと主張したとしても、一定期間を経過した場合、そのような主張は権利濫用などの一般原則で解約を認められる可能性があります。

■中途解約の禁止条項がある場合

中途解約の禁止条項がないとしても、前述のとおり、1年といった短期間の場合は、原則として中途解約ができないのですから、中途解約の禁止条項がある場合は、いっそう中途解約が認められないことになるでしょう。しかし、上記東京地裁の判決のように、1年以上の中途解約が認められるかどうか、微妙なところです。

髙池法律事務所　弁護士　髙池勝彦

賃借人の保証人の責任

親族である建物賃借人から頼まれ保証人となる場合、どのような点に気をつけて保証契約を締結すればいいですか。建物賃借人の保証人は、いつまで責任を負担するのですか。

■ 問題の所在

保証人は、賃貸借契約に付随して保証契約を締結することになりますが、この際、保証契約に係る記載事項を確認し、自分がどのような債務を負担する可能性があるかを確認することが重要です。また、保証人は、賃貸借契約更新後の債務についても、原則的に保証債務を負担することになりますので（最判平成9年11月13日判タ969号126頁）、賃貸借契約の期間についても確認をする必要があります。

■ 保証人の保証債務の範囲について

賃貸借契約の保証人は、民法上の「個人根保証契約」に該当し（民法465条の2）、賃貸借契約から発生する債務の元本、利息、違約金、損害賠償その他の債務について、保証契約で定められた極度額を限度に、その責任を負うとされています（同条1項）。

保証債務の極度額は、賃貸借契約書にて具体的な金額を表示することが求められており、極度額を書面によって定めなければ契約は無効とされます（同条2項、3項）。

したがって、保証人となる場合、保証契約で定められる極度額を確認することで、将来、自分がどのような範囲で債務を負担する可能性があるかを確認することができます。

■ 保証期間について

賃貸借契約の保証期間は、原則として賃貸借契約が存続する限り、継続すると考えられます。

すなわち、借地借家法の適用される普通建物賃貸借契約では、基本的に更新が予定されているところ（借地借家法28条等参照）、貸金等の根保証債務のように期間を限定して保証させると、更新後賃貸人に保証のない賃貸を強いることになり、一方的に不利になるため、期間制限が設けられて

いません。他方で、上述した極度額の定めを要件とすることで、保証人が予想外の過大な責任を負うという不利益を回避しています。

「賃貸住宅標準契約書平成30年3月版・連帯保証人型」17条1項は、「連帯保証人……は、乙と連帯して、本契約から生じる乙の債務を負担するものとする。本契約が更新された場合においても、同様とする」と、賃貸借契約が更新された場合、保証債務も継続すると定めています。

■ 元本の確定時期について

民法は、①債権者が、保証人の財産について、金銭の支払を目的とする債権についての強制執行または担保権の実行の申立てがなされ、手続が開始されたとき、②保証人が破産手続開始の決定を受けたとき、③主たる債務者または保証人が死亡したときにも元本が確定するとしています（民法465条の4第1項）。

一方、賃貸人について破産手続開始決定がなされても、元本は確定しませんので、保証人に就任する場合は注意が必要です。

■ 保証人保護の仕組みについて

以上のように、保証人は、賃貸借契約が継続する限り、原則として、極度額の範囲で保証債務を負担するものです。一方で、保証人は、賃貸人に対して、遅滞なく、賃料の元本および利息、違約金、損害賠償その他賃貸借契約に付随する債務についての不履行の有無ならびにこれらの残額およびそのうち弁済期が到来しているものの額に関する情報を提供するように求めることができます（民法458条の2）。

「賃貸住宅標準契約書平成30年3月版・連帯保証人型」17条4項も、「丙（連帯保証人）の請求があったときは、甲は、丙に対し、遅滞なく、賃料及び共益費等の支払状況や滞納金の額、損害賠償の額等、乙の全ての債務の額等に関する情報を提供しなければならない」としています。

■ まとめ

以上のように、賃貸借契約の保証人になる際には、保証契約の極度額を確認し、自らが負担する可能性のある金額について確認をすることが重要になってきます。また、賃借人が債務を履行しているかが心配になった場合には、賃貸人に対して、賃貸借契約の履行状況に関する情報を提供するように求めることで自らが負担する可能性のある賃貸借契約の状況を確認することができます。

法律事務所愛宕山　弁護士　吉田直可

賃貸借と使用貸借

使用貸借による入居者は、いつでも明渡しを要求されるのでしょうか。

■ 使用貸借か

　この問では、貸主と入居者との間の法律関係が「使用貸借」と決まっているようですが、そもそも当事者間の法律関係が賃貸借なのか使用貸借なのかが争われているときがあります。特に「賃料」と銘打って毎月金銭を支払っていなくても、入居者が貸主のために一定の金銭を支払っているような場合もあり、その支払いが実質的に賃料の支払いと同視できるのであれば賃貸借による入居者ということになりますので、他の設問を参照してください。

　「建物の借主がその建物を含む貸主所有の不動産に賦課された固定資産税等の公租公課の支払いを負担する等の事実があるとしても、右負担が建物の使用収益に対する対価の意味をもつものと認めるに足る特段の事情のない限り」、当該貸借関係は使用貸借であると認めるのが相当であるとした判例があります（最判昭和41年10月27日民集20巻8号1649頁）。使用収益に対する対価の意味をもつものと認められるかの判断にあたっては、借主が負担している金額が世間並みの賃料額と比べてどうかということも大きな要素だと思われます。

■ 使用貸借による入居者が明渡しを要求される場合

　使用貸借契約が書面によらない場合、借主が目的物を受け取るまでは、貸主は使用貸借契約を解除することができます（民法593条の2）。

　また借主が目的物を受け取った場合や、または使用貸借契約が書面による場合であっても、以下の場合には、期間満了等により使用貸借が終了したとして、貸主が借主に目的物の返還を要求できます。

① 契約で返還時期を定め、その時期が到来したとき（民法597条1項）
② 返還時期を定めていなくても使用・収益の目的を定めていれば、その目的に従った使用・収益が終わったとき（民法597条2項）
③ 借主が死亡したとき（民法597条3項）

　さらに以下の場合には、貸主が使用貸借を解除し目的物の返還を要求す

ることができます。
　④　上記②の場合で、定められた使用・収益目的に従った使用・収益をするのに足りる期間が経過したとき（民法598条1項）
　⑤　使用貸借の期間も使用・収益の目的も定めていないとき（民法598条2項）

なお、借主はいつでも使用貸借契約を解除し、契約を終了することができます（民法598条3項）。

■ 使用目的について

　使用貸借の使用目的は、原則として契約当事者間の合意によって決まります。ただ、合意内容からは必ずしも明らかでない場合もあり、裁判例では、組合事務所の使用関係について争いとなった事案において、組合結成の経緯、組合事務所貸与の経緯、および明渡交渉の経過から、使用目的を認定した例があります（東京地判平成16年1月21日判タ1155号226頁）。

　本問では、借主は既に入居しており、目的物の引渡しを受けていると解されるところ、契約当事者の合意内容においては、返還の時期も使用・収益の目的も定められていない場合には、上記の⑤の場合が問題になります。

■ 使用貸借に至った事情

　そもそも、使用貸借とは、基本的に無償で目的物を使用させるものです。無償というからには、恩恵的な動機・理由で住まわせたとか、貸主と借主とが親戚関係にあるとか、別の主要な法律関係、事実関係が当事者間に結ばれていて、その関係に付随して使用貸借に至ったなど、何らかの事情があるはずです。裁判例では、離婚した夫の実家に引き続き居住することを許容された妻に対し、その許容の前提が失われ、目的に従った使用収益が終了した、として建物の明渡しが命じられた例があります（東京地判平成3年10月8日判時1441号101頁）。また、近時の裁判例では、使用貸借から約20年経過した後に、貸主が当初から使用貸借契約の前提となる信頼関係が存在しなかったことを知った場合に、民法598条1項（旧法597条2項ただし書）の類推適用により、契約の解除が認められた例があります（東京地判平成23年5月26日判時2119号54頁）。

　つまり、使用貸借関係が形成された動機、理由、目的等が重要なのであって、それを基に、既に相当の期間が経過している場合や、使用貸借の動機、理由、目的等が失われた場合など、もはや入居者が明渡しを要求されても仕方がないと判断される場合がある、ということです。

弁護士　松本行哲

賃貸借と時効

2-41

賃貸借で時効はどのような場合に問題となりますか。

■ 賃借権の消滅時効

賃借権は、債権の一類型であり、債権の消滅時効を規定した民法166条が適用されます。そのため、賃借人が賃借権の行使ができることを知った時（主観的起算点）から5年（同条1号）、賃借権の行使ができる時（客観的起算点）から10年（同条2号）のいずれか早い方の経過によって消滅時効にかかります。

■ 債務不履行による契約解除権の消滅時効

賃借人の債務不履行による賃貸人の契約解除権は、債務不履行を知った時から5年、債務不履行時から10年で時効により消滅します（民法166条）。この場合に、解除原因によってはその起算点が問題となります。

(1) 継続した賃料不払いの場合

この場合、解除権の消滅時効の起算点は、不払いにかかる最終の賃料支払日が経過した時と考えられます。

判例は、土地の賃貸借の事案で、継続した長期間の地代不払いを1個の解除原因とする解除権1個が発生し、その解除権は不払いにかかる最後の賃料支払期日が経過したときから消滅時効が進行するとしています（最判昭和56年6月16日民集35巻4号763頁）。

なお、賃料債権は、債権者が権利を行使することができることを知った時といえる支払期日から5年で消滅時効にかかると考えられます（民法166条1項1号）。

(2) 賃借権の無断譲渡・転貸の場合

無断転貸を理由とする土地賃貸借契約の解除権の消滅時効の起算点は、転借人が転貸借契約に基づき土地の使用収益を開始した時です（最判昭和62年10月8日民集41巻7号1445頁）。これは、無断譲渡・転貸を受けた譲受人（転借人）が、賃借人との間の賃借権譲渡契約（転貸借契約）に基づき目的物の使用収益を開始したときから解除権の行使が可能となったといえるためです。

もっとも、上述の通り改正民法では客観的起算点のほか主観的起算点がありますので、消滅時効の完成時期に留意が必要です。
　このように考えると、無断転貸の事実を巧妙に隠すことに成功した賃借人（転貸人）が時効の利益を受けるおそれがありますが、転貸の事実を隠蔽するような賃借人が消滅時効を援用することは権利の濫用ないし信義則違反に当たり、このような賃借人には時効の援用を許さないとの反論が考えられます（東京地判昭和59年11月27日判時1166号106頁）。

■ 賃料増額請求がなされた場合の増額分の賃料債権の消滅時効

　賃料の増額請求権は形成権です。そのため、賃料の増額請求の意思表示が相手方に到達すれば効果が発生するところ、地代の増額請求権は、増額請求の時から客観的に適正な賃料債権が発生し、増額請求にかかる増額分の賃料債権について、所定の弁済期から旧民法169条の短期消滅時効が進行するとした裁判例があります（東京地判昭和60年10月15日判時1210号61頁）。

■ 賃借権の時効取得

　瑕疵のある賃貸借契約を長年有効と信じて賃料を支払い続けた場合や、他人の土地の不法占拠者が地主に賃料を支払い続けた場合、他人物賃貸借の場合等に、賃借権にも時効取得が認められるかが問題となります。
　判例は、①土地の継続的な用益という外形的事実が存在し、かつ、②それが賃借の意思に基づくことが客観的に表現されている場合には、民法163条による土地賃借権の時効取得を認めて良いと考えています（最判昭和43年10月8日民集22巻10号2145頁）。
〔賃借権の無断譲渡・転貸による解除権の消滅時効との関係〕
　賃貸借契約の解除権が消滅時効にかかった場合でも、賃貸人は所有権に基づき賃借権の無断譲受人（転借人）に対して目的物の明渡しを求めることができます（賃借権の無断譲渡の事案につき最判昭和55年12月11日判タ431号57頁、判時990号188頁他）。この場合に、無断譲受人（転借人）は、賃借権（もしくは転借権）の時効取得が成立していれば、これを援用して賃貸人に対抗できると考えられます。

■ 賃借人の用法義務違反にかかる損害賠償請求権の消滅時効

　民法622条・600条2項は、用法義務違反時からの期間経過により、賃貸人への返還前に消滅時効にかかってしまう不都合を回避するため、賃貸人が返還を受けてから1年間は消滅時効が完成しないと定めています。

常葉法律事務所　弁護士　中野敬子

公営住宅の諸問題

2-42 公営住宅についても、民間住宅の賃貸借と同様、相続権や信頼関係破壊の法理、解約申入れについての正当事由の適用はありますか。

■ 結 論

公営住宅の入居者が死亡した場合に、その相続人は当該公営住宅を使用する権利を当然に承継するものではありません。他方、公営住宅においても、信頼関係破壊の法理の適用があり、また、解約申入れに正当事由が必要とされる場合があるものとされています。

■ 公営住宅の使用関係

公営住宅とは、地方公共団体が賃貸する住宅であり（公営住宅法2条2号。この点で、公団住宅・公社住宅とは区別されます）、「公営住宅の使用関係については、公営住宅法及びこれに基づく条例が特別法として民法及び借家法に優先して適用されるが、法及び条例に特別の定めがない限り、原則として一般法である民法及び借家法の適用があ」るものとされています（最判昭和59年12月13日民集38巻12号1411頁）。公営住宅の使用関係は、地方公共団体の長による「使用許可」により初めて発生するもので、一般の賃貸借関係とは異なる側面もありますが、入居後は「事業主体と入居者との間の法律関係は、基本的には私人間の家屋賃貸借関係と異なるところはな」（同最判）いものとされています。

■ 公営住宅使用権の相続

この点について争われた事案で、判例は、公営住宅法の目的、入居者の資格制限、選考方法などの「公営住宅法の規定の趣旨にかんがみれば、入居者が死亡した場合には、その相続人が公営住宅を使用する権利を当然に承継すると解する余地はない」としました（最判平成2年10月18日民集44巻7号1021頁）。公営住宅法を使用権の相続を否定した特別法とみたものといえますが、この点については、公営住宅法の改正により、公営住宅の入居者が死亡した場合において、その死亡時に当該入居者と同居していた者は、国土交通省令で定めるところにより、事業主体の承認を受けて、

引き続き、当該公営住宅に居住することができるものとされましたので（同法27条6項）、相続人ではなく、「同居していた者」が居住継続の申請をし、承認を受ければ公営住宅を使用できることになります。なお、公団住宅・公社住宅については、相続性は認められるものと解されています。

■ 公営住宅と信頼関係破壊の法理

　公営住宅法は、公営住宅の明渡請求事由として、①不正行為による入居、②3か月以上の家賃滞納、③故意毀損、④無断転貸・無断増築等、⑤条例違反、⑥借上げ期間の満了、を規定しています（同法32条1項）。

　この点、公営住宅には公営住宅法が優先適用されて、民法その他の一般法が適用されないとするならば、上記既定の適用により明渡請求を受けた入居者は明渡しに応じなくてはならないことになります。

　そこで、公営住宅においても、民間の賃貸借契約における信頼関係破壊の法理の適用があるかが問題となりますが、前掲昭和59年最判は、この点について肯定し、公営住宅の使用者が法の定める公営住宅の明渡請求事由に該当する行為をした場合であっても、賃貸人である事業主体との間の信頼関係を破壊するとは認めがたい特段の事情があるときには、事業主体の長は、当該使用者に対し、その住宅の使用関係を取り消し、その明渡しを請求することはできないとしました。よって、特段の事情について事案ごとに双方間の一切の諸事情を総合して判断されることとなります。

■ 正当事由に基づく公営住宅の解約申入れ

　現在の東京都営住宅条例39条1項10号には、知事が「一般都営住宅の管理上必要があると認めるとき」は、使用者に対し使用許可を取り消し、住宅の明渡しを請求することができるとされていますが、これと同規定の改正前条例規定に基づいて都が明渡しを求めた事案につき、最高裁は、公営住宅法に基づく公営住宅の使用許可による賃貸借についても、借家法が一般法として適用され、同法1条の2に規定する正当の事由がある場合には、同条により解約の申入れをすることができるとし、上記都条例の使用許可の取消しの意思表示を借家法1条の2による解約申入れとみて、その正当事由を肯認した原審の判断を是認しました（最判平成2年6月22日判時1357号75頁）。なお、判例は、「公営住宅建替事業」の施行に伴い事業主体の長が公営住宅法に基づき入居者に対して明渡請求する場合には、正当事由を具備することを要しないものとしています（最判昭和62年2月13日判時1238号76頁）。

河野法律事務所　弁護士　河野満也

マンション賃貸に伴う諸問題

Q 2-43

マンション賃貸にかかる特有の問題として、どのようなものがありますか。

■ マンションの種類

マンションには、建物全体の所有者が各々の部屋を賃貸する形態と、部屋毎に区分所有者が存在し、区分所有者が居住あるいは賃貸する形態があり、一般的には、前者が賃貸マンション、後者が分譲マンションと言われています。

賃貸マンションと分譲マンションでは、当事者間の法律関係が異なる場合があることから、マンション賃貸に伴う問題を検討するうえで留意する必要があります。

■ 水漏れ事故が発生した場合の法的責任

マンションの一室を借りて住んでいたところ、上階から水漏れが発生して家財等が水浸しになり、損害を蒙った場合、誰に損害賠償請求ができるでしょうか。

水漏れの原因が、上の部屋の居住者の故意あるいは過失にある場合には、いずれのマンションであっても、その居住者に対して、不法行為に基づく損害賠償請求をすることができます。

それでは、上階の排水管等の経年劣化による破損が原因となって水漏れが生じた場合はどうでしょうか。

賃貸マンションにおいては、賃貸人は賃貸目的物を居住の用に適した状態に維持、管理すべき義務を負うと解されますので、賃借人は賃貸人に対して、債務不履行に基づく損害賠償請求をすることができます。

分譲マンションにおいては、破損箇所が専有部分にあるか、あるいは共用部分にあるかによって、損害賠償請求の相手方が異なります。破損箇所が専有部分にあるときは当該専有部分の居住者あるいは区分所有者に対して、共用部分にあるときは管理組合あるいは区分所有者全員に対して、工作物責任に基づく損害賠償請求をすることが考えられます（民法717条1項）。なお、破損箇所がいずれにあるか不明の場合には、共用部分にあるものと推定されます（区分所有法9条）。

■ マンション賃借人の生活上の問題

　いずれのマンションであっても、振動、騒音、臭気など、他の居住者に迷惑を及ぼす賃借人の行為は、それが受忍限度を超える場合に、他の居住者から損害賠償請求や差し止め請求を受ける可能性があります。また、賃借人が迷惑行為を繰り返したことにより、賃貸人との信頼関係の破壊に至った場合には、賃貸人から賃貸借契約を解除されることもあります。
　以上のほか、分譲マンションにおいては、区分所有法に基づいて、他の専有部分の区分所有者全員または管理組合法人等から違反行為の停止や予防措置、さらには賃貸借契約の解除および引渡しを請求される可能性があります（区分所有法6条1項・3項、57条、60条）。

■ マンション賃貸人の義務

　賃貸人は、賃借人の使用収益を妨害してはならないという消極的な義務を負うだけでなく、第三者が賃借人の使用収益を妨害する場合には、その妨害を排除する積極的な義務をも負うと解されております。したがって、賃借人が第三者の迷惑行為等により居住を妨害される場合には、いずれのマンションであっても、賃貸人は第三者による迷惑行為等に対して是正措置を講じる義務を負うことがあります。
　それでは、賃借人が他の居住者に迷惑行為に及んだ場合、賃貸人は賃借人による迷惑行為に対して是正措置を講じる義務を負うでしょうか。
　賃貸マンションにおいては、賃貸人は、迷惑行為の被害を受けた居住者とも賃貸借契約を締結していると考えられるため、同賃貸借契約に基づいて、迷惑行為に対して是正措置を講じることが求められます。
　分譲マンションにおいては、賃貸マンションと異なり、通常、賃貸人は、迷惑行為の被害を受けた他の専有部分の居住者との間で賃貸借契約を締結しているわけではありませんが、区分所有者は共同の利益に反する行為が禁止されているため（区分所有法6条1項）、区分所有法に基づいて、賃貸人たる区分所有者は、賃借人による行為をも停止する義務を負うと解される場合があります。この点について、分譲マンションの賃借人による騒音等により、他の専有部分の居住者が損害を蒙っているにもかかわらず、賃貸人たる区分所有者が是正措置を採らずに放置した場合に、賃借人の行為を放置したという不作為が不法行為を構成するとして、他の専有部分の居住者に対して、賃貸人たる区分所有者の損害賠償責任を認めた事案があります（東京地判平成17年12月14日判タ1249号179頁）。

小林・秦野法律事務所　弁護士　秦野匡宏

Q 2-44 シェアハウス

最近話題のシェアハウスとは何ですか。また、シェアハウス特有の問題としてはどのようなものがありますか。

■ シェアハウスとは

　シェアハウスとは、一つの住宅を複数の人と共有して生活する居住形態、またはその賃貸住宅のことを言います。住宅内は専用の居室とバス・トイレ・キッチン・リビング等の共有スペースに分かれていますが、居室については個室のタイプだけでなく、2人またはそれ以上の人数でシェアするタイプもあり、様々です。また、居室には必要最低限の家具や冷蔵庫、エアコン、ベッド等は揃っているところが多く、共有スペースにもテレビ、洗濯機等の電化製品等が置いてあるものが一般的です。

　シェアハウスを賃借する場合、敷金・礼金、仲介手数料、保証人等の制度がないあるいは通常の賃貸借契約に比べ安価である場合が多く、居住費にかかる金銭的な負担を抑えたいと考える方や、短期滞在の方に人気があると言えるでしょう。一方、賃貸人としても、共用設備が多く、個人への投資の節約ができ、投資効率の高い不動産事業として、個人、大手不動産事業者、投資家等が手掛け始めています。

■ シェアハウスの契約形態

　シェアハウスは、例えばマンション型のシェアハウスであれば、それぞれの部屋をそれぞれ別の人に貸し、借りる側は、事業者と一人ひとりが契約をします。このように、誰と住むか、誰が契約者（代表）になるかといったことを入居者自身がまとめるルームシェアの延長ではなく、事業者が運営主体となっている点がシェアハウスの特徴と言えるでしょう。

　また、シェアハウスでは普通建物賃貸借契約ではなく、定期建物賃貸借契約を結ぶことが多いです。シェアハウスにおいては、通常の賃貸借に比べ賃借人同士の関係が不可避的に密接となるため、問題を起こす賃借人を賃貸人が退去させやすくするための方策と考えられます。賃借人としては、契約の際には、定期建物賃貸借契約であれば賃借期間後に契約が自動更新

されるものではないということを十分に認識しておく必要があります。

■ 国土交通省の通知およびその後の規制緩和

平成25年9月6日、国土交通省は事業者が入居者の募集を行い、自ら管理をする建築物に複数の者を居住させる施設について、建築基準法の「寄宿舎」（建築基準法2条2号）の基準を適用して指導するよう、全国の自治体等に通知し、専用の居室部分、すなわち特定の居住者が就寝する等居住する一定のプライバシーが確保されて独立して区画された部分については、同法上の「居室」（同法2条4号）に該当すると通知しました。

これにより、一般の住宅や事務所より防火性の高い間仕切壁を設けること（同法施行令114条2項）や、専用の居室部分に採光窓を設けること（同法28条1項）が義務付けられることとなりましたが、建築基準法の「寄宿舎」の基準が適用されると当時全国の8割のシェアハウスが違法となるとも言われたことから、シェアハウス業界に大きな衝撃が走りました。

もっとも、シェアハウスについて一律に建築基準法の「寄宿舎」の基準を適用して規制を及ぼすことは現実的ではなく、その後、規制緩和がなされました。具体的には、平成26年7月1日に建築基準法施行令が改正され、平成26年8月22日に、国土交通省の告示（国土交通省告示第860号）が施行されること等により、防火上支障がない部分にある防火上主要な間仕切壁の規制が緩和される等の措置がとられました。これらの流れを受けて、平成27年4月1日に東京都建築安全条例も改正されました。

■ 裁判例

東京地裁は、平成27年9月18日、マンションの管理組合が、マンションの区分所有者が専有部分に多くの間仕切り等を設置しシェアハウスを運営していることに対し、同行為は管理規約に違反するなどとして、同行為の禁止、間仕切りの撤去等を求めた事件について、マンション管理組合の請求を一部認容しました。

裁判所は、最大数10名の者が、わずか2畳程度のスペースで寝起きするという使用形態は、本件マンションの専有部分の使用態様として想定されているところからは程遠いとして、マンションの管理規約の違反行為を認定し、マンション管理組合は同違反行為の差止めおよびその排除のために必要な措置をとることができると判断しました。

シェアハウスに関する先例として、今後の実務への影響が注目されます。

川合晋太郎法律事務所　弁護士　神尾真澄

サービス付き高齢者向け住宅

2-45 終身賃貸借契約を締結したサービス付き高齢者向け住宅を退去したいのですが、支払済みの賃料は戻ってきますか。

■ 結 論

終身賃貸借契約は「死亡時まで」を期限とした契約ですが、そもそも高齢者の住居の安定を確保するための契約ですから、高齢者にとって賃借権が不要となった場合には、契約を中途解約することができます。また、終身賃貸借契約において高齢者が支払う前払金は「賃料とサービスの対価」に限定されておりますので、サービスを受けなかった分については不当利得として返還を求めることができます。

■ 有料老人ホームとの違い

「サービス付き高齢者住宅（サ高住）」は、平成23年の老人福祉法と高齢者の居住の安定確保に関する法律（高齢者住まい法）の改正によって、それまでの高円賃、高専賃、高優賃に代わって創設されたものです。「サ高住」と「有料老人ホーム」は、双方とも高齢者向けの住まいという点で共通しますが、以下のような違いがあります。
＜サ高住＞
・契約は賃貸借方式が主。利用権方式も可（平成23年より）。
・必須サービスは「安否確認」「生活相談」のみ。医療・介護サービスを受けるためには、個別のサービス事業者と契約を結ぶ必要がある。
・高齢者住まい法に登録基準あり。
＜有料老人ホーム＞
・契約は利用権方式が主。賃貸借方式もあり。
・通常、住まいと食事や生活支援のサービスが一体。介護サービスも同一事業者から提供を受けることが多い。

■ 終身賃貸借契約

高齢者住まい法は、高齢者の終の住処を確保するため、民法や借地借家法で定める「普通借家権」「定期借家権」に加えて、「終身借家権」を認め

ています。終身借家権は、①不確定期限付（期限は賃借人が死亡するまで）の借家権であり、②借家権についての相続が排除される（高齢者住まい法52条）、という点が通常の賃借権とは異なります。また、終身賃貸借契約を締結するためには、①「公正証書による書面等」で締結すること（同52条、57条）、②賃借人が60歳以上であること（同52条）、③事業者が都道府県知事の認可を受けていること（同57条）の要件を満たす必要があります。なお、終身賃貸借契約の趣旨が前記のように高齢者保護であることから、終身賃貸借契約を結んでいても、親族との同居ややむを得ない事情がある場合には、申入れの日から1ヶ月の経過により契約の中途解約を認めました（同59条）。それ以外の事由を理由とする中途解約の申入れは、申入れから6ヶ月後に終了することとなります（同59条）。

■ 終身賃貸借契約における賃料の支払い

主な賃料の支払方法としては、①全額前払方式、②一部前払い、残部分割方式、③月払い方式があります。ただし、高齢者住まい法においては「借家権の設定の対価」の授受は一切認められておりません。権利金や礼金、更新料等の授受は許されないため、前払金は「家賃とサービスの対価」に限定されることになります。また敷金や前払家賃の授受についても規制があります（同52条、54条）。

■ 中途解約や早期死亡の場合の前払家賃の返還請求の可否

上記の前払家賃の性格から、本問のように高齢者が契約を中途解約した場合や、想定よりも早期に死亡した場合、高齢者や相続人は、支払済みの家賃とすでに提供を受けたサービスとの差額につき、不当利得として返還を求めることができます（民法703条）。

ところで、全額前払方式を採る場合、前払金には想定される入居期間中の賃料に加え、想定居住期間を超えて契約が継続する場合の保険的な意味合いで業者が受領する金員が組み込まれていることがよくあります。国土交通省および厚生労働省は、かかる保険相当分の初期償却が可能となるような通知を出しており、また「（賃料以外の一時金は）契約が利用者の終身にわたり継続することを保証するための対価的要素を含むもの」として一時金の初期償却を有効とする判決もありますが（名古屋高判平成26年8月7日）、これらは前払家賃等の性格を「賃料とサービスに対する預け金」と限定した本来の法の趣旨に反し、妥当でないと言えるでしょう（平成24年6月15日付日弁連意見書）。

弁護士　三島木久美子

Q 2-46 借地借家法の適用がある「建物」と家屋の一部や駐車場

建物の一部が、借地借家法の適用のある「建物」といえる場合がありますか。それはどのような場合ですか。

■ 結 論

建物の一部であっても借地借家上の「建物」といえる場合があります。この「建物」といえるかどうかは、①障壁その他によって他の部分と客観的に明白に区画されているか、②独占的に排他的支配が可能な構造・規模があるかを基準に、社会通念に従い個別に判断することになります。

■ 借地借家法1条の「建物」とは

借地借家法にいう「建物」とは、土地に定着し、周壁・屋蓋を有し、住居・営業などの用に供することができる永続性ある建造物をいいますが（東京地判平成19年12月20日、判例秘書登載）、建物の一部であっても、障壁その他によって他の部分と区画され、独占的排他的支配が可能な構造・規模を有するものは「建物」に当たるとされています（最判昭和42年6月2日判タ209号133頁）。

以下、判例で問題となったケースを見てみましょう。

■ 日本家屋の一部について

旧借家法下では、日本家屋の一部が「建物」に当たるかがよく問題となりました。東京地判平成3年7月26日は、2階6畳の部屋および押入れを賃貸した事案について、独占的排他的支配という使用上の独立性および構造上他の部分との通行を防止できるかという効用上の独立性の2つの観点を掲げ、当該部屋が賃借人のみが使用する専用部分で大家も勝手には立ち入れないこと、部屋が壁と板戸で廊下と区切られ、板の間にガス栓および水道が設置されていること、便所は共用であるが、電気・ガス・水道についてはそれぞれ専用のメーターが設置されていることから、当該建物を借家法上の建物であると判断しました。

■ 駐車場について

(1) ビル立体駐車場設備一式（ガレージ部分、車路部分、駐車場管理室）が「建物」賃貸に当たるかについての裁判例では、第1審で、ガレージ部分は駐車場設備機械を覆うものであり、この機械から離れて独自の価値を持たないとして「建物」に当たらないとしました（東京地判昭和61年1月30日判タ626号164頁）。しかし、控訴審では、①「ガレージ部分」は自動車及び立体駐車場設備機械を格納し保護するものであって、それ自体有用なものであり、②「車路部分」は自動車が出入りするために必要不可欠、③「駐車場管理室」も駐車場の営業管理上必要な施設であり、これらを賃借しなければ本件立体駐車場の営業は成り立たないこと、④本件建物部分は独立した建物であり、その中に立体駐車場設備機械が存在しなくとも、立体駐車場用建物として賃貸借の対象となり得ることから、立体駐車場用「建物」にあたり旧借家法の適用があるとしました（東京高判昭和62年5月11日、東京高裁判決時報民事38巻4～6号22頁）。

(2) 一方、マンションの住人が部屋とは別に同マンション1階に設置された駐車場を借りた場合に、この駐車場部分が「建物」に当たるかが問題となった裁判例は、①マンションの居宅部分が駐車場の屋根となっているが、入口はほぼ全面に渡って壁がなく、隣の別の駐車場との間にも2メートル以上壁がないなど他の区画とも客観的に区別されていない、②マンションの居宅部分と駐車場との間に扉が設けられているものの、常時開錠されておりマンションの住人であれば誰でも駐車場を通ってマンションに自由に出入りできるものであると認定して、当該駐車場は隣の駐車場と客観的に区別されておらず、また借主の独立的排他的な支配はないことから、借地借家法上の「建物」に当たらないとしました。（東京地判平成30年12月12日判例集未登載）。

　もっとも、マンションの部屋の賃貸借に付随して必ず駐車場がつくような場合には、駐車場自体を借地借家法上の「建物」とみなくても、主たる賃貸借の対象である部屋が「建物」である以上、駐車場部分についても建物賃貸借契約の効力が及び、借地借家法が適用されると考えられます。

宇田川・新城法律事務所　弁護士　宇田川靖子

外国人への賃貸

外国人への不動産賃貸の際、外国人であること等を理由に賃貸契約締結を拒否することはできますか。

■ 結 論

外国人であることのみを理由に賃貸契約締結を突然拒否した場合、かかる拒否により、不法行為に基づく損害賠償責任を負うことがあります。

■ 契約自由の原則と契約締結拒絶

原則として、契約を締結するかどうかは、当事者の自由とされています（契約自由の原則）。しかし、契約の成立が確実視された状況において、正当な理由なく契約の成立を妨げることは、不法行為に当たり、損害賠償義務を負うことがあり得ます。

■ 賃貸借契約締結拒絶における不法行為責任

賃貸借契約を締結する際、賃貸人が、賃借人が外国籍であることを理由に、賃貸借契約の締結を拒否する場合があります。しかしながら、下記裁判例の通り、外国籍であることを理由とする拒否は、合理的な理由があるとはいえません。したがって、契約成立に向かって相当程度話が進んでいたにもかかわらず、外国籍だというだけで突然契約締結を拒否した場合には、不法行為（民法709条）に基づく損害賠償責任を負うことがあります。

また、外国籍であることを理由とする場合のみならず、外国人であることを理由として拒否をする場合にも、下記裁判例に示したように、人種差別に当たり、不法行為（民法709条）に基づく損害賠償責任を負うことがあります。

■ 外国人であることを理由とする区別

一般的に、「外国人」という場合、国籍のみならず、人種、民族、文化等が「日本人」と異なる場合を指すことが多いように思われます。そのような「外国人」であることを理由に差別することについては、公衆浴場を経営する事業者が外国人の入浴を一律に拒否した事案において、外国人で

あることを理由とする区別は、実質的には国籍に基づく区別でなく、外見が外国人に見えるという人種、皮膚の色、世系または民族的もしくは種族的出身に基づく区別、制限であるとし、憲法14条1項、国際人権規約B規約26条、人種差別撤廃条約の趣旨に照らし、私人間においても撤廃されるべき人種差別に当たると判示しました（札幌地判平成14年11月11日判時1806号84頁）。

■ 裁判例

　在日韓国人である原告が、家主から入居を断られたことを理由に、家主および不動産業者に対し、不法行為に基づき損害賠償請求を行った事案において、裁判所は、契約締結に至る準備段階において契約成立が確実と期するに至った場合にはその期待を侵害しないよう誠実に契約成立に努めるべき信義則上の義務があるとし、かかる段階に至っていた本件において、原告が在日韓国人であることを主たる理由として契約拒否することは合理的な理由がなく、信義則上の義務違反に当たるとし、26万7000円の損害賠償を認めました（大阪地判平成5年6月18日判タ844号183頁）。

　また、韓国籍の原告が、仲介業者に対し敷金、礼金等を支払ったにもかかわらず、家主から入居を断られた事案において、裁判所は、客観的にみて契約成立が合理的に期待される段階まで準備が進んだにもかかわらず、原告が日本国籍でないことを理由とする拒否は、合理的な理由のない拒否であるとし、信義則上の義務違反を認め、110万円の損害賠償請求を認めました（京都地判平成19年10月2日判例秘書登載ID06250293）。

■ 賃貸借契約締結の際の工夫

　契約は望んでいても、外国人であり言語や習慣が異なる点に漠然とした不安感を感じている場合は、次のようなマニュアルやひな形を参照することで、その多くを解決できる可能性があります。例えば、国土交通省のホームページ「外国人の民間賃貸住宅への円滑な入居について」（http://www.mlit.go.jp/jutakukentiku/house/jutakukentiku_house_tk3_000017.html）では、外国人の民間賃貸住宅入居円滑化ガイドラインを作成しており、多言語での契約書の見本等も掲載しています。また、公益財団法人日本賃貸住宅管理協会のホームページ（http://www.jpm.jp/）においては、外国人に賃貸する際のアドバイス等を参照することができます。

宇田川・新城法律事務所　弁護士　土方恭子

第3章 用法

看板の設置

賃借人が勝手に設置した建物外部の看板を撤去させられますか。前賃貸人が承諾していると、新賃貸人が看板を撤去させるのは無理ですか。

■ 結　論

賃貸人に無断で看板を設置している以上、撤去させられます。通常の建物賃貸借契約では、賃借人は建物を使用することはできますが、建物外部への看板の設置権原は、通常建物の賃借権の範囲に含まれないからです。賃貸借契約で特に禁止規定を設けていなくても、同様です。

■ 店舗等の賃貸借の場合

賃貸借の目的が店舗・クリニック等の場合でも、建物外部への看板設置を禁止できます。建物の所有者が、いかなるテナントを入居させ、どのような形態の建物とするかを決める自由を有しているからです。

もっとも、賃借人にとって営業の拠点を外部に知らせることは、大変重要なことです。このため、商業ビルや雑居ビルなどの場合、ビル全体の物理的構造、性質、利用状況、賃貸借契約の目的・締結経緯等に照らし、賃貸人が、建物を使用・収益させる義務（民法601条）、あるいはこれに付随する義務として、賃貸人が、ビルの入り口付近に賃借人全員を表示する看板・表示板を設置するといった義務を負うことがあり得ると考えられます。

■ 契約書で規定した例

店舗等の賃貸借契約における看板の設置については、次のような規定が契約書で定められるのが一般的です。

〔例1〕賃借人は賃貸人の書面による承諾がなければ、下記の行為をしてはならない。

　1．賃貸人の指定する場所以外に、看板、広告その他の表示をすること。

〔例2〕賃借人が本件建物の模様替え、付属設備の新設、その他すべて原形を変更しようとするときは、あらかじめ、賃貸人の承諾を得たうえ、賃貸人の指示に従って施工するものとし、その費用は賃借人の負担とする。

■ 看板の設置をやめさせる方法

建物外部への看板設置後の場合、まず内容証明郵便で、直ちに賃借人の費用で看板を撤去するように通知したり、場合によって、一定期間内（内容証明郵便到達後○日以内等）に撤去しないときは、契約を解除することも付言して通知することが考えられます。また、賃借人が、看板撤去に応じない強硬な姿勢を示している場合には、賃貸人としては、裁判所に看板の撤去を求める訴訟を提起することになるでしょう。

■ 裁判例

前記〔例2〕のような特約条項を結んでいる店舗の賃借人が、建物側面に自動点滅式の看板を設置し、賃貸人からの撤去の催告に応じなかった事例で、上記看板の設置行為が「付属設備の新設」に該当するとした上で、これを背信行為と認定し、賃貸借契約の解除を認めた裁判例があります（東京地判昭和60年10月9日判タ610号105頁）。

■ 承諾を与えられた看板の設置と建物の新所有者からの撤去請求

賃借人が無断で建物外部に看板を設置した建物を買い受けた場合、新所有者（新賃貸人）は、当該看板の設置をやめさせられます。

では、建物の旧所有者（旧賃貸人）が、建物の外部への看板設置を認めていた場合はどうでしょうか。

この場合、看板設置箇所の賃借権を新所有者に対抗できるかが問題となります。具体的には、看板の設置箇所が「建物」（借家法1条、借地借家法31条）に該当するか、すなわち「障壁その他によって他の部分と区画され、独占的排他的支配が可能な構造・規模を有するもの」か否かが問題となります（借家法の事例につき最判昭和42年6月2日判タ209号133頁）。看板設置箇所がこれに該当しない場合、看板設置箇所の賃借権は新賃貸人に対抗できず、原則として新賃貸人は看板の撤去を求めることができることになります（広告塔所有目的の屋上の賃借権につき新所有者への対抗を否定した事例として大阪高判昭和53年5月30日判タ372号89頁）。

もっとも、事案ごとの具体的な事情によっては、新所有者の賃借人に対する看板の撤去請求が権利濫用として認められない場合があります。この点、建物の地下1階部分を賃借して店舗を営む者が建物の旧所有者の承諾を得て1階部分の外壁等に看板等を設置していた事案で、建物の新所有者が賃借人に対して当該看板等の撤去を求めることが権利の濫用に当たるとされた判例があります（最判平成25年4月9日判時2187号26頁）。

武藤綜合法律事務所　弁護士　牧野盛匡

法人名義の表札

3-2

賃借人が突然法人名義の表札を出しました。契約違反ではないですか。

■ 結 論

　元々個人に居住用として賃貸している場合は、賃貸借契約を用法違反で解除できるのが原則です。

　個人営業主に賃貸したところ契約途中で法人成りした場合は、経営実態に変化がなければ無断譲渡による解除はできません。ただ、株式の譲渡によるＭ＆Ａが伴うと、その時点で無断譲渡により解除できるのが原則です。

　元々法人に貸している場合は、Ｍ＆Ａが行われても法人格が同一である以上、原則として無断譲渡にはなりません。

■ 元々個人に居住用として貸していた場合

　元々個人に居住用に賃貸していた場合は、法人による営業をして、法人の表札を出したということは用法違反です。用法違反は、原則として契約を解除できます。建物の維持・管理に重大な影響を与え、信頼関係を破壊する重大な違反だからです。もっとも、内職的な営業で、警告されてすぐ中止したような場合は、解除できないこともありえるでしょう。

■ 個人企業に貸していた場合と法人成り

　元々個人営業が認められていた場合に、法人として登記する「法人成り」をした場合は、個人から法人への賃借権の譲渡がなされることになるので、賃借権の無断譲渡で解除できる（民法612条）かが問題となります。

　しかし、昭和39年11月19日最高裁判決（民集18巻9号1900頁）では、ミシン販売業をしていた個人が税金対策で法人登記したが、株主には家族、親戚の名があったものの名前を借りただけで実質的には自分が出資して実権を握っていて、従業員や店舗の使用状況も同一で、転借料のやり取りのないというケースで、経営実態に変化はなく、信頼関係を破ることはないと判断し、解除を認めませんでした。

　昭和46年11月4日最高裁判決（判時654号57頁）も同旨の判決ですが、大隈健一郎裁判官が意見で、個人と法人を同一視して「法人格否認の法理」

で解除が許されないとするのが法律関係を簡明にするといわれ、その後、この法理での解決例も多く見られます。

いずれにしても法人成りのケースでは、原則として契約解除はできないと考えるべきです。

■ 法人成りにM＆Aが伴うと

大阪高裁昭和42年3月30日判決（判時489号54頁）は、法人成りの部分は上記の最高裁判決に従って解除は認められないとしたものの、その後、株式の移転、役員の辞任があり、会社の実権が第三者に移行したM＆Aのケースで、実権が第三者に移行した時点で事情が変更したものとし、その時から賃借権の無断譲渡として解除できる（民法612条）と判断しました。東京地裁昭和50年8月7日判決（判時816号71頁）も同旨です。M＆Aが伴うと、その時から無断譲渡で解除できるのが原則と考えるべきでしょう。

■ 元々会社に貸していた場合とM＆A

元々マンションの一室を会社に貸すということもよくありますが、この場合、管理や美観の必要性から、会社の表札は出さないとの特約ないし規約があることが多いようです。にもかかわらず、法人の表札を出した場合、特約、規約違反となるので、是正を求めることになりますが、美観を乱すだけなので、それだけで信頼関係が破壊されたとして契約を解除するのは困難でしょう。

このような場合、株式の譲渡、経営者の入れ替わり、すなわちM＆Aがあって、経営の実態が入れ替わっていることも多いはずです。となると、実質的には、無断譲渡で解除できると主張したいところです。しかし、平成8年10月14日最高裁判決（民集50巻9号2431頁）は、貨物自動車運送業を営む有限会社への土地賃貸借の事案で、法人の構成員や機関の変動が生じても法人格の同一性が失われるものではないので、賃借権の譲渡には当たらないと判断しました。また、東京地裁平成18年5月15日判決（判時1938号90頁）は、建物賃貸借について、賃借権の脱法的な無断譲渡には当たらないと判断しています。一方、東京地裁平成22年5月20日判決（判例秘書掲載）は、会社分割ないし株式譲渡による賃借人の人的・物的要素の変更の程度が重大といえる場合には、実質的な賃借権譲渡に当たるとして無催告解除を認めていますが、これは例外的といえるでしょう。

以上より、元々法人に貸している場合には、M＆Aが伴っても、原則として賃貸借契約は解除できないと考えてよいでしょう。

金子博人法律事務所　弁護士　金子博人
宇田川・新城法律事務所　弁護士　宇田川靖子

自室で商売

入居者が貸室で商売をやっているようです。風紀上問題のある商売の可能性もあります。賃貸借契約を解除できますか。

■ 賃借人の義務

　賃借人は、契約によって、あるいは目的物の性質によって、定まった使用方法によって、賃借建物を使用収益しなければなりません（用法遵守義務、民法616条、594条1項）。居住用の建物の場合、契約書に使用目的として「住居として使用すること」等と規定されている場合が多いと思われますが、契約書上使用目的が明記されていなくても、建物の構造、所在、環境等から、居住用であることが前提になっていることもあります。

■ 用法遵守義務違反と契約解除

　賃借人が用法遵守義務に違反した場合には債務不履行責任を問われることになり、契約の解除が問題になります。しかし、賃借人に違反行為があっただけで直ちに、賃貸人が賃貸借契約を解除できるわけではありません。違反行為によって、契約の基礎にある当事者間の信頼関係が破壊されたといえる程度になった場合に、はじめて解除が許されるというのが裁判所の考え方です。

■ 「信頼関係を破壊する」場合とは

　「信頼関係を破壊する」程度の違反とは具体的にどのような場合をいうのでしょうか。使用目的が居住用と定められているのに、店舗、事務所、工場等の営業に使用した場合は、原則として解除できると考えてよいでしょう。この場合には、同時に無断で増改築をしてしまったことが契約違反となることも多いでしょうから、それを理由に解除されることもあります。なお、自室での商売の事案ではありませんが、住居を宗教団体の教会として使用したケースについて、諸々の事情を勘案して解除を認めた裁判例があります（大阪地判昭和39年12月16日判時413号73頁）。

　他方で、賃借人が生活費を得るために、内職をしたり、賃借物件の一部

で営業を行っているような場合で、建物に与える影響も少なく、他の居住者に特別迷惑をかけるおそれもないと認められるような場合には、契約解除は認められないと判断されるでしょう。解除を否定した裁判例として、住居で学習塾を開設したが、生徒数が少なく、建物を毀損するようなこともなかったという事例（東京高判昭和50年7月24日判タ333号195頁）、道路に面した玄関と三畳間を改装して駄菓子・玩具の小売店舗として使用した事例（東京地判昭和35年11月26日判時248号29頁）等があります。

■ 風紀上問題のある商売の場合

　無断で風紀上問題のある商売を行っているような場合は、建物の環境に悪影響が生じ、他の賃借人や周囲に迷惑を及ぼし、苦情が出る等の問題が生ずる可能性が高いといえます。それゆえ、賃貸人は、賃貸借契約締結時に、賃借人がそのような商売をすることがわかっていれば契約しなかったと考えられます。したがって、そのような用法遵守義務違反行為は、賃貸人との信頼関係を破壊するに値するといえるので、賃貸人は賃貸借契約を解除できると考えられます。

　裁判例では、アパートの賃借人がいわゆるテレクラ商売を始めた事例について、信頼関係を破壊するとして、契約の解除を認めたものがあります（東京地判昭和63年12月5日判タ695号203頁）。

■ まとめ

　自室内で細々と内職をしたり、人の出入りがほとんどないような商売をする程度では、賃貸借契約の解除は難しいでしょう。たとえ営業名義が表示されていても同様です（3-2参照）。しかし、頻繁に人が出入りして騒々しくなったり、風紀上の問題が生じた場合や、建物の居住環境が乱され、あるいは建物自体を損傷するような営業が始まった場合には、賃貸借契約に特記されていない限り、賃貸借の解除事由になり得ると思われます。

武藤綜合法律事務所　弁護士　牧野盛匡

不誠実敵対的態度

3-4　賃借人が、手紙を出しても、直接会っても、賃料改定等の協議に全く応じようとしません。賃貸借契約を解除できますか。

■ 考え方

　建物賃貸借契約を解除するためには、賃貸借契約の継続を困難にする程度に当事者間の信頼関係の破壊が認められることが必要です。
　そこで、賃借人の行為が、賃貸借契約の継続を困難にする程度に賃貸人との信頼関係を著しく破壊する背信行為であると評価できるか否かが問題になります。

■ 建物賃貸借契約の特性

　建物の賃貸借契約は、性質上、相当程度長期間に及ぶことが予定される継続的な契約なので、契約当事者間における信頼関係の存在が重要な要素になります。賃貸借契約における賃借人の義務には、賃料支払義務・目的物返還義務（民法601条）、用法遵守義務（民法616条、594条1項）、物件保管義務（民法616条、597条1項）、無断譲渡・転貸をしない義務（民法612条1項、2項）等がありますが、賃貸借契約は、物件と賃料の保全を基本的な関係とする契約なので、信頼関係の要素としては、物件の経済的価値の保持や賃料支払いの確実性といった点に重点があります。もっとも、継続的な契約関係であるため、契約当事者の人的な要素も無視できず、当事者の職業、品位、素行といった要素も、賃借人の前記諸義務が誠実に履行されるか否かを判断する要素の一つとなります。最終的に信頼関係の破壊が認められるかは、賃貸借契約の実情や賃借人の義務違反の内容、賃貸人が受けた被害の程度等、諸般の事情を考慮して総合的に判断されることになります。
　建物賃貸借契約は賃借人にとって生活の本拠に関係することも多く、借地借家法上も、基本的に賃借人を保護する立場で規定が設けられています。判例においても、賃借人に契約違反があっても、直ちに解除を認めず、賃貸借契約の継続を困難にする程度の背信行為がある場合に限って解除を認めています（最判昭和39年7月28日民集18巻6号1220頁等）。

■ 賃借人の長期無断不在・協調性の欠如

賃借人に、長期無断不在・賃料増額協議拒否などいくつかの不誠実で協調性を欠く行為が存在する場合に、それらの行為を総合的に判断して信頼関係の破壊を認めた裁判例があります（東京地判平成6年3月16日判時1515号95頁）。

具体的には、古い木造2階建共同住宅につき、そこに居住する賃借人に防犯、防災、静謐、衛生の保持に努め、健康で文化的な生活を維持するため長期不在の場合には賃貸人に連絡するか、あるいは平素から室内の日照、通気、通風に意を用いる等、管理者である賃貸人に協力していかなければならない特質を有するとした上で、賃借人はこのような状況を理解し協調性を保っていくことが社会通念上必要とされているとして、賃借人の長期無断不在、これを正当として顧みない姿勢、長期不在に起因する貸室の腐朽ないし損傷、および賃借人としての協調性の欠如等により、信頼関係が修復不可能な程度に破壊されているとして、契約解除を認めています。

■ 賃料改定や建物保存の必要がある場合

本問のような賃借人の態度は、一見、人として不誠実な態度にも見えます。しかし、賃料額については賃貸人と利害の対立し得る賃借人の立場を考えると、直ちに契約違反と評価することは難しい面もあります。賃貸人としては、賃料増額を請求したい場合には、調停や裁判上の手続等で実現を図ることができます。

また、建物保存の必要がある場合に協議に応じないことも、当然に契約違反になるとまでは言い切れませんが、賃貸人は、建物の保存に必要な行為であれば賃借人の意思に反してもこれを行うことができます（民法606条2項）。

■ 賃貸借契約に直接関係しない背信行為と契約解除について

賃貸借契約から生じる債務と直接関係しない背信行為の存在は、当該契約の解除原因となり得るでしょうか。

これは、当該背信行為が本来の賃借物件の用法違反に包含される、またはこれと同一に評価され得るかによります。判例では、賃借人が賃貸人に暴行を加え傷害を負わせたケースで、暴行行為が家屋の明渡しに関連するものである上、謝罪や損害賠償を全くせず、さらにその後ガレージを勝手に建築した等の事情があるときは、契約上の義務違反と評価し、無催告解除を認めた例があります（最判昭和43年9月27日民集92号453頁）。

卓照綜合法律事務所　弁護士　青木和久

言動不審者の入居

3-5 普通の会社員だと思って賃貸したところ、定職はなく、言動も不安定です。街で暴力団と関係しているとの噂もあります。明渡しを要求できますか。

■ 結 論

現状では、賃貸借契約が無効であるとして、あるいは契約を解除して、建物を明け渡してもらうことは難しいと思われます。

■ 賃貸借契約の締結とその無効

建物を賃貸しようとする場合に、誰と賃貸借契約を結ぶかは、貸し手、借り手いずれの立場においても、原則として自由です（契約自由の原則）。しかし、契約をいったん締結した以上、契約締結の意思欠缺等があるか、解除事由がなければ、賃貸人が賃借人の意に反して一方的に契約を覆し、明渡しを実現することはできません。

賃借人が「普通の会社員」だと思って賃貸し、「普通の会社員」であることが「契約の重要な要素」であるならば、言い換えれば、そうでなければ賃貸しなかったであろうと思われる場合（契約締結における要素の錯誤）は、契約は無効ですが、本件の場合、賃借人として適当な人、その典型として「普通の会社員」を想定していた程度でしょうから、「普通の会社員」でなかったからといって、それだけでは錯誤を理由として契約の無効を主張することはできず、賃貸借契約は有効と思われます。

■ 賃貸借契約の解除事由となるか

家賃を何か月分も支払わないとか、その他賃貸借契約の契約条項に違反し、当事者間の信頼関係が損なわれたと認められる場合には、契約を解除できますが、本問の場合、特段の事情がない限り、次のとおり解除事由にはならない可能性が大です。

定職のない人は世の中には多く、年金受給者はもちろん、リストラの対象となった人もいます。定職をもっていないだけでは解除事由にはなりません。もっとも家賃が滞りがちだと話は別です（第4章賃料参照）。

暴力団との関係は、事実が判然としない上、居宅に暴力団員が出入りしているというわけでもないようですから、賃貸人に不安を与える等の迷惑行為等がないままでは解除が難しいと思われます（暴力団排除条項の活用について3-7参照）。

単に言動に不安定なところがある程度では解除事由にはならず、他の居住者に不快感を与える迷惑行為（後記裁判例および3-8参照）とか、奇声・喧嘩など騒音がひどい（3-11参照）とか、精神状態の不安定さが具体的な行為や現象として具現化した場合には、その程度によっては用法違反を問い得ますが、賃貸人との信頼関係が維持できないほどのものでない限り、契約違反を理由に当然に契約解除できるわけではありません。

■ 賃貸借契約のように継続的契約では特に契約締結前が重要

こうした人を入居者としたくない場合、入居資格として、本問で問題になっている事項が入居者にないことを定めておくことが考えられます。もっとも、入居資格の虚偽申告を見抜くことは難しいことが多く、後に入居資格の虚偽申告が判明した場合、そのような入居者を相手に、契約を解除して、建物の明渡しを実現すること自体が、賃貸人にとって、相当の負担となりかねません。

また後に入居資格を欠くに至っても、それ自体は契約違反ではないですし、入居後に職を失ったり、単に言動に不安定なところが見られるようになったという程度では、前述したように、契約を解除することは困難です。

そうすると、賃貸人としては、契約締結前によく調べ、少しでもそうしたおそれが感じられたら、貸し急がないようにするのが賢明のようです。

■ 迷惑行為を理由に解除を認めた裁判例

参考となる裁判例として、「近隣居住者の平穏を害する恐れの行為」という文言を含む解除条項について、同条項は賃借人が暴力団員等であることを前提としているとして同条項による解除を否定したものの、「賃借人は他の賃借人や近隣住民の迷惑となる行為をしてはならない義務を賃貸人に対して負っている」とし、近隣住民の生活音や生活態度などに対して繰り返し攻撃的な言動に及ぶなどした賃借人の行為が、「借主としての近隣の平穏を維持すべき義務」に著しく違反するとして、賃貸借当事者間の信頼関係が破壊されていると認定し、賃貸借契約の解除を認めたものがあります（東京地判平成28年2月23日）。

武藤綜合法律事務所　弁護士　新谷紀之

暴力的賃借人

Q 3-6 賃貸人は、賃借人に賃料不払い等の債務不履行がない場合でも、賃借人の暴言や暴力を理由として賃貸借契約を解除できますか。

■ 結 論

賃借人による暴言や暴力があったことが賃貸借契約において定められた解除事由には直ちにあたらない場合であっても、賃借人の暴言や暴力により賃貸借契約の当事者間の信頼関係が破壊されたといえる事情が認められる場合には、賃貸人は賃貸借契約を解除することができます。

■ 賃貸借契約の解除

賃貸借契約を解除するには、一般に、賃借人に軽微な債務不履行や義務違反があっただけでは足りず、賃貸人と賃借人相互の信頼関係を破壊するに至る程度の不誠意があることが必要とされています（最判昭和39年7月28日民集18巻6号1220頁等）。一方、賃借人の債務不履行や義務違反の程度等によっては、催告をしないで解除をすることも判例上認められています（最判昭和50年2月20日民集29巻2号99頁等）。

■ 賃貸借契約上にない義務違反

本問のように、賃借人が暴言や暴力といった不法行為をはたらいた場合、賃料債務のような賃貸借契約における賃借人固有の義務違反とは直ちにはいえない場合でも賃貸借契約を解除できるかが問題となりますが、賃借人の義務違反には、必ずしも賃貸借契約の要素をなす義務の不履行のみに限らず、客観的にみて賃貸借契約上の権利義務を遂行する上で密接な関係を有する行為といった、賃貸借契約に基づいて信義則上当然当事者に要求される義務に反する行為も含まれると考えられます（東京地判昭和55年12月18日判時1019号96頁）。したがって、賃借人の暴言や暴力があった場合、仮にこれが賃貸借契約上の解除事由には直ちにあたらない場合であっても、その態様等によっては賃借人に賃貸借契約上の義務違反があったと評価することが可能であり、この義務違反により当事者間の信頼関係が破壊されたといえるときは、賃貸人は賃貸借契約を解除し得ることになります。

もっとも、賃借人の賃貸人に対する暴言や暴力が問題となるような場合には、賃貸人と賃借人双方の長年の悪感情が背景となっている場合もあり（後述の東京地裁判例参照）、このような場合には、賃借人に一方的な責任があり賃貸人には全く落ち度がない、とはいい切れないと思われます。

■ 裁判例

　賃借人が賃貸借契約をめぐる紛争から賃貸人に傷害を負わせ、その後、謝罪や損害賠償も全く行わなかったことに加え、賃貸人の抗議にもかかわらずガレージを無断で築造した事例において、用法に関し賃借人としての義務違反があるのみならず、賃借人のその前後の態度から将来も賃借人としての義務を誠実に履行することを期待しえないということで、賃貸人に解除を認めた判例があります（最判昭和43年9月27日判時537号43頁）。

　これに対し、日頃から賃貸借契約をめぐり感情的に対立し、紛争が生じて互いに相手の頭部等を殴る等の暴行を加えた行為があったものの、賃貸借をめぐる長年の紛争により感情的になっていた当事者が偶発的な原因で暴行をなすに至ったと認められるような事例においては、賃借人に一方的に責任があるとはいえず、その行為をもって本件賃貸借契約における信頼関係を破壊するものとはいえないとして解除を認めなかった裁判例もあります（前掲東京地判昭和55年12月18日）。

　一方、鉄道高架下の集合店舗建物の一部の賃借人が、賃貸人の委託した警備員に泥酔状態で暴行を加えて現行犯逮捕されたため、賃貸人が今後同様の行為があった場合は直ちに契約を解除する旨の警告を行ったにもかかわらず、その後、再び泥酔状態で高架耐震工事の作業員に暴行を加えて現行犯逮捕されたという事例においては、賃借人の行為が、賃料債務のような賃借人固有の債務の不履行となるものではないものの、他に迷惑を及ぼす行為をしない旨の特約や著しく信用を失墜する行為をしてはならない旨の特約に違反する行為があったと認定し、この違反行為が集合店舗建物の賃借人に要求される最小限のルールや商業道徳を無視し、集合店舗建物の運営を阻害し、賃貸人に著しい損害を加えるに等しいことから信頼関係が破壊されるに至ったとして解除を認めた裁判例があります（東京地判平成19年5月30日）。また、「一般に、賃借人は他の賃借人や近隣住民の迷惑となる行為をしてはならない義務を賃貸人に対して負っている」とした上で、信頼関係が破壊されているとして解除を認めた裁判例もあります（東京地判平成29年12月5日）。

虎門中央法律事務所　弁護士　板垣幾久雄

暴力団事務所

3-7 賃貸借契約書では禁止していないのですが、入居した賃借人が暴力団員であることが判明しました。明渡しを請求できますか。

■ 直ちに明渡しを請求することができるか

　暴力団員といえども、個人的な住居として日常生活を送っているにとどまる限りは、直ちに危険な存在であるとはいえません。確かに、将来何らかの抗争に巻き込まれたりするおそれや、居室内外において犯罪が行われるおそれがないとはいえませんが、こうしたおそれが具体化・現実化しない限り、入居者が暴力団員であることのみを理由とした契約解除・明渡しの請求は難しいと考えられます。

■ 入居者が暴力団員であることが判明した後の対処法

　入居者が暴力団員であることが判明した場合、その時点では特に問題が生じていないにしても、将来何らかのトラブル、抗争事件が発生するおそれがありますので、入居者の動向に十分注意しておく必要があります。

　暴力団事務所として使用されていないか、暴力団員とおぼしき不特定の者が出入りして騒音や違法駐車などで近隣に迷惑をかけていないか、監視カメラを設置したり窓に鉄板を打ち付けたりするなど勝手に居室内外を改造していないか、名義借りや替え玉入居がなされていないか、賃料の滞納はないかなどをきちんとチェックし、用法違反等の契約違反行為があればすぐに書面（内容証明・配達証明付）で警告し、それでも改善がみられなければ契約を解除して明渡しを求めます。怖がって何もしないでいると後々大きなトラブルが生じるきっかけとなりかねないため、断固とした態度で対処すべきです。発砲事件等が発生して何の関係もない一般の人々が巻き添えになってからでは遅いのです。一人で対応していると嫌がらせなど個人攻撃を受ける危険がありますし、相手方に威圧されて居住を渋々認めざるを得なくなってしまうこともありますので、弁護士や警察とも相談し、常に連携して対応するようにしましょう。

■ どのような場合であれば、契約解除、明渡しができるか

　居住用として賃貸したのに暴力団組事務所に転用したうえ、不特定多数の暴力団員が出入りし、発砲事件などが発生して、他の入居者、近隣住民に迷惑をかけたような場合には、通常の賃貸借契約の条項にある用法遵守条項や危険行為禁止条項（「賃借人は居室内において危険もしくは近隣居住者等の迷惑となり、あるいは居室に損害を与える行為をしてはならない」といった内容の条項）に違反したとして、また、契約書に別段の規定はなくとも、賃貸人・賃借人間の賃貸借契約における信頼関係を破壊する背信行為があったとして、契約解除が認められる余地があります。

　裁判例でも、賃貸建物が暴力団事務所として使用されたことや、発砲事件が発生したことなどを原因として契約の解除を認めたものがあります（東京地判平成7年10月11日判タ915号158頁、大阪地判平成6年10月31日判タ897号128頁等）。

■ 暴力団排除条項の積極活用

　政府は、平成19年6月に「企業が反社会的勢力による被害を防止するための指針」を、平成22年12月に「企業活動からの暴力団排除の取り組みについて」を取りまとめました。また、平成23年10月までに全都道府県でいわゆる暴力団排除条例が制定・施行されました。こうした暴力団排除に向けた積極的な取り組みの動きを受けて、一般社団法人不動産協会は、不動産賃貸借契約における反社会的勢力排除のための条項例を定めました。借主は貸主に対し、暴力団員などの反社会的勢力ではないことを確約し、もし確約に反する事実が判明したときには、貸主は催告なしに契約解除ができる旨の条項例が公表されています。

　（参照URL http://www.fdk.or.jp/f_suggestion/pdf/comp_chintai.pdf）

　新たに締結する賃貸借契約書には、後から入居者が暴力団員であることが判明した場合に直ちに契約解除、明渡しを請求できるよう、契約書に暴力団排除条項を必ず盛り込みましょう。また、現に締結している賃貸借契約書に暴力団排除条項がない場合には、契約更新の際に更新契約書に盛り込むようにしましょう。そうすれば、事後的に入居者が暴力団員であることが判明した場合、契約違反を理由として契約解除、明渡しを請求することが可能になります。

本橋総合法律事務所　弁護士　下田俊夫

他の居住者に対する迷惑行為

賃借人が他の賃借人から迷惑を受けた場合、どんな解決方法がありますか。

■ 結 論

迷惑行為によって信頼関係が破壊された場合、貸主は賃貸借契約を解除できます。

■ 迷惑行為は善管注意義務違反

建物の賃貸借契約を締結して入居した賃借人は、当該契約の目的に従って「善良なる管理者の注意（民法400条。略して「善管注意義務」とも呼ばれます）」をもって、賃借建物を管理し使用することが求められます。これは何も物理的にその建物を汚さなければよいとか、損傷しなければよいというものではなく、使用方法においても、建物の使用目的を逸脱して他人の迷惑となるような行為をしてはならないという義務をも含んでいます。

なお、賃貸借契約書の中で、「使用方法」や「使用にあたっての注意」を具体的に定めていると、善管注意義務の内容はより明確になっているということができます。

■ 検 討

ただし、このような「迷惑行為」が直ちに賃借人の義務違反とされたのでは、ケースによっては本人にとって酷な場合もあります。アパートやマンションなどは壁1枚隔てて他人同士が寄り集まって生活しているわけですから、少々の迷惑はお互い様ということで大目にみなければならない場合もあるでしょう。当該行為が社会生活上受忍すべき限度を超えて隣室等他の居住者に迷惑を及ぼしたかどうかを、当該行為の内容、頻度、苦情の有無とこれへの対応、さらに地域の実情なども総合考慮して判断することが必要です。そして、近隣の受忍限度を超える迷惑行為の存在が認められる場合、賃貸人はかかる賃借人に対して、当該迷惑行為をやめるよう催告したうえで、なお賃借人がこれに従わないときは信頼関係を破壊する善管注意義務違反ありとして賃貸借契約を解除することができます。ただし、

信頼関係の破壊が著しく極端な場合は、催告を必要としないとされています（最判昭和47年11月16日判タ286号223頁）。

　裁判になった例を拾ってみますと、「共同住宅の1階スナックでの夜10時以降のカラオケ騒音」、「深夜までステレオや楽器等の騒音により近隣に著しい迷惑を及ぼした」、「建物賃借人が駐車場用地である建物前面の空地部分を商品置場として使用するなどして美観を害し近隣に迷惑を及ぼした」、「猫などの家畜を飼育することによって、通常許容される範囲を超えて、建物を汚染、損傷した」、「賃借人の息子が友達と専用駐車場内をバイクで走り回ったり、そこでシンナーを吸ったり、自室で毎夜のごとく騒いだ」、「貸室を暴力団事務所として使用した」、「事務室として使用する目的で賃借したビルの一室をテレフォンクラブに使用した」、「借家人が敷地に鳩舎をつくり100羽の鳩を飼育した」、「業務用冷蔵庫を放置し、建物および隣室を汚損した」など、実に様々です。「アパートでの徹夜麻雀」も、度を超えると用法違反として契約解除することができます。ただし、迷惑行為が1回に止まる場合は、「共同生活の秩序を著しく乱すものとは言い難い」として借主の責任を否定した例があります（東京地判平成28年11月24日判例秘書L07132526）。

　また、迷惑行為のために隣室の借手がいなくなったような場合にも、損害賠償の請求が可能です。

■ 賃借人の権利

　貸主だけでなく、迷惑を被った賃借人自身も、人格権侵害を理由に裁判に訴えて迷惑行為をやめさせたり、慰謝料を請求することが可能です。ただし、実力行使は禁物であり、隣室の音がうるさいなどと壁を叩いたり大声で怒鳴ったりしたところ、逆に迷惑行為であるとして契約解除された例があります（東京地判平成10年5月12日判時1664号75頁）。

　また、貸主の責任が問われる場合もあります。

　集合住宅内の一室が、以前からその真上の部屋の居住者が音に異常に過敏でしかも粗暴な性格で、近隣居住者の通常の生活音がうるさいと言ってはその住居に怒鳴り込み、これに暴力を振るうなどの生活妨害行為を繰り返していた事例で、貸主が、真下の部屋が住居として円満な使用収益ができない状態になっていることを知っていた（ないしは容易にこれを知ることができた）のに、新しい借主をその部屋に入居させたことは、貸主としての債務不履行に当たるとして、財産上の損害および精神的苦痛について、賠償金の支払いを命じた例があります（大阪地判平成元年4月13日判タ704号227頁、判時1322号120頁）。

東桜法律事務所　弁護士　菅野庄一

刃傷沙汰事件を生じさせた入居者に対する賠償請求

3-9

賃貸家屋で刃傷沙汰と自殺があり、その後誰も入居せず、隣室等から退去者が相次ぎました。損害賠償を請求できますか。

■ 問題点

　賃貸家屋を選ぶときに、その家屋が過去に刃傷沙汰や自殺があったようないわくつきの物件であることを知れば、誰しもあえてその家屋に入居したいとは思わないでしょう。また、集合住宅でそのような事件が発生したときには、隣室等の居住者が気味悪がり、できれば他の家屋へ引っ越したいと感じてしまうこともやむを得ないことです。

　他方で、賃貸人とすれば、このような事件が起きたことにより、自分には何の責任もないのに、賃料収入の大幅な減少を余儀なくされたり、場合によっては家屋自体の価値まで下がってしまい、大変な損害を被ることになります。

■ 賃借人の義務違反

　損害賠償請求が認められるためには、賃借人に義務違反がなくてはなりませんが、本件では、どのような義務違反があったといえるでしょうか。

　賃貸家屋の賃借人の義務は、賃料を支払う義務だけではありません。家屋を通常の用法に従って使用し、経年劣化の範囲を超えて家屋の財産的価値を著しく低下させてはならないという義務を負っていると考えることができます。この義務の根拠を善管注意義務（民法400条）に求めるのか、それとも信義則（民法1条2項）に求めるのかは別にして、賃貸家屋の賃借人が刃傷沙汰および自殺を引き起こしたりすれば、それによってその後、その家屋に誰も入居しなくなったり、近隣に退去者が相次ぐなどして、賃貸家屋の財産的価値が低下することは十分予想できることです。したがって、賃借人が賃貸家屋でこのような事件を引き起こすことが、賃借人としての義務に違反していることは明らかといえるでしょう。また、賃借人自身ではなく、賃借人と同居している家族が事件を引き起こしたような場合でも、いわゆる「履行補助者の故意・過失」として、賃借人自身が義務違反をした場合と同様の責任を負うことがあります（東京地判平成23年1月

27日判例集未登載)。そうすると、問題は、どの範囲の損害がこの義務違反と「相当因果関係ある損害」（民法416条）として認められるかであるといえます。

■ 裁判例

裁判例には、賃貸マンションの一室で、賃借人の男性が知人の女性を刺殺した後、投身自殺したという事案において、裁判所が、「事件を起こした男性には借家人としての義務違反があり、マンションの価値、家賃の下落と変死事件の間には相当因果関係がある」としたうえ、損害の額については、「マンションは変死事件後すぐには普通の家賃で貸すことができないが、少なくとも4年たてば普通の家賃に戻すことができ、普通の価額で売却も可能だ」と判断し、賃借人の連帯保証人だった父親に対し、4年間の家賃下落分を含めた約180万円の支払いを命じた例（東京地判平成5年11月30日、朝日新聞1993年12月1日判例集未登載）、自殺による賃料の低下の幅は時の経過により縮減していくと述べた上で、最初の2年間は1ヶ月当たり2万5000円、次の2年間は1ヶ月当たり1万円を賃料減額分の損害として認めた例（東京地判平成22年12月6日判例集未登載）、新たな契約が締結される日までの賃料相当額と新たな契約における賃料減額分（29か月分）の合計127万円余りを損害と認めた例（前掲東京地判平成23年1月27日）などがあります。

■ 結 論

結局のところ、本問のような場合、賃借人の義務違反自体は認められるとしても、どの範囲までの損害賠償請求が認められるのかは、個々の事案に応じて具体的に検討するほかありません。賃借人自身が死亡している場合には、相続人に対して損害賠償の請求をすることになります（前掲東京地判平成22年12月6日）。

なお、このような事件があった家屋の所有者である賃貸人が、そのことを告げないまま他人にその不動産を売却したりすると、場合によっては、逆に買主から売買契約を解除されたり、損害賠償の請求を受けたりすることがありますので注意しなければなりません（大阪高判昭和37年6月21日判時309号15頁、横浜地判平成元年9月7日判時1352号126頁、東京地判平成7年5月31日判タ910号170頁、東京地判平成20年4月28日判タ1275号329頁等参照）。

橋元綜合法律事務所　弁護士　市村直也

Q 3-10 きたない利用

ラーメン店を営むテナント（賃借人）が油で貸室を汚くしている場合、どんな解決方法がありますか。

■ 結 論

きたない利用によって信頼関係が破壊された場合、貸主は賃貸借契約を解除し、原状回復や損害賠償を求めることができます。

■ 善管注意義務とは

民法は、程度の異なった2つの注意義務を定めています。1つは「自己の財産に対するのと同一の注意義務」（民法659条ほか）であり、他の1つは「善良なる管理者の注意義務（民法400条ほか。略して「善管注意義務」とも呼ばれる）」です。本問で取り上げられたテナントなど賃借人に課せられた義務の程度は後者の例であり、有償契約のほとんどの場合この注意義務が課せられます（ときには「委任」のように無償契約の場合も課せられる場合がありますので、ご注意を）。

■ 善管注意義務違反の具体例

賃借人に課せられた善管注意義務と自己の財産における注意義務との境界線は言葉ほどには明確ではなく、具体的なケースごとに考えるしかありません。なお、個々の賃貸借契約書によっては、「使用方法」や「使用にあたっての注意」を具体的に定めている場合もあります。この場合、善管注意義務の内容はより明確になっているということができます。また、この「使用方法」という点では前の設問（3-8参照）の「迷惑行為」の問題と関連してきます。裁判例にあらわれた「建物賃借人が駐車場用地である建物前面の空地部分を商品置場として使用する等して美観を害し近隣に迷惑を及ぼした」（東京地判平成3年2月25日判時1403号39頁）、「借家人が敷地に鳩舎を設置し約100羽の鳩を飼育した」（名古屋地判昭和60年12月20日判タ588号81頁）、「猫を飼育することによって、通常許容される範囲を超えて、建物を汚染、損傷した」（東京地判昭和62年3月2日判時1262号117頁）などのケースは両者に関係する場合であり、裁判所はいずれの

ケースにおいても賃借人の義務違反を認めています。

また同じような理由から、共同住宅の居室の賃借人において居室内に社会常識の範囲をはるかに超える著しく多量のゴミを放置したことが賃貸借契約の解除事由になるとされた事例もあります（東京地判平成10年6月26日判タ1010号272頁）。

本問のケースは前記各裁判例に照らすと、テナントが賃借人としての善管注意義務を履行していないと考えられます。

■ 検　討

ただ、この場合でも、油を扱うことが営業上不可欠なラーメン店に対して、店内で一切油を用いてはならないとか、油で建物を少しでも汚したら駄目だということになってしまうと、テナントに対して不可能を強いることになり、これも妥当とはいえません。営業の態様や、建物使用状況、賃貸人や他のテナントなどからの苦情申入れの有無とこれに対するテナントの対応などを総合的に考慮して、善管注意義務違反が賃貸借契約当事者間の信頼関係を破壊している程度に至っていることが求められます。

賃貸人はかかるテナントに対して店から油や煙を出さないよう措置を講じるように「催告」したうえで、なおテナントがこれに従わないときは賃貸借契約を解除することができます（東京地判平成4年8月27日判タ823号205頁）。また、建物を汚したことについては原状回復のほかに損害賠償の請求も可能であるといえるでしょう。連帯保証人に対しても同様の賠償請求が可能です。

■ 他の居住者の権利

また、他の居住者も、被害が受忍限度を超えている場合、このテナントに対して財産的・精神的損害の賠償を求めることができると解されます（京都地判平成3年1月24日判時1403号91頁参照）。きたない利用を放置している賃貸人が、賃貸義務違反の責任を問われる場合もあると思われます。

■ 貸主が交代した場合の借主の責任

貸主が交代した場合、新しい貸主は、旧貸主時代の汚損等について賃貸借契約に基づく原状回復請求や損害賠償請求はできませんが、所有権侵害の不法行為として損害賠償請求することは可能とした裁判例があります（東京地判平成29年3月30日判例秘書L07231116）。

東桜法律事務所　弁護士　菅野庄一

Q 3-11 賃貸人にとっての貸室の騒音問題と対応

アパートの賃借人から、隣室の不快な生活音で迷惑しているので、賠償してほしいといわれました。どうしたらよいのでしょうか。

■ 賃貸人の「建物を居住に適した状態」にする義務

建物の賃貸人は、賃借人に対し建物を使用収益させる義務を負っています（民法601条）。その建物が使用収益、つまりアパートの場合は居住に適していない状態となっているときは、賃貸人にはこの居住に適していない状態を解消すべき義務があります。したがって、ある賃借人Aさんが、隣人である別の賃借人Bさんの出す生活音によって、その静穏な生活が乱され、「居住（使用収益）に適していない状態」にまで立ち至っているとすれば、賃貸人にはBさんの生活騒音を出すという近隣迷惑行為をやめさせる義務があるといえます。

■ 受忍限度

しかし、単に隣人のBさんの出す生活騒音をAさんがうるさく感じて不快に思うというだけでは、Aさんに「居住（使用収益）に適していない状態」が生じているとはいえません。私たちが共に社会において生活する以上騒音にさらされることは避けられないことであって、ことにアパートのような建物では各戸間の音を互いに完全に遮断するということは実際上不可能なのですから、アパートの隣人同士、ある程度の生活騒音はお互い様というべきでしょう。AさんがBさんの生活騒音によって被る被害が、少なくとも、社会生活上通常受忍すべき限度を超える場合にはじめてAさんに「居住（使用収益）に適していない状態」が生じているといえるでしょう。この受忍すべき限度を超えているかどうかは騒音の大きさ、頻度、被害の程度、生活上必要やむを得ない騒音であるか否か、加害・被害の立場が将来入れ替わることもあり得るか否かなどの事情を考慮して判断されます（具体例については3-12を参照）。

■ 近隣迷惑行為を原因とする賃貸借契約の解除

　まず、賃貸人としては、苦情が申し入れられた場合には、事実関係を十分に調査すべきですから、Ａさんの協力を得て、Ａさん宅内からＢさんの出す生活騒音を自分の耳で確かめましょう。それがひどいものであることを確認し、かつ、そのことを訴訟で立証できる証拠が獲得できたならば、賃貸人としてＢさんに対しやめるよう注意すべきです。しかし、Ｂさんの騒音が改まらないときは、賃貸借契約を解除してＢさんを立ち退かせることを考えざるを得ません（東京地判平成24年3月26日判例秘書Ｌ06930578参照）。

　Ｂさんには賃借人として、賃貸借契約の定めやアパートという建物の用法に従って使用収益しなければならない義務（用法遵守義務）があります（民法616条、同594条1項）。賃貸借契約の中に「賃借人は近隣迷惑行為をしてはならない」旨の特約があればもちろん（東京地判平成10年5月12日判時1664号75頁）、このような特約がなくとも、近隣迷惑行為をしないようにするという義務も用法遵守義務に含まれると考えられますし、また、アパートの賃借人はこのような義務を信義則上賃貸人に対し負っているとも考えられますから、Ｂさんの近隣迷惑行為を理由にＢさんとの賃貸借契約を解除することは可能です（横浜地判平成元年10月27日判タ721号189頁）。ただし、このＢさんの義務違反が賃貸人との信頼関係を破壊するに足る程度に至っていなければなりません。その程度に至っているかどうかは、迷惑行為の程度や事前に賃貸人からの注意があったにもかかわらず、これを聞き入れなかったという事情の有無などが考慮されます（東京地判平成10年5月12日判時1664号75頁参照）。

■ 結　論

　Ｂさんの出す生活騒音が、Ａさんの受忍限度を超えるほどにひどいものであるならば前項で述べた対処方法をとるべきです。このような対処をとることが可能であるのに、放置しておいたり、適切な対応をとらなかったりすると、賃貸人として建物を使用収益させる義務を怠ったこと、すなわちＢさんの近隣迷惑行為をやめさせる努力をしなかったことを理由に、Ａさんに対し損害を賠償しなければならなくなるということにもなりかねません（東京地判平成26年9月2日判例秘書Ｌ06930578参照）。

虎門中央法律事務所　弁護士　片野陽介

生活音に対する隣室からの苦情

3-12 賃借人の隣人から、入居者の子どもの泣き声や奇声等の不快な生活音で迷惑しているので賠償してほしいといわれました。どうしたらよいでしょうか。

■ ライフスタイル・生活時間帯の多様化による苦情の増加現象

　最近のアパートは、ライフスタイルの変化に応じて、フローリング床やユニットバス・エアコン等備付けのものが増えています。しかし、建築費用等の関係から、十分な防音措置がとられていないものも多くみられます。

　また、アパートには、生活時間の比較的自由な学生を含め、様々な人が居住しており、また、労働形態の多様化などから、勤務時間の関係上、深夜や早朝に偏った生活時間帯をもつ人もいます。

　このような中で、自分自身としては、ごく普通の生活をしているつもりでも、足音、椅子の移動・掃除機の音（特に、階下の人から）や、ガスの点火音、トイレの排水音、エアコンの作動音（排気熱を含め）などの生活音が近隣の人から騒音問題とされるケースが増加しています。

■ 生活音問題の特殊性

　近隣同士の生活騒音被害が、民法上の不法行為として損害賠償などの問題を生ずるかどうかについては、「受忍限度」という考え方が用いられていますが（3-11参照）、上に挙げたような生活音の問題は、これまで近隣騒音の問題として、裁判上多く争われてきたカラオケ、ピアノやペットの鳴き声などの騒音問題と異なり、ごく日常の生活に伴って必然的に発生するものであり、お互い様という部分も多く、苦情を申し入れられたからといって、賃借人としては手の施しようのない問題も多いでしょう。

　このような生活音による騒音が建物の構造上の欠陥から生じている場合には、賃貸人に対して修繕を要求することも考えられますが、通常の家賃で、通常の構造を備えているアパートについて、特別の防音工事まで要求することは、法律的には困難だと考えられます。

　なお、生活騒音などについては、環境基本法に基づく環境省告示により、人の健康の保護に資するために維持されることが望ましい基準（環境基準）が、地域の類型や時間帯に応じて、昼間（6時～22時）55デシベル以下、

夜間（22時〜6時）45デシベル以下などと定められており、地方自治体が告示で、各地域ごとの具体的な指定をしています。

■ 裁判例

　ルームクーラーの騒音が当時の規制基準（東京都公害防止条例）を超えたケースについて、損害賠償（慰謝料15万円）を認めたもの（東京地判昭和48年4月20日判時701号31頁）や、損害賠償（慰謝料50万円、宿泊費等55万円）のほか、消音器などの設置を義務づけたもの（東京地判昭和63年4月25日判時1274号49頁）があります。

　マンションの階上の部屋の子どもの飛び跳ね、走り回りによって発生した衝撃音などについて、階下の室内で計測した騒音レベルが50デシベル前後に達したというケースでは、受忍限度を超えた不法行為になると判断され、治療費や慰謝料（1人当たり30万円）の損害賠償のほか、時間帯に応じて当該行為の差止めも認めたものがあります（東京地判平成24年3月15日判時2155号71頁）。

　子どものやったことだとしても、時間帯・頻度・音の大きさなどによっては不法行為が成立することがありますから、場合によっては、自分自身で防音措置を講じるなど、何らかの対策を取ることも必要になります。

■ 解決の方法

　生活音の騒音問題については、とりあえず双方の話し合いによる解決を図るのが一番です。

(1) まず、お互いの生活時間・就寝時間帯が何時か、何の音がどの程度の被害を発生させるのかを確認し、双方で音の発生を許容できる時間帯・許容できない時間帯を明らかにして、音の発生を特定時間帯に極力集中させることで、共存を図ることが最も望ましい解決策でしょう。

(2) どちらか一方の生活時間帯が深夜や早朝に偏っているなど、お互いの生活時間帯が全く異なる場合や、相手方が病的なほど音に神経過敏な人であったりする場合には、話し合いによる調整は不可能といえます。

　このような場合には、裁判所に調停を申し立てることも考えられますが、日常的に発生する生活音が問題となっていますから、感情的なこじれも多く、すっきりとした解決はほとんど期待できません。

　現実問題としては、引っ越しをして精神的苦痛から早く逃れることを検討したほうがよいかもしれません。ただし、場合によっては弁護士と相談して、調停または訴訟に踏み切ることを検討してもよいでしょう。

　　　　　　　　　けやき綜合法律事務所　弁護士　長谷川浩一

多人数使用

3-13

賃貸住宅に予定外の多人数が住みついてしまいました。賃貸借契約を解除することはできますか。

■ 結 論

賃貸借契約の解除ができそうです。

手順としては、是正を求める内容証明郵便等を送って催告し、賃借人がその態度を改めないときは、賃貸借関係を維持するうえで必要な信頼関係が破壊されたものとして、解除することとなります。

建物賃貸借契約においては、契約上の明文や建物の構造、居住環境等により、建物の使用目的や居住人数がおおよそ制限されているといえます。

その制限を超えた多人数が住みつくと、

① 建物の傷みが激しくなる
② 管理が行き届かなくなる
③ 他の居住者に迷惑となる
④ 管理のコストが増大する

といった賃貸人にとって予想外の負担や問題が生じ、賃貸借契約上の信頼関係を維持することができなくなるので、賃貸借契約の解除に踏み切ることもできるのです。

■ 賃貸借契約書に居住制限人数が記載されている場合

賃貸借契約書に、単身居住用とか居住人員は2名限りと記載される場合には、それに違反した人数の者を寝泊まりさせることは、賃貸借契約違反となります。

ただし、親兄弟や友人が、たまに訪ねて来て泊まっていくという、一過性の場合には、契約違反とはいえません。

また、賃借人がカップルで入居していて子供が生まれた結果居住人数が増加してしまったような場合にも、予め予想できる範囲内なら、それによる人数超過を理由とする契約違反は主張できないでしょう。

■ 賃貸借契約書に居住制限人数の記載がない場合

　前述のとおり、建物の使用目的や居住人数は、建物の構造や居住環境等からおのずから制限があり、それは外部からも常識に従って判断されます。

　その常識を超える予定外・予想外の多数の者、特に名前や素性のよくわからないような者が寝泊まりしはじめた結果、前述のような賃貸人に負担や問題が生じてくるときには、賃借人が賃貸借契約上の信頼関係を破壊したといえますので、警告するなどの手順を踏んでの解除をしたり、賃借人の行動が非常識ともいえる極端な場合には、即座に賃貸借契約の解除に踏み切ることもできることとなります。

　昨今の社会情勢の変化により、いわゆる民泊やシェアハウスなどとして賃借人が勝手に営業する場合にも、建物の構造を傷めたり、居住空間の安全性を損ねたりする危険が生じますので、契約違反による多人数使用の一例として、賃貸人に対して無断での第三者使用の理由ともども解除できる理由のひとつになります。

■ 契約書の工夫

　多人数使用から生じるトラブル回避のためにも、賃貸借契約書に以下のような条項を入れておくといいでしょう。

① 居住可能人数明記および多人数の寝泊まり禁止の旨の条項
② 使用目的を制限する条項
③ 賃借人が外国人である場合には、賃貸人と賃借人との間で使用する共通言語を日本語とする、との条項
④ 賃借人が所在不定ないし不明になる事態に備え、賃借人に対する通知催告が返送されてきたときは、発信の翌々日に通知催告が到達したとみなす旨の条項
⑤ 賃借人が所在不定ないし行方不明となった場合には、賃借権を放棄して、残置品の所有権を放棄したものとみなし得る、との条項
⑥ 民泊やシェアハウスとして使用することを禁止する条項

　このような条項を入れておくと、いざというときに、賃貸借契約を維持するための信頼関係が破壊されたとの認定が得られやすくなり、かつ、執行等の現実に被害の回復をはかる事後的な手続もやりやすくなります。

アスク総合法律事務所　弁護士　渡邊　信

Q 3-14 ペット

賃貸借契約書には規定がないのですが、賃貸住宅の床が賃借人のペットで汚されており、明渡請求をしようと思っています。この請求は通りますか。

■ペット飼育禁止特約

最近では、犬や猫がコンパニオン・アニマルと呼ばれるように、ペットの地位に対する社会の認識も大きく変わり、ペットが人間の生活に不可欠の存在となってきました。

ペット飼育禁止特約の多くは、ペットの種類や飼育方法を問わず一切禁止するというものですから、このような規定は借地借家法30条（強行規定）や、民法90条（公序良俗違反）により無効ではないかが一応問題となります。しかし、賃貸の共同住宅などでペットを飼う場合、その排泄物や毛で室内が汚れるなど建物に損害を与えたり、鳴き声や臭いなどでほかの居住者に迷惑・損害を与えるおそれがあるため、ペット飼育を一律に禁止する特約も合理性が認められ、有効と考えられています（東京高判昭和55年8月4日判夕426号115頁、東京地判平成7年7月12日判時1577号97頁等）。

■禁止特約がない場合のペットの飼育

ペット飼育禁止特約がない場合、居住に付随してペットを飼育することは、賃貸借契約の当事者として当然予想できる通常の利用方法の範囲内と考えられますから、原則として許容されているといえます。

しかし、賃貸借契約は、当事者の信頼関係を基礎とする継続的な契約関係ですから、賃借人がペットを飼育することで賃借建物の利用上重大な問題を生じさせ、当事者間の信頼関係が賃貸借契約を維持しがたい程度に破壊された場合には、賃貸借契約を解除することができます。

裁判で問題となった事例としては、賃借人が猫10匹を室内で放し飼いにするとともに、居宅の周辺にペットフードなどを置き、野良猫10数匹が敷地内に集まり、その悪臭や鳴き声で近隣から苦情が寄せられたため、賃貸人が契約を解除して建物の明渡しを求めたというものがあります。

裁判所は、ペット飼育禁止特約のない場合であっても、ペットを飼育す

ることで、建物を汚染、損傷し、近隣にも損害、迷惑をかけることにより賃貸人に苦情が寄せられるなどして、賃貸人に容易に回復しがたい損害を与えるときには、ペットの種類、数、飼育の態様、期間、建物の使用状況、地域性などを考慮し、ペットの飼育が居住に付随して通常許容される範囲を明らかに逸脱して、賃貸借契約当事者間の信頼関係を破壊する程度に至っていると認められる限り、賃貸借契約における用法違反（民法616条、594条1項）にあたるとして、賃貸人からの明渡請求を認めています（東京地判昭和62年3月2日判時1262号117頁）。

また、賃貸人が共同庭で犬を飼育していたところ、その鳴き声による騒音や糞尿による悪臭などで、賃借人が肉体的・精神的損害をこうむったとして争われたケースでは、社会生活上の受忍限度を超える不法行為であるとして、賃借人から賃貸人に対する損害賠償請求（慰謝料10万円）を認めたものがあります（京都地判平成3年1月24日判時1403号91頁）。

■明渡請求の可否

以上から、ペット飼育禁止特約の有無にかかわらず、一定の場合には、ペットの飼育による床の汚れなどを理由に賃貸借契約を解除して賃貸住宅の明渡しを請求できることになります。ただ、特約がある場合には、飼育の仕方に注意を払っているときでも解除、明渡しが認められることがある（東京地判平成7年7月12日判時1577号97頁）のに対して、特約がない場合には、賃貸人や近隣などに相当程度の迷惑・損害を与えた場合でなければ、解除は認められないという違いがあります。

■分譲マンションにおけるペットの飼育

賃貸住宅と異なり、分譲マンションの部屋を購入した場合は、その所有者となりますが、集合住宅という性質上、所有権の行使を制限することができ、マンションの管理規約でペットの飼育を禁止することもできます。そして、規約に反してペットを飼育し、他の居住者の利益に反する行為をした場合には、建物の区分所有等に関する法律により、飼育の停止やマンションの使用禁止、引渡請求などができる場合があります。

また、マンションの区分所有者が賃貸人となって部屋を貸している場合に、賃借人が管理規約に反してペットを飼っているのを認識しながら放置していると、区分所有者もペットの間接占有者として、ペットの飼育についての責任を負うことになります（東京地判平成28年3月18日）。

けやき綜合法律事務所　弁護士　長谷川浩一

付帯使用権

3-15 賃借人は、敷地に自動車を駐車させたり、ベランダを専用使用したり、屋上を物干し場に干すようして構わないのでしょうか。

■ 賃借人の付帯施設・敷地の利用権

賃貸借契約は建物（居室）の使用を目的とするものですが、その建物（居室）を使用するだけでなく、それに付帯する施設や敷地の利用を伴います。したがって、特にこれらの施設や敷地について契約を交わさなくても、賃借人が一定の範囲でこれらを利用する権利は、賃貸借契約に当然含まれていると考えられています（敷地につき最判昭和38年2月21日民集17巻1号219頁、マンションのバルコニーにつき東京地判平成3年11月19日判時1420号82頁）。

■ 賃借人の付帯施設・敷地の利用権の限界

もちろん賃借人の付帯施設や敷地の利用権は無制限のものではなく、建物（居室）本来の目的に従って使用することに付随して当然必要な範囲に限られます。その反面、賃貸人は、賃借人の付帯施設や敷地の利用権の範囲で、付帯施設や敷地の利用を制限されます。

■ 具体的事例

具体的なケースでの賃借人の付帯施設や敷地の利用権は、賃貸建物（居室）の使用目的、賃貸条件、建物（居室）の位置・構造・外観、付帯施設の位置・構造（敷地の位置・形状）、現実の占有使用態様などの事情を勘案して、賃借人が当該建物（居室）を用法に従って利用するうえで必要な範囲か否かで判断しますが、事案によって相当微妙な判断になります。

裁判例として、マーケット店舗の賃借人はマーケット敷地内の井戸、便所を使用できるとしたもの（東京地判昭和32年11月10日下民集8巻11号2144頁）、ビルの1階店舗の賃借人は道路に面する当該ビルの敷地を使用できるとしたもの（東京地判昭和61年6月26日判時1228号94頁）などがあります。他方、通路として利用されていた土地部分に店舗を築造するた

めの工事に着手し角柱・支え材等を設置したこと（最判昭和50年7月10日判時793号49頁）、住宅用建物の賃借人が道路に面した庭部分に飲食店向け屋台を設置して営業すること（東京高判昭和34年9月30日判タ97号54頁）は敷地利用権の範囲を超えているとされました。

■ 本問の場合

　本問の場合、建物（居室）の賃借人が敷地に自動車を駐車するとのことですが、営業用の建物賃借人は当該建物使用のために最低限の必要な敷地利用権を有するが、空地に寿司店従業員や客の自動車を駐車していることは事実上の使用関係にすぎないとしてこれを否定した裁判例（東京高判昭和59年4月10日東高民報35巻4・5号60頁）、他方、建築材料販売等ホームセンター用店舗建物の賃貸借において、自動車で来店する顧客用の駐車場地や案内広告塔の設置を認めるとした裁判例（東京地裁平成4年4月21日判タ805号143頁）があります。また、居住用建物では、建物の構造、敷地の位置関係、賃借条件等の諸条件によりますが、建物賃貸借契約と別に駐車場契約がある場合は建物敷地へ駐車は認められない傾向と言えますが、建物敷地に十分な駐車スペースがあって他に何らの支障がない場合は認められる傾向が強いと言えます。

　次に、本問では、賃借人がベランダを専用しているというのですから、構造上マンション等の居室の賃貸借と考えられます。この場合、ベランダが居室に隣接している場合は、賃借人にその専用使用権があります。しかし、専用使用といっても緊急の避難の必要性、水はけの確保、外観の確保などの観点からおのずと使用方法には制限があります。例えば、マンションのベランダにスチール製の物置を設置することや、ベランダを温室に改築する等の行為は、緊急避難が困難となるなどの問題が生じますので許されません（前掲東京地判平成3年11月19日参照）。

　さらに、マンション等の屋上に物干し場を設置するとのことですが、マンション等の屋上はその建物の屋根としての外観を維持し、あるいはエレベーターの機械室や貯水槽等を設置するための共用部分であり、しかも通常は賃貸居室と離れた場所にあるわけですから、居室の賃借人が物干し場として屋上を専用使用することは許されません。

木村・角田法律事務所　弁護士　角田　淳

Q 3-16 模様替え

入居者は、「壁紙のデザインが気に入らないので取り替える。その費用を賃貸人側で負担してほしい」と主張することができますか。

■ 賃借人の保管義務

　入居者が壁紙の取替えを希望する場合、賃貸人と話し合いをして了解のもとに取り替えることが望ましいことはいうまでもありません。賃貸人の了承が得られない場合に、賃借人が壁紙を取り替えてよいかどうかという問題になります。

　この点、賃借人には、賃借物を「善良なる管理者の注意」で保管する義務があり（民法400条、善管注意義務といいます）、形状を変更するなどの行為によって賃借物の価値を低下させたりしないよう注意しなければなりません。

　したがって、特殊なデザインの壁紙であったり、壁紙の交換により部屋の美観を害するなどのほか、取替えによって部屋の価値が低下するとみられるような場合には、債務不履行（保管義務違反）となり、損害賠償責任を問われてしまいます。

　賃借人としては、賃貸人の承諾を得ない壁紙の取替えは慎重に考える必要があります。賃貸人側が、このままでは次の賃借人に貸せないと思うようなデザインの壁紙は避け、賃貸借終了時に原状回復費用として再取替費用を請求されることは最低限覚悟しておくべきでしょう。

　壁紙の取り替えが債務不履行となる場合でも、賃貸人のほうから直ちに賃貸借契約を解除できるということにはなりません。壁紙を取り替えるだけでは、賃貸人と賃借人との信頼関係を破壊するようなものではないのが通常でしょうから、契約解除が認められない場合が多いと考えられます。

■ 必要費償還請求権

　必要費というのは、建物の使用収益に必要な費用、つまり、これを支出しないと通常の居住に差し障りがあるような費用のことをいいます。

　必要費は、賃貸人の負担とされ、賃借人が必要費を支出した場合には、

直ちにこれを賃貸人に請求できるとされています（民法608条1項）。ただし、必要費を賃借人に負担させるという特約が契約書に記載されていないか注意しておく必要があります。

壁紙交換の場合、既存の損耗が激しいようですと、取替費用が必要費になり、賃貸人の負担とされる場合も考えられます。

しかし本問のように、入居者が、単にデザインが気に入らないという理由で、続けて使用することが可能な壁紙を交換しても、必要費とはならず、法律上賃貸人の負担を求めることはできません。

■ 有益費償還請求権

物の客観的価値を高めるための費用を有益費といいます。壁紙の取替えについても、最高級の壁紙に取り替えたような場合には、部屋の客観的価値を高めたことになり、有益費になるということができます。

有益費を支出した場合、必要費のように、直ちに賃貸人に請求というわけにはいきませんが、賃貸借が終了して明け渡す時点で、なおその壁紙によって部屋の価値が高まっているといえる場合には、増加した価値に相当する金額を賃貸人に対して請求できます（民法608条2項、196条2項）。

なお、有益費について契約書で特約がなされている場合がありますので、注意する必要があります。

■ その他の内装設備の取り替えの場合

以上は、壁紙に関することですが、同じことは、建物内のその他の内装設備などについてもあてはまります。ただし、その他の内装設備の場合には、それら自体が有価物であることがあり、その設備により建物を損傷することがあり、また、その取替えにより、電気の容量などに影響を与えることがあるので、その考慮も必要となります（3-26参照）。

小林・秦野法律事務所　弁護士　小林哲也

Q 3-17 新品設備の設置義務

備付けの給湯器を、他の貸室のように新品の新型に取り替えてほしいのですが、故障はしていなくとも、取替えは要求できますか。

■ 結 論

　一般に、賃料その他の賃貸借契約の内容は、その建物の築年数や日当たり、付帯設備の状態などのすべての条件を考慮して定められます。そして、契約書に建物の付帯設備として、単に「給湯器」とだけ記載されている場合、その記載は、水をお湯に変えて供給する設備が設置されていることを意味し、それが新型新品の給湯器であることまでを意味していると解釈するのは困難だと思われます。

　そうすると、賃貸借契約書の付帯設備欄に「給湯器」という記載がある場合には、賃貸人は、正常に動作する給湯器を設置する義務を負うにとどまり、新型新品の給湯器を取り付ける義務までは負わないと解されます。

　したがって、現に正常に動作する給湯器が設置されている限り、たとえそれが中古品であっても、賃借人は、賃貸人に対し、新型新品の給湯器に取り替えるよう請求することはできません。

　賃借人が、貸室備付けの給湯器を容認して入居した場合には、一層賃貸人に新型新品の給湯器を取り付ける義務を負担させることは難しくなると解されます。

　また、本問では他の貸室の給湯器が新型新品であることが挙げられていますが、この一事をもって、賃貸人に対する新型新品の給湯器の設置義務が認められるということにはならないでしょう。

　他方で、賃貸人と賃借人との間に給湯器を新型新品のものにする旨の合意が認められるような場合には、新型新品の給湯器を設置することが契約の内容となり、賃貸人は、賃借人からの要求には応じなければなりません。

■ 法律の規定

　ところで、賃貸人は特約のない限り賃貸物の使用および収益に必要な修繕をする義務を負っています（民法606条1項本文）が、その修繕義務は、抽象的にいえば、賃借人が契約によって定められた目的に従って貸室を使

用収益するのに必要な限度にとどまります。たとえ給湯器が中古品であっても、賃借人の使用収益を妨げるものとはいえないため、賃貸人は修繕義務を負いません。

したがって、この規定によっても、給湯器に故障が生じていない以上、新型新品の給湯器に交換するよう賃貸人に請求する権利は原則否定されるのです。

■ 賃借人が新型新品の給湯器を設置する場合の注意

もし賃借人がどうしても新型新品の給湯器を取り付けたいという場合、その解決方法として、自分の費用で、新しい給湯器を買って備え付けるという方法も考えられます。

この点、賃貸借契約に付帯設備取付けの自由を認めるような特約があれば別ですが、一般に共同住宅の賃貸借契約で、賃借人に貸室外の工事を認めていることは考え難く、むしろ貸室内であっても賃貸借契約書に賃貸人の承諾を得ることなく貸室の改造や模様替え等を禁止する条項が定められていることもあります。

また、給湯器には様々なタイプのものがありますが、設置のために建物の壁や建物の基礎等に穴をあけて固定するものも多く、そのような給湯器を設置するために、建物の所有者に無断で建物に穴をあけると所有権侵害として、問題となります。

さらに言えば、取替え前の給湯器は賃貸人の所有物（他人の所有物）ですから、取外し後、賃借人が勝手に処分することはできず、貸室明渡しのときに、原状回復義務の一部としてこれを元どおり設置し直す義務を負うのが原則です。

これらの事情からすると、賃借人としては、賃貸人に無断で給湯器を交換することは避けるべきで、賃貸人に新品の給湯器を設置することを提案し、賃貸人から承諾を得た上で、新しい給湯器を備え付けるべきでしょう。

その際、メーカー・品番等で新たに取り付ける給湯器を特定した上で、給湯器を交換することの承諾を得たこと、貸室明渡し時の給湯器に関する原状回復の要否、新しい給湯器を撤去しないこととした場合の造作買取請求（借地借家法33条）ないし有益費償還請求（民法608条2項）の可否、もともと設置されていた給湯器の保管・処分やそのための費用負担に関する取決め等について、取扱いを明確にするため、賃貸人・賃借人の間で確認文書を交わしておくべきと考えます。

虎門中央法律事務所　弁護士　渡部　政

摩耗品の取替義務

3-18

永年の居住により畳の傷みや壁の日焼けがひどくなりました。賃貸人に取替えを要求できるのでしょうか。

■ 家主の修繕義務

賃貸借契約の賃貸人には、貸家の居住のために必要な修繕をしなければならない義務があります（民法606条1項本文）。この義務のことを「修繕義務」といいます。

しかし、貸家に生じた破損、汚損などのすべてについて賃貸人に修繕義務が生じるというわけではありません。居住の用に耐えないような状態を生じ、あるいは居住に著しい支障が生じた場合にそういった修繕義務が生じるというのが裁判所の考え方とされています（最判昭和38年11月28日民集17巻11号1477頁）。

当然ながら、破損などの原因がむしろ賃借人側の責任に帰すべき場合には、賃貸人の修繕義務は免除されます（同項ただし書）。賃借人の不利益に比べて修繕に不相応な費用を要する場合も同様です。

もちろん、建築後相当年数を経過しているような古い貸家を賃貸人が新築同然にまで修復しなければならない義務もありません。そのような場合は、「築後の建物に相応する程度の使用継続に支障が生じているとき」に限り、賃貸人に修繕義務が課されるのです（東京地判平成3年5月29日判タ774号187頁）。

なお、賃貸人が必要な修繕をしてくれないときには、賃借人の側で修繕をすれば、かかった費用を賃貸人に請求できる（あるいは、家賃と相殺できる）場合があります。修繕が必要だと通知しまたは賃貸人が修繕の必要性を知ったのに、賃貸人がこれに応じないとき、あるいは、修繕を必要とする差し迫った事情があるときです（民法607条の2）。ただ、あくまで「必要な修繕」についてであることにはご注意ください。

■ 畳の傷み

さて、本問ですが、たしかに一般論としては、畳が傷んだからといって

直ちに居住の用に耐えないとか、居住に著しい支障が生じたとはいえないでしょう。しかし、居住の用に耐えるかどうか、支障があるかどうかの判断は、いわば物理的、即物的に行うだけではなく居住者の精神衛生的な側面にも配慮して行うべきです。畳は最近の住宅では目にすることも珍しくなりましたが、いまなお日本家屋の最も基本的な構成要素と言え、清潔な畳は健康で快適な生活にとって欠かせない条件と言えます。したがって、賃借人は社会通念に照らして相当と判断される時期には、賃貸人に対し修繕義務の履行としての畳替えなどを要求できるというべきです。

また、通常の家具の設置によるへこみ、雨漏り等によるふやけやカビなどを理由とする畳の表替えは賃貸人の負担とするのが相当ですが、賃借人の手入れ不足によるカビやタバコの火による焦げ、ひっかき傷は賃借人の負担で補修すべきものと考えるべきでしょう。

■ 壁の日焼け

それでは、壁の日焼けについてはどうでしょうか。

壁が日焼けしたからといって居住の用に支障が大きいといえないのは畳の傷みと同様です。壁の日焼けを単なる美観の問題とすれば、上記のとおり「賃借人は建物の経年変化は甘受するべき」というのが判例の立場ですから、賃貸人に壁の塗替えなどを要求するのは困難でしょう。

しかし、建物を風雨から守り続けるためには、ひび割れが生じたりする前に壁を塗り替えることが必要です。外壁塗装の耐用年数は、一般的に7～10年、最も耐久性にすぐれた塗料による場合でもせいぜい20年程度といわれています。こういった目安を参考にして、賃借人は賃貸人に対し修繕義務の履行としての壁の塗り替えなどを要求することも可能というべきです。ただし、単に日焼けをしたという理由による壁の塗り替え要求等は困難であることにご注意ください。

■ 賃借人の側に修繕義務がある場合

借家契約でも、修繕を賃借人の側の負担とし、あるいは賃貸人には修繕義務がないと特約すること自体は有効と解されます。また、賃料が相当低く定められているような場合などは、そのような特約がなくても、賃貸人に修繕義務がないとみなされる場合があります。

畳替えや壁の塗替え等も上記特別の事情がある場合は、むしろ賃借人が自分でこれを行わなければなりません。

コンビニエンス法律事務所　弁護士　市川　尚

設備の修理費

3-19
契約書に規定がない場合、貸室内の設備の故障・毀損による修理費等は、貸主・借主のいずれが負担するのでしょうか。

■ 問題となるケース

最近は昔と比べて貸室内の設備が充実した賃貸物件が多くなっています。そうした中、賃貸期間中にエアコンが故障するなどの事態は、必ず起こり得るものといってよいでしょう。

■ 原則として賃貸人が修理費等を負担

(1) 賃貸人の修繕義務

このような場合、誰が修理費等を負担することになるのでしょうか。民法は「賃貸人は、賃貸物の使用及び収益に必要な修繕をする義務を負う」(民法606条1項本文)と定め、使用収益に必要な範囲で賃貸人に修繕義務を負わせています。ですから、契約書に特に規定していない場合には、賃貸人が貸室およびその設備についての修繕義務を負い、賃借人が自分の費用で修繕すれば必要費としてその費用を賃貸人に請求できることになります(民法608条1項)。

(2) 修繕義務の範囲

もっとも貸室およびその設備に毀損・損耗等があれば、常に賃貸人が修繕しなければならないというわけではなく、軽微なものは除かれます。ちなみに昭和30年代までの判例の中には、毀損などが居住に「著しい支障」を与える場合に賃貸人の修繕義務が生ずると読めるものがあり(最判昭和38年11月28日民集17巻11号1477頁)、総じて賃貸人の修繕義務の範囲を狭く解する傾向にありました。しかし、このような判例の傾向は地代家賃統制令の適用などで家賃が低く抑えられていたという特殊な事情が影響していたと考えられており、「著しい支障」を与える場合という基準を一般化することには疑問があります。

現在では賃貸人側は、設備を充実させればその分賃料を高くするなど、貸室内の設備に見合う賃料設定を行っていますので、設備に支障が生じれ

ば賃貸人側でその修理をするのが公平であると考えられています。そこで、学説では「著しい支障」の場合に限定することなく、広く「通常の支障」を与えるものであれば賃貸人の修繕義務を認めようとする傾向にあります。

　例えばエアコンが故障した場合、確かにその貸室内に住むことはできますが、享受できるはずの空調上の快適性が損なわれる以上、貸室の使用に支障があるということで、エアコンの修理費用は賃貸人が負担すべきことになります。実際に裁判となった事例として、貸室内でレストランを経営する賃借人が、空調機が使用不能になったため、賃貸人に対し、空調機の交換を求めたケースがあります。このケースにおいて、裁判所は、空調機の使用不能によってレストランの営業に支障が生じていることを認定した上で、賃貸人側に空調設備の「補修及び取替えの義務がある」と明示し、賃借人の請求を認めました（東京地判平成20年11月28日）。

■ 賃借人が費用を負担する場合

　他方、賃借人の責に帰すべき事由によって修繕が必要となったときは、賃貸人に修繕義務はなく（民法606条1項ただし書）、また仮に賃借人がその修理費を支出したとしても、その費用は、賃貸人の負担に属する必要費とは言えないため、賃貸人に償還を請求することはできず、賃借人の負担となります。例えば賃借人の子供同士が喧嘩をし、エアコンなどのリモコンを投げつけ破損させた場合の修理・交換費用などです。またペットによる室内設備の毀損等も賃借人側で修理費用を負担すべき場合の一つです。共同住宅の賃貸物件においては、室内でペットを飼育するケースが多くなるためトラブルになりやすく、この点に関し賃貸人も賃借人も注意が必要です。なお、このような場合、修繕されないまま賃貸借契約が終了すると、原状回復義務の問題として、その義務の範囲等が検討されることになるでしょう。

■ 以上の例外

　貸室内の設備が従前の賃借人が持ち込み、残置したものにすぎない場合、賃貸人も賃借人もそれを利用することはできても、その修繕義務を負うべきものではありません。しかし、単なる残置品かどうかは、賃借人にはわからないことが多いので、賃貸借契約で明示したほうがよいでしょう。

芝大門法律事務所　弁護士　田村佳弘

構造的欠陥の修繕義務

賃貸建物に不同沈下や強風時のひどい揺れがある場合、建物の構造部分について修繕義務を負うのでしょうか。

■ 賃貸人の修繕義務に関する規定

賃貸人は、賃貸借契約において、賃借人に対し、目的物を使用収益させる義務を負っています（民法601条）。その当然の結果として、賃貸人は、契約の目的に従って目的物を使用収益できなくなった場合には、これを修繕する義務を負っています（民法606条1項本文）。ただし、修繕が必要となった理由が、賃借人の責めに帰すべき事由によるときは、この限りではありません（同項ただし書）。また、後述のようにそもそも修繕が可能であることが前提となります。なお、賃借人は勝手に修繕をすることができないのが原則ですが、一定の場合には、賃貸人に代わり修繕をすることができます（民法607条の2）。

■ 修繕の要否の判断──構造的欠陥と契約目的──

修繕の要否は、賃貸借契約の条件の下であるべきものとして契約内容に取り込まれていた目的物の性状を基準に判断されるべきであり、仮に目的物に不完全な箇所があったとしても、それが当初から予定されたものである場合には、それを完全なものにするべき修繕義務までは賃貸人は負わないと考えられます（京都地判平成19年9月19日。目的物が契約当時既存不適格建物であり、これが契約の当然の前提とされた事案）。

目的物の不完全な箇所が当初から予定されていたと言えるか否かは、賃貸借契約締結の経緯などを踏まえて具体的に検討することになります（前掲京都地判平成19年9月19日参照）。

本問のように、不同沈下や強風時のひどい揺れがあり基礎の構造をやり直さなければならない事案では、この構造的欠陥が契約時に予定されていなかったものであれば、契約の目的に従って使用収益できるようにする修繕の必要性が認められます。

賃貸人の立場からすれば、修繕の要否に関する紛争を予防するため、賃貸借契約成立に至る過程の中で、目的物の不完全な箇所が顕在化した場合

などには、修繕の要否や範囲を契約書等で明記しておくことが望ましいといえます。

修繕の可否の判断
──構造的欠陥の修繕に莫大な費用を要する場合──

それでは、当初から基礎の構造をやり直さなければならないような欠陥があり、その修繕に再築と同等の莫大な費用を要する場合にも、賃借人からの求めがあれば、賃貸人はこれに応じなければならないのでしょうか。

そもそも修繕義務が認められるためには、修繕が可能であること（修繕不能でないこと）が必要です。そして、修繕の可否は物理的ないし技術的観点のほか経済的ないし取引上の観点からも判断されるため、再築と同視されるほどの莫大な費用を要する場合は、修繕義務がない（修繕不能）と判断される可能性があります。この場合、賃貸人は修繕に応じる必要はない（そもそもできない）ということになります。

本問でも修繕に莫大な費用を要するときは、修繕不能となる可能性があります。

賃貸人による修繕義務の不履行への対応

賃借人は、通知をしても賃貸人が修繕義務を履行しない場合には、自ら修繕をすることができます（民法607条の2）。この場合、費用の償還については、別途費用償還請求の規定（民法608条）によることとなります。

さらに、賃借人は、賃貸人の修繕義務の不履行が軽微でない場合は、催告の上、賃貸借契約を解除することができます。契約を解除した場合、賃借人は、賃貸借契約を終了させ、建物を明け渡すことに起因して発生した損害（引越し費用等）の賠償を求めることになります。

目的物の使用収益ができないことに関する規定

例えば本問のような構造的欠陥により賃借人が目的物の一部を使用収益することができないときは、それが賃借人の責めに帰すべき事由によらない限り、使用収益ができなくなった部分の割合に応じて当然に賃料が減額されます（民法611条1項）。さらに、賃借人の帰責性の有無を問わず、目的物の一部を使用収益することができず、残存部分のみでは賃貸借契約の目的を達成することができないときは、賃借人は賃貸借契約を解除することができます（民法611条2項）。また、目的物の全部が使用収益できないときは、賃貸借契約は終了することになります（民法616条の2）。

そとだて総合法律事務所　弁護士　外立和幸

Q 3-21 賃貸当初からの欠陥

老朽建物を低廉な賃料で賃貸しましたが、賃貸当時から存在する破損汚損部分についても修繕義務を負うのでしょうか。

■ 賃貸人の修繕義務

賃貸人は、賃借人に対し、賃料を受領する権利に対応して賃貸物を使用収益させる義務があります（民法601条）。そしてこの使用収益させる義務から派生する義務として賃貸物の使用および収益に必要な修繕をする義務があります（民法606条1項本文）。

■ 修繕義務の有無——裁判例

隣室との境がベニヤ板1枚の遮音不完全な共同住宅を賃借する賃借人が賃貸人に対し、防音の修繕を請求した簡裁事件です。簡裁判決に対する控訴審判決は賃貸人の修繕義務を次のように判示しました（東京地裁昭和55年8月26日判時992号76頁）。

「民法の定める修繕義務とは、賃貸借契約の締結時にもともと設備されているか、あるいは設備されているべきものとして契約の内容に取り込まれていた目的物の性状を基準として、その破損のために使用収益に著しい支障の生じた場合に、賃貸人が賃貸借の目的物を使用収益に支障のない状態に回復すべき作為義務をいうのであって、当初予定された程度以上のものを賃借人において要求できる権利まで含むものでない」

上記事件は上告され、上告審判決は次のように判示しました（東京高裁昭和56年2月12日判時1003号98頁）。

「契約当初から賃借物に欠陥が存しても、賃貸人が修繕義務を負うべき場合とそうでない場合があり、その区別は、もともと賃貸人の修繕義務は賃借人の賃料支払義務に対応するものであるところからして、結局は賃料の額、ひいては賃料額に象徴される賃借物の資本的価値と欠陥によって賃借人がこうむる不便の程度との衡量によって決せられる」

次に既存不適格建物を目的物として賃借した賃借人から賃貸人に対し、目的物に建築基準法の基準を満たす耐震工事の修繕を請求した事件です。

判決は賃貸人の修繕義務を次のように判示しました（京都地裁平成19年9月19日）。

「（賃貸人の）修繕義務の内容は、当該契約条件のもとであるべきものとして契約内容に取り込まれていた目的物の性状を基準として判断されるべきものであり、仮に目的物に不完全な箇所があったとしても、それが当初から予定されたものである場合には、それを完全なものにするべき修繕義務を賃貸人は負わないというべきである」

■ 本問に対する考え方

以上の各裁判例から、賃貸人の修繕義務は、①賃貸借契約で予定された目的物の性状と、②現実の目的物の性状との間に落差があって、③このままでは賃借人の賃借目的に適う使用収益が阻害される場合に発生すると言えます。

本問では、賃貸借の目的物は老朽建物で既に破損汚損部分が存在しています。賃貸借契約締結の際には以上の目的物の性状を考慮に入れて低廉な賃料で契約が締結されています。そうすると、当該目的物は、前記①の条件である「予定された性状」と②の条件である「現実の性状」との間に「落差」がありません。③の条件である「使用収益」が現実にはある程度阻害される場合があるのかも知れませんが、許容の範囲となりそうです。そうだとすれば本問の答えは、賃貸人は、賃借人に対し、原則として当該破損汚損部分の修理をする義務はないという結論になります。

■ 応　用

その後賃貸人の修理が無いままに賃借人が目的物の使用を継続していたところ、破損汚損部分が拡大しました。どうなるのでしょうか。

破損汚損の拡大が賃借人の責めに帰すべき事由に基づいていたとき、賃貸人の修繕義務は発生しません（民法606条1項ただし書）。破損汚損の拡大が別の事由で拡大したときには、当該拡大部分が前記「本問に対する考え方」の①の条件と②の条件を満たし、③の条件の当初許容範囲を超えているならば、賃貸人の修繕義務が発生します。但し、修繕すべき内容としては、最大でも当初の破損汚損の程度までです。

山口法律事務所　弁護士　山口昭則

Q 3-22 シックハウス

賃借建物の内装に使われた新建材のため病気になったのですが、賃貸人に対して損害賠償を請求できるのでしょうか。

■ 新建材と健康被害

　建物の内装材に新建材を使用すると、ホルムアルデヒドなどの新建材特有の臭気が室内に漂ったり、接着剤からの微量な化学物質の発散によって、人体に化学物質過敏症や視覚機能障害、あるいは喘息とかアトピー（いわゆるシックハウス症候群）が引き起こされることがあるといわれています。ただし、どのくらいの量だと人体に有害か、あるいは無害かの判定は、個人差もあってなかなか難しく、学会においても健康被害との因果関係が完全に承認されているとまではいえません。厚生労働省は、シックハウス対策として、化学物質の室内濃度指針値とその標準的測定方法を、「室内空気中化学物質の室内濃度指針値及び標準的測定方法について」と題する平成12年6月30日付生活衛生局長通知、平成14年2月7日付医薬局長通知および「化学物質の室内濃度指針値についてのQ＆A（2019年1月17日付）」で公表しており、参考になります。また、建築基準法に基づく規制が平成15年7月1日から施行されています（同法28条の2第1項3号、同法施行令20条の5～20条の9）。

■ 賃貸人の目的物提供義務

　賃貸借契約は、賃貸人が賃借人に物の使用収益をさせ、賃借人が賃料を支払う契約ですから、建物を賃貸した賃貸人は、賃貸建物を賃借人に対して通常の使用に適する状態で提供する契約上の義務があります。居住を目的とするものであれば、賃貸人は賃借人に対し、建物を居住者の健康上も適合するような居住環境にして提供すべき義務があるのです。

　したがって、賃貸人が賃貸借契約に基づいて建物を賃借人に使用させたとしても、その建物が内装材として使われた新建材の臭気が室内に漂い、接着剤に含まれる化学物質が発散していて、社会通念上、居住に適するような状態ではないとすれば、賃貸人は不完全な履行をしたことになります。

■ 責めに帰すべき事由

　しかし、賃貸人がこのような建物を賃貸したからといって、直ちに賃借人が賃貸人に損害賠償を請求できるわけではありません。損害賠償を請求するには、賃貸人に「責めに帰すべき事由」、すなわち故意・過失があることを必要とします。新築建物を賃貸した場合は、賃貸人から建築工事を受注した施工業者の故意・過失も、賃貸人の故意・過失と同視できると考えてよいでしょう。そして賃貸人に故意・過失がなかったことは、賃貸人側が証明しなければなりません。なお、ホルムアルデヒド等の有害化学物質の発生源が家具の場合もあり、その場合は賃貸人の責任とは言えないでしょう。

■ 結　論

　故意・過失の有無は、個別的な事案ごとに検討すべき事柄ですが、居住者が病気になることを見越して新建材を使った建物を建て、これを賃貸する賃貸人は、まずいないでしょうから、故意が問題になることは稀なケースだと思います。また、賃貸人（建物所有者）が、一般の施工業者に建築を発注し、施工業者が市販の標準的な新建材を使った場合を想定すると、賃貸人には過失はないと判断されるケースが多いと思います。なぜなら、専門知識が必ずしもあるとは言えない賃貸人や施工業者が、化学物質過敏症の発症の可能性を予見することは、困難であると考えられますし、建築にあたり化学物質を含む新建材は一切使わないことを要求するのは、経済的見地からも現実的ではありません。また、化学物質過敏症の発症は各人の体質にも関係し、必ずしもすべての人が同じ環境のもとで必然的に発症する性質のものではないからです（横浜地裁平成10年2月25日判時1642号117頁、札幌地裁平成14年12月27日、建築請負契約の事例）。なお、折込チラシやパンフレット等に環境物質対策基準に適合した住宅と表示した分譲マンションの売買契約の事例ですが、売主の瑕疵担保責任による契約解除と損害賠償を認めた裁判例があります（東京地裁平成17年12月5日判時1914号107頁）。

　こうした紛争を防止するためにも、新築建物を賃貸する賃貸人は、建物の管理において、換気を十分にし、場合によっては化学物質を発散させる「ベークアウト」をするなどの対策が考えられます。また、賃借人においては、契約する前に、自らの体質になじむ材質かどうか注意するよう心がけたいものです。

アウル総合法律事務所　弁護士　松村恵梨

老朽アパートの修繕責任

3-23 アパートが古く、入居者からの器具の取替えや修理の要請が続いていますが、賃貸人はこの要請に応じる必要がありますか。

■ 賃貸人の修繕義務に関する判例の見解

　建物が老朽化して、まだ建替えの時期に至っていない段階でも、賃借人は、その建物の状態に見合った通常の使用および収益をする権利がありますので、賃貸人の修繕義務は軽減・免除されません。ただし、現状のままでも賃借人側の受ける損失が小さく、その使用収益に差し支えないものにあっては、賃貸物に破損等が生じていたとしても、賃貸人が修繕義務を負担するものではなく（東京地判平成25年2月25日判時2201号73頁）、将来的に修繕工事が不可避になるものであっても、賃貸人は修繕義務を負わないとされています。

　また、賃貸物の瑕疵を修繕するのに、新築物件に匹敵するような不相当に多額の費用がかかる場合には、経済的に修繕不能といえますので、賃貸人は修繕義務を負いません。この点、東京高裁昭和56年2月12日判時1003号98頁は、「もともと賃貸人の修繕義務は、賃借人の賃料支払義務に対応するものであるところからして、結局は賃料額に象徴される賃借物の資本的価値と欠陥によって賃借人が被る不便の程度との衡量によって決せられ」「その修繕に不相当に多額の費用を要する場合、すなわち賃料額に照らして採算の採れないような費用の支出を要する場合には、賃貸人は修繕義務を負わない」と判断しています（3-21参照）。反対に、賃貸人の支出を少なく見積もっても賃料の数か月分を超える程度の支出を要する状態では、修繕不能の域に達していると認めることはできません（東京地裁平成3年5月29日判タ774号187頁）。

　さらに、瑕疵の原因が、賃借人の責めに帰すべき事由による場合には、修繕義務を負いません（民法606条1項ただし書）。この場合、賃貸人から賃借人に対して、瑕疵を生じさせたことに対する損害賠償請求が可能となります。

■ 器具が賃貸借の目的物に含まれている場合

　例えば、壁や屋根等の修理であれば、建物そのものの一部であるといえますので、通常の支障（年に何回も雨漏りをする等）があれば、修繕はやむを得ません。賃貸借契約時に取り付けてあった器具等が賃貸借の目的物に含まれている場合には、原則として賃貸人が修繕することになりますが、単に前賃借人が残していった器具をそのまま使わせていたような場合には、賃貸人がその修理をする必要はありません（3-19参照）。器具が賃貸物の目的物に含まれているかどうかの判断は、賃貸借契約時の契約書の文言、口頭での説明、広告内容、賃料額等によって変わります。後の争いを防ぐ意味で、事前に契約書に明記しておくことも検討されるべきでしょう。

■ 契約当初からの欠陥の場合

　修理を必要とする欠陥が賃貸借契約の成立当時から存在している場合であっても、原則として賃貸人の修繕義務は発生します。ただし、特に中古アパートの賃貸借契約においては、賃料額もそれに応じて低廉になっていることが多いと思われます。この場合には、賃料額に象徴される賃借物の資本的価値と欠陥によって賃借人が被る不便との程度の衡量により、賃借人が我慢して当然といえる場合には、賃貸人は修繕義務を免れるものとされています（東京高裁昭和56年2月12日判時1003号98頁）。

■ いわゆる改良費にあたる場合

　例えば、これまでなかったエアコンの取付けを要求されたような場合には、それだけ居住の快適さが向上しますので、賃料を大幅にアップする等のような特別な事情のない限り、新たな器具の取付けまで責任を負いません。賃料値上げや更新料支払時に、賃借人からこのような要求がなされることもありますが、これに応じる必要はありませんし、更新料にはこのような趣旨は含みません。

　なお、修繕費がかかっただけでは、原則として賃料増額の理由にはなりませんが、改良費についての利用価値はある程度賃料に転嫁することは可能です。

ことぶき法律事務所　弁護士　石坂大輔

低家賃アパートの修理責任

3-24

低額で貸しているアパートの賃借人から、隣室との間に遮音措置を講じて欲しいと要求されました。応じる必要がありますか。

■ 結 論

修理をしないでよい場合があります。なお、話し合いで円満に賃貸借契約を合意解除することも考えられます。

■ 賃貸人の修繕義務

賃貸人は、賃貸借契約で特別の取決めをしない限り、賃借人に対し、賃貸した物の使用および収益に必要な修繕をする義務を負います（民法606条1項本文）。例えば、蛇口や配管が壊れた場合は、賃借人は通常の使用ができなくなるので、賃貸人が修理する責任を負うことになります。賃貸人が相当の期間内に修繕しない場合は、賃借人が修繕した上で、その費用を請求される場合があります（民法607条の2、608条）。

もっとも、修繕費用が高額に上る場合、例えば新築するのと同様の費用がかかるような場合にまで賃貸人に費用を負担させることは、賃貸人と賃借人との間の公平に反するといえますので、そのような場合には、賃貸人は修繕する義務を負わないとされています（後掲裁判例参照）。

■ 賃貸借契約に修繕義務の免除を定める方法

賃貸人の修繕義務は、賃貸借契約によって排除することができます。すなわち、賃料が低い場合に多額の修理費用が発生した場合、これを賃料で賄うことが困難なことがあります。そのため、予め賃貸借契約の中で、「貸主は、本物件の修繕義務を負わない」という条項を定めておくことで、修繕義務を免れることができます。

■ 契約当初から生じていた欠陥についても義務を負う

賃借物の破損や欠陥は、一般には賃貸借契約を締結して賃借物を引き渡した後に生じることが多いといえます。もっとも、壁の遮音効果が小さい

など、賃貸借契約締結時から欠陥や破損があるときにも、契約で修繕義務が免除されていない限り、賃貸人が修繕義務を負うのが原則です。そのため、賃貸人としては、賃貸借契約時に生じていた破損や欠陥について認識しており、これを修繕しないで賃貸しようとするときは、その破損や欠陥について告知をした上で、特約事項に「賃貸借契約時において本物件に既に生じていた破損や欠陥について、賃貸人は責任を負わない」と規定することが考えられます。

■ 告知義務について

どのような場合に、賃貸借契約に当たって賃貸人が賃借人に対して告知すべき義務を負うか、という点については、個々の賃貸借における具体的事情に応じて信義則上定められるものとされます。本件に即していうと、アパートの隣室との壁の遮音性は、賃借人が内覧の際に、壁をノックするなどすれば容易に判断できるといえますので、あえて賃貸人が告知義務を負うとはいえないでしょう。

■ 本件について

例えば、月額賃料が3万円であり、修繕費用が30万円に及ぶ場合は、賃料自体も低廉であること、賃貸借契約締結時から壁の遮音性が乏しいことを賃借人も認識し得たことなどからすると、賃貸人が遮音工事を行わないでよい場合に当たると考えられます。もっとも、賃借人から執拗に修繕を求められたり、訴訟を提起されたりするとなると、賃貸人としても修繕費用に等しい、あるいはこれを超えるコストを負担するリスクがありますので、例えば敷金を返還した上、明渡しまでの3か月程度の賃料を免除することなどを条件として、賃貸借契約を合意解除するという方法も考えられます。

■ 裁判例

賃貸人の修繕義務は、賃借人の賃料支払義務に対応するものであるから、賃貸人が修繕義務を負うべき場合は賃料の額、ひいては賃料額に象徴される貸借物の資本的価値と、欠陥によって賃借人が被る不便の程度との考量によって決せられる、とされています（東京高判昭和56年2月12日判時1003号98頁、名古屋高判平成15年9月24日）。

リレーション法律事務所　弁護士　川　義郎

無断改装と契約解除

3-25 内装工事は賃貸人の承諾を得て行うとの約定でしたが、賃借人が無断で工事を強行しました。賃貸借契約を解除できますか。

■ 無断改装と義務違反

　建物賃貸借契約において、賃借人は、他人所有の建物を賃借して使用することから、用法遵守義務（民法616条、594条）ないし保管義務（民法400条）を負担しています。そのため、無断改装禁止特約がなされているかどうかにかかわらず、賃借人が無断で改装を加えることは、用法遵守義務ないし保管義務に違反し、許されないのが原則です。もっとも、当該内装工事が建物の修繕のために必要である場合において、①賃借人が賃貸人に修繕が必要である旨を通知し、または賃貸人がその旨を知ったにもかかわらず、賃貸人が相当の期間内に必要な修繕をしないときや②急迫の事情があるときは、賃借人による修繕が認められます（民法607条の2）。

■ 契約解除との関係

　賃貸人が、賃借人による無断改装を理由に賃貸借契約を解除する場合でも、原則として、解除の意思表示をする前に、賃借人に対し、改装行為を中止し、相当の期間内に原状回復するよう催告することが必要です。ただし、賃借人の違反行為の程度が強く、もはや賃貸借契約の継続を著しく困難ならしめるような不信行為と認められるときは、例外的に賃貸人は催告をすることなく、契約を解除することができます。他方、賃借人が無断で改装し、これが義務違反になるとしても、賃貸人との信頼関係を破壊するに至らない「特段の事情」があるときは、賃貸人の契約解除が制限されることになります。

　契約解除を否定した裁判例として、東京地裁昭和31年12月14日下民集7巻12号3627頁は、賃借人が建物の根本構造は変えずに、玄関入口の土間を板張りにし、畳の一部を板張りの土間に改造し、玄関のガラス戸を入れ換え、電気の配線を変える等の造作をした上、柱の腐った部分を修理し、壁を塗り直して美容院営業を開始したという事案において、改装が賃借人

のやむを得ない事情に基づく場合は、その改装が相当の限度を超えず、賃貸人に著しい不利益を与えるものではない限り賃貸借契約の解除はできないと判断しました。この事案では、改装により建物としての価値がむしろ増加したことや、従前も賃借人が営業のために模様替えをしていたことを賃貸人が認容していたといえる事情があったことから、改装が相当の限度を超えるものではなく、賃貸人に著しい不利益を与えるものでもないと認定され、契約解除は認められませんでした。

反対に、契約解除を肯定したものとして、横浜地裁昭和28年8月17日下民集4巻8号1152頁は、賃借物件でパチンコ屋を経営していた賃借人が、パチンコ台の邪魔になる場所の柱2本を切り取り、これにより2階が墜落する危険を防止するため、別に柱1本を単に梁の下にあてがうなどした事案において、賃借人が行った改装は、建物の保存上の危険を増加させた上、その復元が困難なものであり、もはや建物毀損に近いと判断し、保管義務違反による賃貸借契約の解除を認めました。また、東京地裁平成22年5月13日（事件番号：平成21年（ワ）第14600号）は、店舗を賃借していた賃借人が、賃貸人に無断で建物入口に木枠を設置したり、外壁を塗装したり、内装を施したりした上、賃貸人から木枠の撤去を求められても応じなかったという事案において、他の契約違反行為の存在も認定しつつ、遅くとも契約解除の意思表示をするまでの間には、賃貸人および賃借人間の信頼関係は破壊されていたと判断し、契約の解除を認めました。

以上の裁判例も示すとおり、賃借人の無断改装が、小規模で復旧が容易であり、借家の利用上必要かつ有益なものであるような場合は、信頼関係の破壊に当たると認めるに足りない「特段の事情」があるとして、契約解除は認められません。反対に、無断改装が建物の構造自体を変更する大規模なものであったり、原状復旧が困難であったり、あるいは賃貸人の制止を無視して強行されたものであるような場合には、「特段の事情」があるとは言えず、解除が認められることになります。

■ 実 例

以上の裁判例から導かれる一般的な考え方をもとにすると、例えば壁紙を張り替えたりカレンダーをかけるためのフックを壁につけたり、ガラスに紫外線防止のシールを張ったりする程度であれば、契約解除の理由にはならないでしょう。

弁護士法人パートナーズ法律事務所　弁護士　寺澤春香

Q 3-26 室内工事

室内工事をしたいのですが、賃貸人の承諾は必要ですか。賃貸人が承諾しない場合には、どうしたらいいですか。

■ 室内工事の種類

室内工事の種類としては、増改築・模様替え・造作の取付け等と、修繕工事の2つの場合が考えられます。

■ 使用収益させる義務および用法遵守義務

賃貸人は、賃借人に対し、賃借物の引渡しのみならず、契約の内容に従い、賃借物を使用収益するのに適した状態におく義務を負います（使用収益させる義務、民法601条）。他方、賃借人は、賃貸人に対し、契約またはその賃借物の性質に定まった用法に従い、賃借物を使用収益する義務を負います（用法遵守義務、民法616条、594条1項）。

また、通常の建物賃貸借契約では、増改築・模様替え・造作の取付け等について賃貸人の承諾を要する旨の特約が存在することが一般的です。

■ 増改築・模様替え・造作の取付け等の場合

賃貸人の承諾を得ずに、賃借物の毀損を伴う室内工事を行うと、賃借人は、用法遵守義務違反を問われる可能性があります。特に、建物の躯体の毀損を伴う室内工事（例えば、建物の鉄筋を切断するような工事）は、用法遵守義務違反に問われる可能性が高いと思われます。

しかし、それでは、賃貸人が室内工事を承諾しなければ、賃借人は室内工事を一切実施できないことになりかねません。

そこで、賃借人は、賃貸人に対し、賃貸人の負う使用収益させる義務には室内工事の承諾義務が含まれていると主張できるのでしょうか。

この点について、居住用の建物において、賃貸人が賃借人からの電話設備設置工事について承諾しなかったため、賃借人が賃貸人に対して承諾を求めた事案（東京地裁昭和60年8月30日判タ611号74頁）では、「社会通念上本件貸室のような居住用の建物を利用するのに不可欠な設備の場合に

は、このような設備を設置し又は賃借人において設置のため賃借建物に変更を加えることを承諾することは、賃貸人の賃貸物を使用収益させる義務に包摂されると解すべき」とした上で、「電話設備については、今日の社会通念上も未だそのような建物利用に不可欠な設備とまではいえない」として、賃貸人の承諾義務は否定されています。

上記の裁判例によれば、賃借人による室内工事について、賃貸人が承諾義務を負うかは、建物利用に不可欠の設備か否かを社会通念に照らして判断することになります。

なお、賃貸人の承諾を得ることなく、賃借人が室内工事を実施した場合であっても、賃貸人と賃借人との間の信頼関係を破壊するものでない限り、契約の解除は認められません（信頼関係破壊の法理）。

また、賃借人が、室内工事によりエアコン等の造作物を設置した場合に、将来、賃貸借契約の終了時に造作買取請求権を行使するためには、造作物の設置につき賃貸人の同意を得ておくことが必要になります（借地借家法33条）。

■ 修繕工事の場合

賃貸人は、使用収益させる義務の一環として、賃借物に修繕が必要となった場合には、賃貸人自ら賃借物を修繕する義務を負います（民法606条1項）。

一方、賃借人は、賃借物の修繕が必要なときは、遅滞なくその旨を賃貸人に通知しなくてはなりません（民法615条）。

賃借物に修繕が必要な状況であるにもかかわらず、賃貸人が賃借物を修繕しない場合には、①賃借人が賃貸人に修繕が必要である旨を通知し、または賃貸人がその旨を知ったにもかかわらず、賃貸人が相当の期間内に必要な修繕をしないとき、②急迫の事情があるときには、賃借人自ら賃借物の修繕工事を行うことができます（民法607条の2）。

また、賃借物の修繕は本来、賃貸人がしなくてはならないものですので、賃借人が行った修繕工事の費用は、必要費または有益費（民法608条1項、2項）に該当するものと思われます。そのため、賃借人は、賃貸人に対し、必要費または有益費に該当する修繕工事の費用の償還を請求することができます。

小川法律事務所　弁護士　小川亮太郎

室内点検の認容義務

3-27 入居者から、プライバシーを理由に不在時の室内への立入りを許さないと通告がありました。ガス漏れ点検はできますか。

■ 結 論

ガス漏れ点検など貸室の保存に必要がある場合には、たとえ入居者がプライバシーを理由に不在時の立入りを拒否しても、室内への立入りは可能です。しかし、入居者のプライバシー権は重要ですので、入居者に対する十分な配慮が必要です。

■ 貸室の保守点検は誰の責任か

貸室の保守点検は、通常修繕行為の前提とみるべきもので、賃貸人の修繕義務の一内容をなすものです。貸室の修理修繕は、法律上賃貸人の義務ですが（民法606条1項）、賃借人の責に帰すべき場合には修繕義務は負いません（同項ただし書）。また、民法615条は、修繕を要する箇所がある場合は、賃借人は遅滞なく賃貸人にその旨を通知しなければならないと定めています。

■ 賃借人が点検修理に応じない時はどうか

このように、賃貸人は貸室について修繕、保守点検義務を負っていますが、賃貸人が建物に対し適切な保存行為を実施して、より長く使用収益できるようにすることは当然の権利ですので、賃貸人は修繕する権利や保守点検をする権利を有しているとも言えます。これを賃借人の立場に対応させると、賃借人は賃貸人の修繕、保守点検行為を認めて受け入れる義務があることを意味します。これを法律上賃借人の認容義務と呼んでいます。民法606条2項は、修繕、保守点検が貸室の保存に必要な行為に関する場合には、賃借人はこれを拒むことはできないと定めています。

この点、「被告（賃借人）があくまでこれに応じないならば、建物保存に必要な工事をすることができず、……認容義務の違反は、賃貸借契約をなした目的を達することができない場合に当たり……原告（賃貸人）は、

契約を解除することができる」として、賃借人の認容義務違反を理由に賃貸人の契約解除を認めた裁判例（横浜地裁昭和33年11月27日下民集9巻11号2332頁）があります。他方、入居者のプライバシー権は重要であり、入居者が女性であること、入居者に連絡を取ることが可能であったにかかわらず連絡を取らなかったことから、無断で貸室に入居してクーラーの修理をしたのは債務不履行に当たるとともに不法行為に該当するとした裁判例（大阪地裁平成19年3月30日判タ1273号221頁）があります。

したがって、本問のガス漏れ点検や、火災報知機、水漏れの点検など貸室の保存に必要がある場合には、たとえ入居者がプライバシーを理由に不在時の立入りを拒否しても、室内への立入りは可能です。しかし、貸室の保存に必要な場合でも、入居者のプライバシー権は重要ですので、入居者に連絡を取るなどしてプライバシー権に十分な配慮をする必要があります。もちろん、入居者がどのような生活状況か、掃除が行き届いているかなどを見るための立入りは貸室の保存とはいえませんので、このような場合は、住居侵入罪（刑法130条）に問われる可能性があります。

■ 賃借人が修繕義務を負う場合はどうか

賃借人が修繕義務を負う特約がある場合、修繕が必要になった原因が賃借人にある場合には、賃貸人は修繕義務を履行するために立ち入る必要はありません。しかし、このような場合でも、賃貸人は、平常時においても、ガス漏れ、水漏れの点検や火災報知機などの点検のために定期的に立入りをする必要が生じます。また、上階の漏水により建物の天井部分が落下する事故が起こったにもかかわらず、賃借人は建物修理を拒むことは許されないとした裁判例（東京地裁平成24年9月27日判決）があります。

防災や建物の保全等のために不可欠な保守点検は、修繕義務の有無にかかわらず貸室の保存に必要な行為ですので、賃借人に認容義務があり、賃借人はこれを拒むことはできません。もっとも、点検のための立入りが必要か否か争いになりかねませんので、ガス漏れ点検の必要性、その点検の内容等を入居者に十分に説明し、日程調整をして立ち会うよう求めるなど事前の話し合いをすることが必要です。

木村・角田・座間法律事務所　弁護士　角田　淳

修繕の受忍義務

賃借人には賃貸建物の修繕工事中の不便を受忍する義務がありますか。

■ 結 論

賃借人には、賃貸建物の保存に必要な修繕については、修繕工事により不便が生じたとしてもこれを受忍する義務があります（したがって、賃貸人から修繕のために一時明渡しを求められた場合にはこれに従わなければなりません）。ただし、そのために、賃借をした目的を達することができなくなるときは、賃借人は、契約を解除することができます。

■ 賃貸人の賃貸建物の修繕義務

賃貸人には、賃貸建物を賃借人に使用・収益させるために、必要な修繕をする義務があります（民法606条1項本文）。かかる賃貸人の修繕義務の発生要件として、賃貸建物の破損等により、使用収益に障害が生じていることが必要です。その障害は、賃貸借契約成立後に生じたものに限らず、賃貸借契約成立当時に存在していたものでも要件を充足しますし、また、不可抗力により生じた場合でも要件を充足します。

ただし、賃貸建物の破損が「賃借人の責めに帰すべき事由によってその修繕が必要となったとき」には、賃貸人の修繕義務は生じません（民法606条1項ただし書）。

なお、賃貸建物を賃借人に使用・収益させるために、必要な修繕をすることは前述したように賃貸人の義務ですが、他方で修繕は権利としても認められることを示した裁判例も存在するところです（東京地裁平成24年9月27日ウエストロー・ジャパン）。したがって、賃借人の責めに帰すべき事由によって賃貸建物の修繕が必要となった場合であっても、賃貸人が修繕を行うことは認められます。

■ 賃借人の修繕の受忍義務

前述の民法606条1項が規定する修繕は、賃借人の協力がないと実施できないという場合も現実にはありうるところです。そうである以上、賃借

人の意思いかんによっては、保存に必要な修繕がなされないまま放置されてしまい、賃貸建物の価値が低下してしまう事態も懸念されます。

かかる不都合を回避すべく、民法606条は、第2項において、賃貸建物の保存に必要な修繕のために使用収益に障害が生じても、賃借人は賃貸人による修繕を拒むことができず、修繕を受忍する義務があると定めています。すなわち、賃借人は、建物の保存のために必要な修繕を行うことを理由として、賃貸人に一時明渡しを求められたら、それに従わなければなりません。この点に関し、横浜地裁昭和33年11月27日民集9巻11号2332頁は、賃借人がこの受忍義務に違反して明渡しを拒むことは、賃貸借契約の解除事由となると判示しています。

■賃貸人の賃貸建物の修繕に対する賃借人の契約解除

賃貸人は賃貸建物の保存に必要な修繕をなす権利ないし義務があり、賃借人がこれを拒むことはできないことについては、前述したとおりです。しかし、賃借人はかかる修繕に伴ういかなる損害についても甘んじて受忍しなければならないとなれば、それは不合理です。そこで、民法607条は、賃貸人が賃借人の意思に反して賃貸建物を修繕するなどの保存行為をする場合で、そのために賃借をした目的を達することができなくなるとき（例えば、賃借人が住居や営業のために必要不可欠な部分を失ってしまうとき）は、賃借人は賃貸建物の賃貸借契約を解除することができるとし、賃貸人と賃借人間の衡平を図っています（なお、汚水槽や貯水槽の清掃作業により、岩盤浴場の営業という賃借人の目的が達せられなくなるとはいえないとして民法607条による解除を認めなかった裁判例があります。東京地裁平成19年11月8日ウエストロー・ジャパン）。

■民法改正による影響

民法改正による変更は、606条1項にただし書として「ただし、賃借人の責めに帰すべき事由によってその修繕が必要となったときは、この限りでない」との一文が追加された点です。改正前の民法には、賃借人の責めに帰すべき事由により修繕が必要な状況になった場合の処理について特段の規定はありませんでしたが、このような場合にまで賃貸人が修繕義務を負うとするのは不公平であることから、明文化されました。もっとも、賃借人の受忍義務についての規定には変更がないところであり、受忍義務の帰趨に与える影響は特段ないと思われます。

虎門中央法律事務所　弁護士　山下大輝

改装工事の騒音振動

3-29
業者に依頼して改装工事を行ったところ、階下の住人が騒音等を理由に賠償を求めてきました。応ずる必要がありますか。

■ 騒音、振動に対する損害賠償の根拠と要件

集合住宅では、他の住人との間で、日常生活における音や振動の影響を受けることは避けられません。階上の住人が床を歩く際の音や振動、テレビや音響機器等の音、時として居室内を補修する工事の音などは、社会通念上、一定の限度で受忍しなければならないでしょう（3-12参照）。

しかし、音や振動が、社会通念上、受忍限度を超え、他人の権利や一定の生活上の利益を侵害し、侵害につき故意または過失があるときは、不法行為（民法709条）による賠償責任を負わなければなりません（なお、賠償以外にも、差止請求が認められたり、賃貸人から賃貸借契約を解除されたりすることもあります。集合住宅でラジオを大音量で聞くなどの騒音につき解除肯定例・東京地判平成22年11月19日、ライブハウスの騒音振動等につき解除否定例・東京地判平成13年7月6日。3-8、3-11参照）。

■ 受忍限度を超えるか否かの判断

本問に戻ると、賠償責任の成否は、改装工事による音や振動で、階下の住人に受忍限度を超える損害を与えたか否かによって判断されます。

では、受忍限度を超えるとは、どのような場合でしょうか。集合店舗ビルのライブハウスによる振動騒音による直上階レストランの例（東京地判平成3年7月29日判時1425号83頁）、マンション上階の居住者が1年以上にわたり床を叩くなど騒音を立て居室のドアを殴打するなどした例（東京地判平成19年4月18日）の肯定例があります。マンションの改装工事の例では「騒音・振動が受忍限度を超えているかどうかは、当該工事によって発生した騒音・振動の程度、態様及び発生時間帯、改装工事の必要性の程度及び工事期間、騒音・振動の発生のより少ない工法の存否、当該マンション及び周辺の住環境等を総合して判断すべき」とした裁判例が参考になります（東京地判平成9年10月15日判タ982号229頁）。

さらに、騒音等の例を裁判例で見ていくとき、次の点にも注意が必要です。第1に、受忍限度を超えるかは、人の主観ではなく、騒音規制法、振動規制法や各自治体の条例が定める基準値が参考値とされ、重要な判断要素の一つとなります（東京地判平成26年3月25日、東京地判平成21年10月29日等参照）。もっとも、法令違反が明らかであれば受忍限度を超えるかといえばそうではありません。集合住宅の例ではありませんが、生コンの製造施設の騒音、粉じんによる被害について、最高裁は、建築基準法や公害防止条例の違反という事情のみを重視して、受忍限度論によらずに民事上の違法性を認めることはできないとして、原審を破棄し差し戻しました（最判平成6年3月24日判時1501号96頁。原審は東京高裁平成元年8月30日）。第2に、受忍限度を超えるかどうかは、騒音の原因や態様ごとに分析を要することがあります。前掲裁判例（東京地判平成9年10月15日）では、騒音の音量だけで判断するのではなく、ダイヤモンドカッターの使用、台所の既存タイルはがし工事の時期に受忍限度を超えたと認めましたが、振動ドリルの使用、釘打ちによる伝搬音につき、ばらつきが大きい、瞬間的で散発的などの理由で、立証が不十分とし、受忍限度を超えたとは認められないと判示しています。

■ 賃借人が賠償義務を負うか

さて、本問では、賃借人が注文者となり、業者に工事を請け負わせています。受忍限度を超えている場合、賠償責任を負うのは、賃借人でしょうか。前掲裁判例（東京地判平成9年10月15日）は、賃借人と工事業者の双方が訴えられた事案で、賃借人には、改装工事を注文したことに過失がなく、施工方法の指図もしていないとして責任を認めませんでした。どのような場合に裁判所が賃借人に責任を認めるかは、さらに事例の集積を待つ必要がありそうです。

■ 賠償すべき損害の範囲

受忍限度を超えたときであっても、賠償範囲については別途検討が必要です。慰謝料のほか、振動による物品破損の弁償などは賠償範囲と考えられますが、一時避難のためのホテル代等については、騒音の音量、持続時間、総時間等に照らし当然に認められるということにはなりません（東京地判平成9年10月15日。3-30参照）。

小西法律事務所　弁護士　小西麻美

改修工事期間中の居住不能

賃借人は、改修工事期間中の賃料の支払を免除されますか。ホテルで宿泊した場合は宿泊費も請求できますか。

■ 法律の規定

民法606条は、①賃貸人が賃貸物の使用および収益に必要な修繕義務を負うこと（ただし、賃借人の帰責事由により賃借物に修繕の必要が生じた場合には、賃貸人は修繕義務を負わない（同条1項ただし書））、②賃貸人が賃貸物の保存行為を行う権利を有すること、③賃借人は賃貸人の保存行為を認容する義務を負うことを定めています。したがって、賃貸人が賃貸物たる居室の保存に必要な範囲で居室内の改修工事を行う場合、賃借人はこれを拒否できず、拒めば契約解除原因となることもあります（横浜地裁昭和33年11月27日下民集9巻11号2332頁）。

また、賃借物の一部が使用収益できなくなった場合、それが賃借人の責めに帰することができない事由によるものであるときには、使用収益できない部分の割合に応じて賃料が減額されます（民法611条1項）。

■ 改修工事期間中の賃料支払義務について

では、居室内の改修工事に数日を要した結果、その間賃借人が居住不能となった場合に、賃借人は、当該工事期間に相当する賃料の全額につき、その支払義務を免れることはできるでしょうか。

賃借人が目的物の使用収益を全くできなかった場合に、賃借人は使用収益できなかった期間の賃料支払義務を免れるとした裁判例があります（①東京地裁昭和54年2月20日判タ389号117頁、②同平成5年11月8日判時1501号115頁、③大阪高裁平成9年12月4日判タ129号992頁、④東京地裁平成26年8月5日判例集未搭載）。

上記①の裁判例によれば、賃料は使用収益の対価として月末に支払われるもので、民法533条の同時履行の抗弁権が厳格に適用される場面とはいえないが、公平の観念からその趣旨を拡張して支払拒絶が認められるというのがその理由です。

また、改正前民法536条1項は、「当事者双方の責めに帰することができない事由によって債務を履行することができなくなったときは、債務者は、

反対給付を受ける権利を有しない」と定めていたところ、上記④の裁判例は（上記③の裁判例を引用したうえ）、「賃貸借契約の対象不動産につき、賃借人の責めによらない原因により、賃貸借の対象物が滅失するに至らなくても、客観的にみてその使用収益ができず、賃貸借契約を締結した目的を達成できない状態になった場合は、公平の見地から、民法536条1項を類推適用して、賃借人は賃借物を使用収益できなくなったときから賃料の支払義務を負わないものと解される」と判断し、賃借物が使用収益できなくなった場合に、危険負担の法理を用いて賃借人の賃料支払義務を否定する余地があることを認めています。

上記事案の中には賃貸人が修繕義務を怠っていた（その意味で賃貸人に債務不履行がある）ものもあり、それらは、本問のように、賃貸人が権利に基づいて改修工事（保存行為）を行った結果、賃借人の使用収益が妨げられたケースとは異なります。しかし、重要なのは賃借物の使用収益と賃料支払いが対価関係に立つという点であり、本件でも、客観的に見て賃借物の使用収益ができない以上、その範囲で賃料支払いを免れるという裁判例の理論は、本問における賃借人にも当てはまると考えられます。

したがって、本問の賃借人は工事のために居住不能となった期間の賃料支払義務を免れると解されます。なお、居住不能ではなく、居室の一部が使用収益できない場合は、当該使用できない状態が生じたことにつき賃借人の帰責事由がない限り、その割合に応じて賃料は当然に減額されるため（民法611条1項）、その場合には、賃借人は、賃料の一部を支払う必要がありません。

■ ホテル宿泊代金の請求と賃貸借契約解除について

それでは、賃借人が改修工事期間中にホテルで宿泊した場合、工事期間中の賃料支払義務を免れるとしても、ホテル宿泊代金まで賃貸人に請求できるでしょうか。さらに賃貸借契約の解除についてはどうでしょうか。

本問の場合、改修工事はあくまで賃貸人の権利に基づいて行われているものですから、工事の間、賃借人の使用収益が妨げられたとしても、それは賃貸人の責めに帰すべき事由によるものとはいえません。したがって、賃借人が賃貸人に対して、ホテル宿泊代金を請求したり賃貸借契約を解除したりすることまではできないと解されます。

もっとも、工事内容が建物保存に必要な範囲を超える場合や、保存に必要な工事であっても工事内容からみて工事期間が必要以上に長期にわたるものである場合には、前記使用収益債務の不履行を理由にホテル宿泊代金を請求し得るでしょうし、その不履行により賃借人が賃借をした目的を達することができなくなるときは、賃貸借契約を解除できる場合（民法607条）もあるでしょう。

加藤・手塚法律事務所　弁護士　加藤義樹

修繕費用負担者の区分

室内外に破損が生じた場合の修理費用を負担する責任は賃貸人と賃借人いずれにありますか。

■ 質問に対する回答

原則として賃貸人が修繕義務および費用を負担しますが、特約による一定の範囲（比較的少額ですむ小修繕の範囲）、また、破損の原因が賃借人にある場合には、賃借人が修繕費用を負担することがあります。

しかし、特約によっても全部賃借人の負担とすることはできず、合理的な範囲にとどまることとなるといえます。なお、特約があいまいだと、特約が無効となる可能性が高くなり、また、特約の有効性をめぐる紛争が生じやすくなりますので、特約には、負担の範囲が分かるよう、畳、壁、機器備品、鍵、ペット被害などの個別化した規定を設けるべきと考えます。

■ 原　則

賃貸人と賃借人との賃貸借契約において、修繕義務や修繕費用に関する特約がない場合には、賃貸借期間中、賃貸目的物について、賃貸人が修繕義務を負います（民法606条）。

ただし、修繕が必要となった原因が賃借人の責任によって生じた場合（賃借人の家族等の同居人の故意過失に基づく場合も含む）は、賃貸人は修繕義務を負担しません（民法606条ただし書。この場合の修繕費用は賃借人が負担すべきことになると考えられます）。

賃借人は、修繕が必要である場合には、賃貸人に遅滞なく通知すべきですが（民法615条）、賃貸人が相当な期間内に修繕しない場合や急迫の必要がある場合、賃借人は自己の費用で修繕できます（民法607条の2）。

この場合、賃貸人に補修義務がある修繕費用は、必要費として賃貸人に対し請求することができます（民法608条1項）。

■ 特約がある場合の費用の負担

(1) 修繕義務、費用に関する特約の趣旨

原則は、上記のとおりですが、契約上、修繕は賃借人が行う、または一定の修繕費は賃借人の負担とする内容の特約が結ばれる例が多いようです。このような特約は一般には合理性を有する範囲で有効と考えられています。
　しかし、修繕義務の賃借人負担とする特約があっても、
① 賃貸人が負っている民法上の修繕義務を免除した趣旨であり賃借人に修繕義務を負わせるものではないと解され（最高裁昭和43年1月25日判時513号33頁）、
② 特別な事情がある場合に賃借人に一定の修繕義務を負わせる趣旨である（最高裁昭和29年6月25日民集8巻6号1224頁）と考えられています。
　すなわち、特別な事情がない限り賃借人に修繕義務まで負担させることはできない（修繕費用を負担させることは可能であるが修繕自体を賃借人に義務付けることはできない）と考えられます。
　特別な事情とは、修繕が賃貸人の利益のみならず賃借人の利益にも関係しているというような事情であり（例えば、予想される破損を負担することを条件として賃料を低く設定した場合など）、その存否は、使用目的、賃料、契約内容、家屋の構造など一切の事情を総合して判断されることになります。

(2) 特約の及ぶ範囲および修繕費用の負担区分
　特約の及ぶ範囲は、目的物の使用により通常生ずべき比較的少額ですむ小修繕の範囲にとどまり、それ以上の費用を要する大修繕についてまで賃借人に修繕義務や費用を負担させることはできないと考えられます。
　また、賃借人に修繕費用を負担させる合理性のある特約でなければ、消費者契約法10条に基づき特約が無効とされる可能性があります。
　なお、費用負担が生じる具体的範囲などについて明確に合意されている場合には、特約により賃貸借終了時に賃貸目的物の通常損耗の補修費用を賃借人負担とさせることができるとした判例があり（最高裁平成17年12月16日判時1921号61頁）、修繕費用負担の具体的範囲について明確な合意をすることが特約の有効性のために必要と考えます。
　以上から、合理性を有する特約がある場合、畳表替え、襖や障子の張替え等の小修繕については、その修繕費用は賃借人が負担すべきですが、屋根や柱など建物の構造部分にかかる修繕や多額の費用を要する大修繕は賃貸人が負担すべきこととなります。

芝大門法律事務所　弁護士　高橋真司

Q 3-32 賃借人依頼の内装工事業者に対する支払義務者

賃借人が依頼した内装工事業者から内装工事代金の支払いを請求されました。応じなければならないのでしょうか。

■ 原則として無視

内装工事に関する請負契約が賃借人と工事業者との間で締結されたものであれば、賃貸人は賃借人と工事業者間の契約関係とは無関係なので、工事業者に対する支払義務は賃借人のみが負い、賃貸人は工事業者からの支払請求を無視してもかまいません。しかし、以下の場合のような例外があります。

■ 無視できない場合

賃借人に資力がない場合、工事業者が賃借人から内装工事代金の支払いを受けることができなくなる一方で、建物所有者（賃貸人）は内装工事の完成した建物の所有者となり不当に利得を得ることになるのではないか、という問題点が生じます。

この点、賃借人の無資力かつ所在不明により、工事業者が所有者（賃貸人）に対し、内装工事代金の不当利得返還請求をした場合に、①賃借人が無資力になり請負代金債権の回収が不能となったこと、②所有者（賃貸人）が修繕工事による利益を賃借人との関係で法律上の原因なくして受けたこと（所有者の利得の無償性）の2要件をみたしたときには、工事業者の賃貸人に対する不当利得返還請求を認めるという判例があります（最高裁平成7年9月19日判タ896号89頁）。

つまり、工事業者が賃借人との間の請負契約に基づく修繕工事をしたのに、賃借人が代金を踏み倒したまま行方不明になったり、倒産蒸発してしまったような場合には、所有者（賃貸人）が修繕工事の成果にただ乗りしていると認められる限り、工事業者は、所有者（賃貸人）に対し、不当利得として内装工事代金の支払いを請求できるというわけです。これは、専門的には転用物訴権の理論といわれる法解釈に関連する問題（民法上は、不当利得（民法703条）の解釈問題）となります。

■ 法律上の原因の有無について

　賃貸人が法律上の原因なくして利益を受けたといえるのはどのような場合でしょうか。前述した判例では、賃貸借契約を全体としてみて、賃貸人が対価関係なしに利益を受けたときは、法律上の原因なくして利益を受けたといえる、としています。逆にいうと、所有者（賃貸人）が賃貸借契約の際に何らかの形で内装工事の完成という利益に相応する出捐ないし負担をしたときは、賃貸人の受けた利益は法律上の原因に基づくものとなるのです。したがって、このような場合には、工事業者が賃貸人に対する不当利得返還請求はできません。

　例えば、営業用建物の賃貸借契約締結の際に、修繕、造作の新設等の工事はすべて賃借人の負担とするとの特約をする代償として、賃貸人が営業用建物として賃貸するにあたり、賃借人から受け取ることができた権利金を免除したなどといった事情がある場合には、賃貸人の利益は法律上の原因をなくして受けたものとはいえないため、賃貸人は工事業者の支払請求に応ずる必要はないことになります。

■ その他

　賃貸人が工事業者に対して不当利得返還義務を負う場合でも、請負代金額がそのまま不当利得額となるかどうかについては議論の余地がありますが、原則的には、前述のように、代金額をそのまま請求するという考え方でよいと思われます（前記の最高裁判決では、この点は触れられていません）。

　なお、以上によれば、工事が所有者（賃貸人）の意思に反することが明白な場合（賃貸人の異議を無視して工事がなされたり、賃借人退去と同時に原状回復のため工事部分が撤去された場合）、所有者（賃貸人）には、工事代金の請求はできなくなりそうです。

田中法律事務所　弁護士　田中みちよ

改築建物への再入居妨害

3-33 建替え後の建物に入居できる約束のもとに、取壊予定の賃借建物を明け渡してもらいました。新建物への入居を断れるでしょうか。

■ 結 論

建物が出来上がっている現在、あなたと相手方とは、互いに賃貸借契約上の権利を有し、義務を負っていますので、あなたはこの契約の貸主としての義務があり、約束どおり貸さなければならず、入居を断ることはできません。

■「建替え後の建物に入居する約束」の法的性質

建物を建て替えるのだから入居者に（無償で）出て行ってもらうのは当然だろうと考えがちですが、「建て替える」という理由だけで更新拒絶または契約解除のためのいわゆる「正当事由」ありと認められることはまずあり得ません。建替えの目的を達するためには、余程の立退料を払って話し合い（合意）により出てもらうか、本件のように建替後の建物に再度入居することを約束して、いったん出てもらうしかありません。

そして、この建替え後の建物に再入居する旨の約束は、一般的に、既に入居後の賃貸借の内容が具体的に合意されている場合は、新建物の完成を停止条件とする賃貸借契約であると解釈されています（東京地裁平成8年5月9日判時1591号54頁）。分かり易くいうと、建物が完成するまでは具体的な契約の効力は発生しませんが、契約自体はそのときから成立しており（賃貸の目的物が未だ存在しなくても、契約は有効に成立します。店舗用マンションを建築するにあたり、事前にテナントと契約しているなどは正にこれです）、建物が出来上がったときには、当然に、互いに賃貸借契約上の権利を有し、義務を負う関係になるということです。

したがって、新建物が完成している現在、あなたはこの契約の貸主としての義務を負っていますから、約束どおり貸さなければならず、入居を断ることはできません。

■ 貸すことを拒んだ場合のペナルティー

　もし、あなたが貸すことを拒み、他の人に貸してしまったとすると、あなたは貸主としての義務を怠ったことになりますから、債務不履行（履行不能）の責任を負わなければなりません。すなわち、相手方に生じた損害につきこれを賠償する義務を負うことになります（前掲東京地裁平成8年5月9日、東京地裁平成15年9月26日判時1851号126頁）。

　そして、この場合における相手方に生じた損害とは、約束どおり借りることができて使用を継続していれば取得できたであろう利益が、すなわち損害ということになります。さらに、「取得できたであろう利益」は、積極的なものと消極的なものとに分けることができます。

■ 積極的な利益（損害）

　本件において積極的な利益（損害）とは、相手方は、旧建物に代えて新建物につき借家権を取得できたはずであったにもかかわらず、これを手にすることができなくなったのですから、この借家権の価値そのものがこれにあたります（ちなみに、借家権価格は個々具体的に算定するしかありませんが、極めて大雑把な言い方をすれば、更地価格×7割×3割という計算式が用いられることがあります）。

■ 消極的な利益（損害）

　消極的な利益（損害）とは、ここを借りることができ使用を継続することができたとして、その使用により得られたであろう利益をいいます。これを「得べかりし利益」といいます。典型的な例としては、ここで何らかの営業を営んでいたという場合ですが、上げることができたはずの営業（純）利益が損害となります。ただし、賠償責任を負うべき期間については、賃貸借契約は更新が原則（理論的には無制限）とはいえ、合理的な範囲に制限されます。前出東京地裁平成8年の裁判例では、契約期間が3年と定められていたこともあり、3年間分の営業利益を損害と認めています。

　いずれにせよ、かなりの高額な損害賠償責任を負わなければならないことになりますので、入居を断ることなく約束どおり貸すのが賢明でしょう。

中川寛道法律事務所　弁護士　中川寛道

類焼による火災

3-34 賃貸アパートが類焼し、室内が消火活動により破損しました。入居者に生じた損害は、どのように処理されますか。

■ 基本原則

　賃貸借関係にある当事者間では、賃貸人と賃借人のいずれかの責めに帰する火災が生じた場合には、債務不履行責任が生じます（債務不履行の認定および損害額の算定例として、東京地裁平成24年8月29日判時2169号16頁）。しかし、不可抗力や第三者の行為により火災が発生した場合は、居住不能の状態になったときを含め、当事者間に債務不履行責任は生じません。一方、火元となった第三者に対しては、契約関係はないのですから、債務不履行責任を問うことはできません。不法行為として損害賠償責任を追及することになるのですが、失火責任法は、このような場合、失火につき重過失がないときには損害賠償責任を免れるものと規定しています。

　また、損害賠償請求が可能な場合、消火活動によってこうむった損害をも含めて請求することが考えられます。

　以上の原則は、3-35、3-36の質問についても共通です。

■ 消火活動による損害

　消火活動に伴い、消火の対象となる室内に対する放水がなされるほか、消火の必要上、室内にある物が処分されることもあります（消防法29条）。これらは、消火活動の必要から行われるものですから、消火活動自体によって生じた損害は、補償されません。ただし、消火活動自体に過失があって損害が発生した場合には、国家賠償法1条1項の規定により、消防隊の所属する公共団体が国家賠償責任を負います。また、この場合にも失火責任法は適用され、消火活動上の失火による損害賠償請求（類焼した場合等）では、消防職員に重過失があることが要件です。

　賃借人の失火について、消火活動による建物の汚れや破損が生じた場合、賃借人は、賃貸人に対して、損害賠償責任を負います。

■ 隣室の消火活動による損害

　賃借人の失火ではなく、隣室入居者の失火による延焼により賃借人の部屋の消火活動が必要となり、その結果、賃借人に損害が発生した場合は、賃貸人は、賃借人に対して損害賠償の責任は負いません。このような延焼により、賃借人が損害（例えば、テレビが消火活動によって壊れてしまったときなど）を受けたのであれば、隣室入居者に対して損害の賠償を請求することが考えられます。ただし、それには失火責任法による制限があります（損害額の算定例として、東京地裁平成4年2月17日判時1441号107頁）。

■ 失火責任法の規定

　失火で第三者に損害を与えるのは不法行為です。したがって、本来的には、失火につき過失があれば、その損害の賠償責任を負うということになりますが、失火責任法は、そのような責任を負うのは、失火者に重大な過失がある場合に限るものと規定しております。ただし、このような失火責任法の責任制限は、失火者による失火が賃貸借契約の違反ともなるときにおける債務不履行責任を制限したり軽減したりするものではありません。

　失火者は、賃貸借契約の当事者以外の者に対しては、重大な過失があったときのみ損害賠償義務を負いますが、この場合における重大な過失とは、例えば、ガスコンロの火をつけっ放しにして外出したなどのような行動のことをいいます。仏壇のロウソクが倒れたことが出火原因となったことについては、重大な過失があったとはいえないなど（東京地裁平成7年5月17日判タ902号141頁）、出火原因により種々の裁判例があります。

　なお、小さい子供の火遊びで出火してしまったような場合には、失火責任法にいう重過失というのは、子供の火遊びについていうのではなく、子供の監督義務者（通常は両親）が、子供のしつけ監督に重大な過失があった場合のことをいうものとされています（最高裁平成7年1月24日判タ872号186頁）。

青葉法律事務所　弁護士　藤堂武久

火の不始末による失火

賃借人の火の不始末で失火事故が生じました。建物賃貸人は、損害の賠償を請求できますか。

■ 建物賃借人の失火責任

　賃借人は、その落ち度で賃借建物を壊してしまった場合と同様、失火で賃借建物を毀損すれば、建物賃貸人に対して損害を賠償する責任を負います。債務不履行責任（民法415条）です。民法の賃貸借の規定に明記されてはいないものの（したがって、建物賃貸借契約書に「賃借人は、本物件に損害を及ぼすような行為をしてはならない」と記載する例があります。）、賃貸借契約が終了すれば賃借建物を賃貸人に返還しなければならない立場（民法616条、597条1項）にある賃借人は「善良な管理者の注意をもって、その物を保存しなければならない」（民法400条）とされており、失火は、この義務（善管注意義務）の違反になるからです。また、失火で賃借建物が焼失すれば、返還義務の履行不能（債務不履行）を理由に損害賠償義務を負います（大審院明治45年3月23日民録18巻315頁）。

　賃借人の失火は建物賃貸人に対する不法行為（民法709条）にもなります。もっとも、失火責任法に特則があって、失火者に重大な過失─「ほとんど故意に近い著しい注意欠如の状態」─がないときは、不法行為責任を負わないとされています。もちろん賃借人に重大な過失があれば、不法行為による損害賠償責任を負い、その場合、先の債務不履行責任も成立しますので、建物賃貸人は、任意に何れかの責任を賃借人に問うことができます（一般論ですが、債務不履行責任と不法行為責任が競合することにつき、最高裁昭和44年10月17日判時575号71頁参照）。

■ 延焼損害に対する責任

　建物賃貸人と賃借人の賃貸借関係は賃借建物についてのものですから、賃借建物以外については、債務不履行責任の対象とはなりません。例えば、賃借人による賃借建物の失火が隣接建物まで延焼したときは、隣接建物の焼損・焼失に対する責任は、債務不履行ではなく、不法行為、そして、失火責任法の問題になります。つまり、賃借人は、重過失のあるときに隣接建物の所有者に対する責任を問われます。

もっとも、火災が発生した賃借建物と延焼した建物とが同じ建物賃貸人の所有であるときに、賃借人に、延焼建物の損害についても債務不履行責任を問う余地はないでしょうか。このような下級審の判決があります。賃借人が発注して建物内装業者に行わせていた賃借建物の内装工事中の失火で、同建物と50センチメートルの距離にある同じ建物賃貸人が所有する隣家が延焼した事案において、裁判所は、建物内装業者には重過失を、内装工事を手伝っていた賃借人には善管注意義務違反を認定したうえ、賃借人につき、賃借建物に火災が発生すれば隣接建物も延焼することは「通常予見し得る」ので、同延焼による損害も「善管注意義務違反という債務不履行と相当因果関係の認められる範囲内の損害」である（民法416条1項参照）として債務不履行責任を認めました（東京地裁平成3年7月25日判時1422号106頁）。ただ、この論理を安易に認めれば、たまたま隣接建物の所有者が建物賃貸人と同じであったか否かで、延焼建物の損害の賠償責任が認められたり認められなかったりすることになります。この事案では、建物内装業者の重過失を賃借人の善管注意義務違反としていること、そして、賃借建物と延焼建物とが近接していたことに注目すべきでしょう。

　賃借建物と延焼建物との近接性という点では、建物賃貸人の所有する1棟の建物（集合住宅やテナントビル）の1室を借りていた賃借人の失火で、その両隣や上下の部屋も燃えてしまったような事例ではどうでしょうか。4階建てテナントビルの2階部分の賃借人の失火（ただし、出火原因は不明）により、1階、3階、4階の各部分も延焼・焼損した事案で、「構造上」の「不可分一体」性ゆえに賃借建物の失火が「不可避的」に他の部分へ延焼するものであることを理由に、延焼部分の損害賠償等の責任を認めた裁判例があります（大阪地裁昭和54年3月26日判時941号72頁）。この裁判例は、相互に構造上の一体不可分性の認められる賃借建物と隣接建物との間では、「一方を管理するには…他方についても管理上充分な注意を払うべき」として、隣接建物まで善管注意義務の対象に取り込む趣旨の説明もしています。

　3階建建物の1階部分を借りて作業所兼ガレージにしていたところ、同賃借部分からの出火で建物全体が全焼し、3階部分に居住していた賃貸人の妻が焼死した事例があります（東京高裁平成16年2月26日金商1204号40頁）。出火原因が特定できず、失火責任法により賃借人の不法行為責任は否定されました。他方、裁判所は、「賃借人の支配領域内から出火したこと」を理由に、賃借人の債務不履行を認定したうえ、建物全体の焼失の損害、建物内動産の焼損の損害、そして、賃貸人の妻の焼死による賃貸人の精神的苦痛による損害が、賃借人の債務不履行と「相当因果関係」にあるとして、これら損害の賠償請求を認容しました。

セントラル法律事務所　弁護士　早野貴文

転借人の失火と賃借人の責任

転借人の失火事故については、賃借人も責任を負うのですか。

■ はじめに

　賃借人は、賃借建物を賃貸人に返還するまで善良な管理者の注意をもって保存する義務を負いますから、賃借人がこの義務に違反して、賃借建物を毀損または焼失した場合には、賃借人は、賃貸人に対して債務不履行に基づく損害賠償責任を負います（民法415条1項）。なお、失火責任法は、失火者に重過失のある場合を除いて不法行為に基づく損害賠償責任を負わないと規定していますが、債務不履行責任についてはこの規定の適用はありません（最高裁昭和30年3月25日民集9巻3号385頁）。

　従来の通説的な考え方では、転借人は、賃借人（転貸人）の履行補助者と解され、履行補助者の使用を債権者が承諾していた場合は、債務者は履行補助者の選任監督に過失がない限り債務不履行責任を負わないが、債権者が履行補助者の使用を禁止も許可もしていない場合は、履行補助者の過失は債務者の過失と同視され、債務者が債務不履行責任を負うとする考え方が有力でした。これに対し、古い判例は、後述するように、履行補助者の使用を債権者が承諾していても、履行補助者に過失があれば、債務者は債務不履行責任を負うものとしており、従来の学説と判例とで考え方が分かれていました（潮見佳男ほか『Before／After 民法改正』114頁参照 弘文堂 2017）。

■ 裁判例

　古い大審院判例は、承諾転貸の場合でも、無断転貸の場合と同様に賃借人は転借人の失火について損害賠償責任を負うとしています（大審院昭和4年6月19日民集8巻675頁）。

　しかし、近時の裁判例は、承諾転貸については、転借人に過失がある場合で、賃借人に転借人の選任監督に過失のあるときにのみ、賃借人は債務不履行に基づく損害賠償責任を負うと判示しています（東京地裁昭和40年9月25日判時433号38頁、同平成元年3月2日判タ717号165頁）。

　上記の昭和40年の東京地裁判決は、火災の原因について転借人の重過

失は認められないとしたうえで、転借人自身が日頃から火気の取り扱いに相当な注意を払っていたこと、および転借人は賃借人の従業員であったところ、賃借人が転借人に機会のあるごとに転借人に対して火気への注意を喚起し、また、賃借人において数回にわたって転借人不在のときには火の始末の監督のために建物室内の状態を見ていたことからして、賃借人には選任監督について過失はないと判示しています。

他方、平成元年の東京地裁判決は、賃借人は、転借人が賃借建物を作業所として使用し、建物内でラッカー、アルコール等引火性の強い危険物を貯蔵・使用するなどし、また転借人が喫煙をすることを知っていたにもかかわらず、特に火気への注意を喚起するなどの措置を講じていなかったことに照らし、賃借人に選任監督についての過失を認めています。

このように、近時の裁判例は、従来の学説を参照し、古い判例とは異なる判断枠組みを採用するものが出てきていました。

■ 債権法改正による影響

債権法改正では、債務者に帰責事由があるか否か（つまり債務不履行責任を負うか否か）は、契約および取引上の社会通念に照らして判断されることを明確にしました（民法415条1項ただし書）。過失によって判断するのではなく、個別の契約の内容や趣旨に照らして、債務者に責任があるか否かを考えるという意味ですから、転貸借では、賃貸人が転貸を承諾した際の承諾の意味が、転借人の行為について賃借人の責任を選任監督の責任に減免するほどの意味を有しているか、賃借人の責任を減免するに値する状況が生じていたか（例えば責任を減免することに対する対価が賃貸人に支払われたか）といった事情を検討し、個別具体的に契約（承諾）の中身を判断し、それに照らして債務者の責任の有無を検討します。

一般的には、転貸の承諾は、賃借人の責任を責任監督のみに減免する意味を含まないことが多いでしょうし、転貸が賃借人の都合でなされ、賃借人（転貸人）が転貸料の方を高くして差益を得ている等の事情があれば、なおさら転貸の承諾に賃借人の責任を減免するまでの意味はないと思われます（中田裕康『契約法』430頁から431頁参照 有斐閣 2017年）。

以上のとおり、改正民法は、債務不履行責任を債務者の過失によって判断しない（ひいては、従来の履行補助者の過失という考え方にもよらない）ことを明らかにしました。そのため、従来の学説を参照したと考えられる近時の裁判例の流れに変化が生じる可能性もあると思われますので、今後の動向を注視すべきと考えます。

篠塚・野田法律事務所　弁護士　小松達成

入居者の事故

Q 3-37 アパートの階段で転落事故があり、賃借人が大怪我をしました。建物所有者の賃貸人に賠償責任がありますか。

■ 工作物責任

　アパートが土地の工作物にあたることは明らかであり、アパートと一体をなす階段がアパートの一部として、土地の工作物にあたることは問題がありません。したがって、賃借人の転落事故がアパートの階段の設置または保存の瑕疵に起因する場合には、賃貸人は建物所有者として、大怪我をした賃借人に対して、民法717条1項に基づき土地の工作物責任を負うことになります。

■ 工作物の設置または保存の瑕疵とは

　ここでいう「瑕疵」とは、土地の工作物が通常備えているべき安全な性状または設備を欠いていることをいいます。

　本問について考えるならば、階段については、まず、建築基準法施行令に階段の幅およびその踊り場の幅、階段の蹴上げおよび踏面の寸法、階段およびその踊り場の手すりなどに関して規定がありますので（建築基準法施行令23条ないし27条）、階段がこれらの規定に違反している場合には、瑕疵が認められます。しかし、上記の建築基準法施行令その他の取締法規に従って階段を設置したとしても、階段設置後に階段の劣化などから生ずる転落の危険性にも十分対応できるものでなければ、瑕疵が認められることになります。

　なお、階段に瑕疵がある以上、自然力または第三者ないし被害者の行為が競合して損害が生じた場合でも工作物責任は認められます。しかし、全く予想外の強風、豪雨といった不可抗力によって階段が破壊されて転落した場合や被害者の通常の利用方法に即しない行動により転落した場合には、因果関係がないので工作物責任は生じません。

■ 裁判例

　本問に類似した裁判例としては、アパートの階段の踏み板および蹴上げ部分と左右の鉄板桁との溶接部分が全面溶接されておらず、点溶接のみで固定されるという手抜き工事であったために、同溶接部が腐食してはがれたことにより、階段を上っていた者が転落し負傷した事案（東京地裁平成9年2月10日判時1623号103頁）において、階段の設置上の瑕疵を肯定しています。

　なお、アパートの階段からの転落の事案ではありませんが、アパートまたはマンションの転落事故に関する裁判例として、アパートの居室の窓枠から手すりが外れたため居住者が地面に落下して負傷した事案（東京地裁平成9年4月15日判時1631号96頁）（判例1）、マンションの居室の窓に手すりがなく、腰壁の高さが約40センチメートルしかなかったという状況のもとで、同居室に遊びに来ていた者がその窓から転落して死亡した事案（東京地裁平成9年12月24日判タ991号209頁）（判例2）および同趣旨の事案（福岡高裁平成19年3月20日判タ1251号217頁、判時1986号58頁）（判例3）において、いずれも瑕疵を肯定しています（もっとも、転落した者の過失割合を判例1においては2割、判例2においては7割、判例3においては9割と認定しています）。

■ その他の責任

　本問では、このほか、民法709条による不法行為責任や賃貸借契約上の債務不履行責任（安全配慮義務違反）も考えられます。

　しかし、民法709条による不法行為責任については、加害の事実そのものについての賃貸人（建物所有者）の故意または過失を要件とすることから、通常は、所有者の無過失責任である工作物責任を主張すると思われます。また、人の生命・身体の侵害による損害賠償請求権の消滅時効の時効期間は、工作物責任（不法行為責任）であっても債務不履行責任であっても、主観的起算点から5年、客観的起算点から20年（民法167条、724条の2）であるため、消滅時効その余の主張立証の点において、賃貸借契約上の債務不履行責任を主張する必要性は、実際上ありません。

　なお、上記3つの法的構成のうち、いずれを選択しても、損害賠償の範囲は同じです。

今井法律事務所　弁護士　今井　勝

防犯の管理

3-38
賃借人が貸室内で盗難に遭った場合、防犯管理上の問題があるとの理由で賃貸人に賠償を請求することができるでしょうか。

■ 建物賃貸人の義務

　賃貸人は、賃借人に対し、賃貸物を使用収益させる義務を負っていますが（民法601条）、この義務は、単に賃貸物を使用収益に適した状態で賃借人に引き渡すだけでなく、引渡し後も、契約目的に沿った使用収益をすることができるような状態で賃貸物を保存管理すべき義務であると解されています。したがって、一般的に、建物の賃貸人は、第三者が無断で侵入することができないような状態で賃貸物件を保存管理する義務を負っているということができますが、賃借人が盗難に遭った場合に賃貸人に保存管理義務違反があったといえるのか否かについては、具体的な事例ごとに賃貸物件の状態等を検討して判断されることになります。

■ 裁判例

　では、具体的にはどのような場合に賃貸人に義務違反があったといえるのでしょうか。このことを検討する上で参考となる裁判例（東京地裁平成11年7月8日判時1715号43頁）があります。

　これは、賃貸ビル（以下「本件ビル」といいます）の一室を事務所として使用していた賃借人が盗難に遭った事例ですが、賃借人は、①本件ビル入り口の鉄扉が故障したまま常に開放されていたことが賃貸人の債務不履行にあたり、また、②賃貸人は、本件ビルにおけるドアロックの開閉や警備機器のオン・オフを行うために用いるセキュリティカードの使用方法について説明すべき義務を負っていたにもかかわらず、この説明義務を尽くさなかったと主張しました。

　これに対し、裁判所は、①の点については、賃借人が本件ビルに入居したときには既に入り口の鉄扉は常時開放されており、そのことを前提に本件ビルの警備システムが検討されており、賃借人もそのことを認識して入居したのであるから、鉄扉が常時開放されていることが賃貸人の債務不履

行であるとは認められないと判示し、また、②の点については、セキュリティカードの使用方法は本件ビルの警備システムの中核をなすものであるから、賃貸人は、本件ビルの貸室の賃貸借契約の締結にあたり、賃借人に対し、その使用方法を説明する契約上の義務が存在すると判断した上で、本件における具体的な説明状況等の事実経過を詳細に認定し、賃貸人に説明義務違反はなかったと認定しました。

■ 検　討

　賃借人が賃貸借契約を締結する場合、賃貸物件の構造や警備体制について認識した上で賃貸借契約を締結するのが通常ですから、賃借人が盗難に遭ったとしても、賃貸物件が契約時の状態で保存管理されているのであれば、賃貸人に損害賠償を請求することは困難な場合が多いでしょう。しかしながら、賃貸人が、ドアや窓が壊れた状態のまま放置し、しかもそれを補う警備体制を何らとっていなかったというような場合には、賃貸人の債務不履行が認められると考えられます。

　また、上記裁判例が判示するように、賃貸物件に賃借人が操作すべき警備機器が設置されている場合には、賃貸人は当該機器の使用方法について説明義務を負うと解されますので、これに関する十分な説明をしなかったときには、賃貸人の債務不履行責任が肯定され、損害賠償が認められる可能性があるといえるでしょう。

橋元綜合法律事務所　弁護士　風祭　寛

ピッキングと賃貸人の管理義務

ピッキング盗難に遭ってしまいましたが、賃貸人に管理義務違反を問うことはできるでしょうか。

■ 賃貸人の管理義務

　賃貸借契約は、賃貸人が物の使用収益をさせ、賃借人が賃料を支払う契約ですから（民法601条）、賃貸人としては賃貸借期間中、当該物件を契約目的に沿った使用収益ができるようにする保存管理義務を負うと解されています。

　賃貸人に管理義務違反を問うためには、個々の事案ごとに賃貸人が負う管理義務の具体的内容や範囲が問題となりますが、本問のような事案では、管理義務の具体的内容として、賃貸人がピッキングに遭いにくい鍵に交換するなどの被害防止策を講じる義務や、近隣のピッキング被害を賃借人に報告する義務を負うのかどうかが問題となります。

■ 裁判例

　本問のような、ピッキング被害についての賃貸人の管理義務が問われた裁判例として、東京地判平成14年8月26日判タ1119号181頁があります。この事案において、原告（賃借人）は、上記のような内容の管理義務を主張して争いました。

　これについて、裁判所は、そもそも賃貸借契約において、賃貸人の負うべき本来的義務は、使用収益させる義務、修繕義務、担保責任および費用償還義務であって、賃借人所有財産を盗難などから保護することを内容とする管理義務は、賃貸借契約から当然に導かれるものではなく、特約や信義則上の付随義務として認められる余地のあるものであるとしました。そして、賃貸人がこのような管理義務を負う場合にどの程度の義務を負うかは、個々の賃貸借契約の事情に応じて判断されるべきであるとして、後述する本件の事情を踏まえ、被告（賃貸人）には、原告（賃借人）主張の被害防止策を講じる義務やピッキング被害を原告に報告する義務はないと判断しました（なお、この事案では、そもそも原告の盗難がピッキングによ

るものであるとは認定できないとして、ピッキングを前提とする上記内容の管理義務違反の原告の主張は前提を欠き理由がないとしています）。

■ 検　討

　賃貸人の使用収益させる義務は、単に使用収益を妨げないという消極的な義務にとどまるものではなく、第三者の妨害を排除するといったような使用収益させることに努める積極的義務も含まれると考えられています。そこで、賃借人が安全、安心して居住できるために盗難、火災などの災害に遭わないように配慮することも管理義務の内容に含まれていると考えられますが、具体的に賃貸人がどの程度・範囲の管理義務を負っているかについては、マンション等の賃貸物件の規模や、賃料、賃借目的などの契約内容、防犯についての賃貸借契約上の特約の有無などにより異なってきます。

　上記裁判例では、貸室の防犯について特段の合意がないこと、契約上盗難による損害は賃貸人の免責の対象とされていること、賃貸事務所入り口の扉はダブルロックであり一応の防犯効果が期待できたこと、賃貸人は近隣で窃盗事件が多発していることを認識し、順次その賃貸ビルに機械警備を導入している最中であったこと、賃貸人は本件盗難以前には本件ビルにおける窃盗被害がピッキングの被害によるものであったか否かを知らず、特にピッキングの被害について警察からの指導、報告もなかったこと、賃借人も賃貸人に対して鍵の交換を求めたことはなかったこと等の事情を認定し、賃貸人が既存の鍵を維持管理すること以上に、ピッキング被害防止対策を講じ、あるいは窃盗被害を報告すべき義務を負っていたということはできないとして、債務不履行責任（管理義務違反）を否定しています。

　このような裁判例を踏まえますと、契約上防犯についての合意があり、盗難被害について免責条項がなく、また、賃貸人がピッキング被害を知り、警察からの指導や、賃借人からの鍵の交換の求めがあったにもかかわらず、十分な対策を講じなかったなどの事情があるケースでは、管理義務違反を問える可能性があると考えられます。

西新橋法律事務所　弁護士　井上壯太郎

第4章 賃料

適正賃料 4-1

建物の賃料は、改定することはできないのでしょうか。改定できるとすれば、その手続、基準を教えてください。

■ 適正賃料とは

　建物の賃貸借において、賃料の設定および改定は、私的自治の原則により、当事者間の合意に委ねられています。もっとも、賃貸借契約は、継続的な契約であり、長期に及ぶことが多いところ、契約当初に定められた賃料を増減する旨の合意が成立しない場合に、一切改定ができないとすることは衡平の観点から適切ではないと考えられています。

　そこで、借地借家法32条1項本文は、①建物の借賃が、土地もしくは建物に対する租税その他の負担の増減により、②土地もしくは建物の価格の上昇若しくは低下その他の経済事情の変動により、または③近傍同種の建物の借賃に比較して不相当となったときは、契約の条件にかかわらず、当事者は、将来に向かって建物の借賃の額の増減を請求することができると規定しています。この規定は、その後の経済情勢の変動等の理由があれば、当事者間で賃料を改定する合意が成立しないとしても、適正な賃料に改定し得ることを認めているものです。

　例えば、上記①の事情は、賃料の構成要素のうち必要諸経費に着目したものであり、租税、維持管理費などの必要諸経費の増減が賃料の増減額に影響を与えることを念頭に、賃料増減を認めているものです。

　なお、従前の賃料について合意したときから相当の期間が経過していなくても、賃料の増減について請求できるか否かについて、判例はこれを肯定しています（最判平成3年11月29日裁集民163巻627頁）。

　もっとも、居住用建物の賃貸借契約において、1年程度と短期間が定められているときは、そもそも賃料の改定を請求しない旨の黙示の合意が存在すると判断される可能性もあります。

■ 適正賃料を定める手続

　賃料改定については、通常はまず賃貸人と賃借人との間で交渉が持たれ、

その時点で相互に譲り合って適当な改定額が決められることが多いと思います。

しかし、賃料の適正額について争いが生じ、当事者間で合意が成立しない場合には、上記の賃料増減額請求権が行使されることになります。賃料増減額請求権は、賃貸借当事者の一方が、他方に対し、裁判上、裁判外を問わず、賃料増減請求の意思表示をすることで行使することになります。

相手方がこれに応じない場合には、賃貸借当事者の一方は、裁判所に対し、まずは、調停を申し立て（調停前置主義、民事調停法24条の2）、調停が成立しない場合には、訴訟を提起することになります。

適正賃料の算定方法

建物の賃貸借契約の賃料増減額請求にあたり、裁判所において、適正賃料額をどのように算出するのかについては、①差額配分方式、②スライド方式、③利回り方式、④賃貸事例方式、⑤総合方式などの方法が用いられています。以下、各方式の内容について、簡単に説明します。

まず、①差額配分方式とは、適正な実質賃料（建物およびその敷地の経済的価値に応じた適正賃料）と実際の支払賃料との差額を算定し、そのうち賃借人が負担すべき額を定め、従前の支払賃料に加減して求める手法のことをいいます。

②スライド方式とは、従前に合意した賃料（最終合意賃料）に、その後の賃料変動率（消費者物価指数・地代家賃統計指数等）を乗じ、相当賃料を求める手法のことをいいます。

③利回り方式とは、建物およびその敷地の価格に期待利回りを乗じて得た純賃料（実質賃料から必要諸経費等を控除したもの）に必要諸経費などを加算して適正賃料を求める方法をいいます。

④賃貸事例方式とは、近隣の賃貸事例数例と比較して適正賃料を求める手法のことをいいます。

⑤総合方式とは、当該事案に則して、上記①ないし④の複数の方式を選択し、それぞれの軽重優劣の程度、当事者間の個別具体的な諸事情を総合的考慮して合理的な賃料を定める手法のことをいいます。

現在では、裁判所も上記①ないし④のうちから一つの方式を採用するのではなく、具体的な事案に則して複数の合理的な算定方法を総合的に勘案して適正賃料を定める⑤総合方式によるべきという基本方針を打ち出しており、実務上もこれが定着しています。

セブンライツ法律事務所　弁護士　中沢信介

Q 4-2 賃料格差

同一建物内の同一間取りの貸室なのに、貸室によって賃料額がばらばらになってしまいました。これを同一にするため増額減額する請求は認められるでしょうか。

■ 新規賃料と適正賃料

新規賃料とは文字どおり、新規に建物を賃貸する場合の賃料です。この場合、何が適正な賃料かはあまり問題になりません。なぜなら、新規に建物を賃貸する場合は、賃貸人のほうでは、採算を考慮した賃料、すなわち、建物価格や必要経費などを考慮して利益を上げることができる賃料を要求するでしょうし、それが近隣の相場とあまりかけ離れたものであれば賃借人を見つけることができないでしょうから、いわゆる市場価格によって決定されることになるからです。賃料は賃貸人と賃借人との間の契約によって決められるものですし、新規賃料の額を決定するについては、継続賃料の場合と異なり、法律上何の制限もありませんから、同一建物内の同一間取りの貸室であったとしても賃借人が別の賃料に同意してしまえば賃料がばらばらになってしまうのを防ぐことはできません。

■ 継続賃料

継続賃料とは継続して建物を賃貸する場合の賃料です。当初は同額であった賃料でもその後何回も更新を重ねるにしたがって異なってくることはあり得るし、まして当初から異なっていれば継続賃料も同一でないことは当然でしょう。

ところで、この継続賃料がどのようにして定められるかというと、契約自由の原則に従って当事者間で自由に決めることができます。この点は新規賃料の場合と同様です。当事者が合意しなかった場合、新規の場合は契約が成立しないことになりますが、継続の場合は借地借家法による規制があります。継続の場合は賃料の増額または減額ということになりますが、この賃料の増額または減額については借地借家法32条の規制があります。この規定については本書の、賃料の減額請求（4-4）、賃料の増額請求（4-5）の項に詳細な説明があります。

■ 適正賃料

借地借家法32条では、「建物の借賃が、①土地若しくは建物に対する租税その他負担の増減により、②土地若しくは建物の価格の上昇若しくは低下その他の経済事情の変動により、又は③近傍同種の建物の借賃に比較して不相当となったとき」という3つの事情をあげて、その場合には、当事者は、増減して相当な賃料とするように請求することができます。

相当な賃料は、適正賃料を算出して、それとの比較で最終的には裁判所が決定します。適正賃料算出の方法には、積算（利回り）方式、スライド方式、賃貸事例比較方式、差額配分方式、その他の方式があります。

積算（利回り）方式は、建物とその敷地価格を基礎価格として、これに期待利回りを乗じて得た純賃料に、必要経費（減価償却費、修繕費、維持管理費、公租公課等）を加える方法です。スライド方式は、従前の賃料に、その後の経済事情の変動率（物価指数、家賃地代の変動指数等）を乗じて賃料を出す方法、賃貸事例比較方式は、近隣地域の賃料を比較して賃料を出す方法、差額配分方式は、建物とその敷地の経済的価値に応じて算出された適正賃料と従前賃料との差額を、賃貸人と賃借人とで負担すべき割合（通常2対1、または1対1）を定めて適正賃料を修正する方法です。

■ 賃料の同一化

同一建物内の同一間取りの貸室なのに、貸室によって賃料額がばらばらな場合、これを同一にするための増額減額する請求が認められるためには借地借家法32条の3つの事情を満たす必要があります。その中で③の、近傍同種の建物の借賃との比較の条件が考えられますが、賃貸借関係は極めて個別性が強く仮に近隣の賃料と比較したとしてもそれほど決定的な要因とはならないとされています。まして同じ建物の貸室の賃料の違いは、全く無視されることはないとしてもそれほど重視はされません。したがって、裁判所の判断で同一にしてもらうことは難しいといわなければなりません。

髙池法律事務所　弁護士　髙池勝彦

賃料の自動値上げ条項

4-3 賃貸借契約の中に、2年ごとおよび賃貸借更新時の賃料自動値上げ条項が規定されています。この条項には、拘束力があるのでしょうか。

■ 賃料自動改定条項（特約）の必要性ないし理由

建物賃貸借契約の中には、将来一定の事由の発生により、賃料が自動的に増減する旨の賃料自動改定条項（特約）を設ける例がしばしば見受けられます。

このような条項（特約）は、賃貸人の立場からすると、賃料の増額を容易にする、将来の賃料に関する紛争を防止するというメリットがあります。

また、賃借人においても、賃貸当初から一定期間は低廉賃料に据え置き、その後、一定の割合または金額により賃料を増額する、いわゆる傾斜家賃制度を利用することにより、例えば店舗テナントが開店初期の賃料負担を軽減できるというメリットがあるといえます。

■ 賃料自動改定条項（特約）の具体例

賃料自動改定条項（特約）には、次のような具体例があります。

定額制……賃料を2年2か月経過後に、金20万円から金30万円に増額する旨の特約（東京地裁平成元年9月5日判時1352号90頁）

定率制……賃料を3年ごとに、15％増額する旨の特約（東京地裁平成10年8月27日金商1050号27頁）

指標連動制……固定資産税や消費者物価指数などの変動に応じて賃料を増額する旨の特約（大阪地裁昭和62年4月16日判時1286号119頁等）

■ 賃料自動改定条項（特約）の有効性

賃料自動改定条項（特約）の有効性について、地代に関する事例ではありますが、最判平成15年6月12日民集57巻6号595頁は、「地代等自動改定特約は、その地代等改定基準が借地借家法11条1項の規定する経済事情の変動等を示す指標に基づく相当なものである場合には、その効力を認めることができる」としています。

上記判例は、特約の有効性の根拠として、「地代等の額の決定は、本来

当事者の自由な合意に委ねられているのであるから、当事者は将来の地代等の額をあらかじめ定める内容の特約を締結することもできる。そして、地代等改定をめぐる協議の煩わしさを避けて紛争の発生を未然に防止するために、一定の基準に基づいて将来の地代等を自動的に決定していくという地代等自動改定特約についても、基本的には同様に考えることができる」としています。

賃料額の決定が当事者の合意に委ねられており、その改定をめぐる協議や紛争を防止することの必要性は建物賃貸借における賃料にも相当すると考えられ、建物賃貸借における賃料の自動増額特約も有効であると考えられます。

■ 賃料自動改定条項（特約）の有効性の限界

前記のとおり、賃料自動改定条項（特約）は、基本的にはその効力を肯定できますが、それは無制限ではなく、あくまでもその内容に合理性があり、借地借家法32条の趣旨に反しないことが必要です。

したがって、特約によって約定され、または、算出された賃料改定額が、時価相場と著しくかけ離れ、高額ないし高率すぎる結果となり、賃借人にとって著しく不利益な場合は、合理性を欠き、特約が無効となることもあります（前掲東京地裁平成元年9月5日判決）。一例として、固定資産評価額の増額割合に応じて3年ごとに賃料を増額する旨の特約をした場合でも、その後、固定資産評価額が大幅に上昇し、その上昇を契約当時、予見し、または予見することができなかった場合、いわゆる事情変更の原則により無効とされたこともあります（東京地裁平成10年2月26日判時1653号124頁等）。

■ 賃料自動改定条項（特約）と賃料減額請求権との関係

賃料自動改定条項（特約）自体の有効性が認められたとしても、借地借家法32条による賃料減額請求が妨げられるわけではありません。同条は強行規定としての実質をもつことから（最判昭和31年5月15日）、特約によってこれを排除することはできないことになります。

上記平成15年判例でも、賃料増減額請求の規定が強行法規であるとしたうえで、増額特約によって地代等の額を定めることが借地借家法11条1項の規定の趣旨に照らして不相当なものとなった場合には、減額請求の行使は妨げられないとしています。

虎門中央法律事務所　弁護士　中村克利

賃料の減額請求

4-4 賃貸人に対し賃料の減額請求をしました。賃貸人がこれに応じない場合、賃貸人と賃借人とは、その後はどのような関係になるのでしょうか。

■ 裁判上の手続

　賃貸人が任意に賃料の減額に応じない場合、賃借人は、調停（および訴訟）により賃料の改定を求める必要があります（4-6参照）。一方、賃貸人は、そのような減額請求を受けても、新たな賃料が確定するまでは従前の賃料を請求することができます（ただしこの場合、後述のとおり、賃貸人に年1割の利息支払義務を生じさせることがあります）。

■ 賃料減額請求権

　賃借人は、賃貸人に対して、建物の賃料が、土地もしくは建物に対する租税その他の負担の減少により、土地もしくは建物の価格の低下その他の経済事情の変動により、または近傍同種の建物の賃料に比較して不相当となったときは、契約の条件にかかわらず、将来に向かって建物の賃料の減額を請求することができます（借地借家法32条1項）。

　そして、新たな賃料額は、第一次的には賃借人と賃貸人との話し合い（任意の交渉や調停）で決めることになります。しかし、賃貸人が賃借人の減額請求に応じず、話し合いでの解決ができない場合には、賃借人が裁判所に訴え出て、裁判所が賃料額（客観的相当額）を決定することになります。

■ 賃料減額請求権行使の効果

　賃料減額請求権は形成権と解されていますので、賃借人の賃料減額請求の意思表示が賃貸人に到達した時点で、賃料が客観的相当額まで減額されるという効果が発生します。

　しかし、賃貸人が賃借人の賃料減額請求に応じない場合には、賃料の客観的相当額は裁判所で決定されるので、実際には賃料の客観的相当額は減額請求の意思表示が到達した時点よりもかなり後で決定されます。したが

って、裁判所が決定した客観的相当額とされた賃料の額が、賃料減額請求権を行使した意思表示到達時にさかのぼるのです。

■ 客観的相当額が確定するまでの賃料の支払い

では、賃料減額請求権を行使したときから客観的相当額が決定されたときまでの期間中、賃借人は賃貸人に対し、どれだけの賃料を支払ったらよいのでしょうか。

借地借家法32条3項は、賃借人から賃料減額請求を受けた賃貸人は、減額を正当とする裁判が確定するまでは、賃貸人が相当と認める賃料の支払いを請求することができる旨を規定していますので、賃借人はその期間中は従前の賃料を支払わなければならないことになります。もし賃料減額請求をした賃借人が、その期間中に従前の賃料額を支払っておかないと、賃貸人から債務不履行を理由に賃貸借契約を解除され、建物の明渡しを求められるおそれがあります（東京地裁平成6年10月20日判時1559号61頁）。

このように、賃借人は、後日裁判が確定するまでは従前の賃料を支払わなければなりませんが、客観的相当額が確定し、すでに支払いを受けた額が客観的相当額を超えているときは、賃貸人はその超過額に受領のときから年1割の割合による利息を付加して賃借人に返還しなければならないことになります（借地借家法32条3項）。

■ 賃借人の支払額が客観的相当額に不足する場合

もし、賃料減額請求してから減額を正当とする裁判が確定するまでの期間中、賃貸人が従前の賃料の支払いを請求したにもかかわらず、賃借人からその支払いがなされず、支払額が客観的相当額（裁判で正当とされた額）に不足していた場合、賃貸人は賃借人に対し、不足額に年1割の割合による利息を付加して請求することができるかが問題となりますが、これを認めないとするのが裁判所の考えです（東京高裁平成10年1月20日判タ989号114頁）。

アウル綜合法律事務所　弁護士　竹内英一郎

賃料の増額請求

賃借人が賃料の増額請求を受けました。賃借人がこれに応じ難い場合、賃貸人と賃借人は、その後はどのような関係になるのですか。

■ 増額請求の要因

借地借家法32条1項は、建物の賃料が、①土地もしくは建物に対する租税その他の負担の増加、②土地もしくは建物の価格の上昇その他の経済事情の変動、③近傍同種の建物賃料との比較などから、その賃料額をそのまま続けることが不相当になったときは、増額請求ができると規定しています。

この①～③は例示であり、要はそれまでの賃料を維持することが賃貸人・賃借人間の賃貸借関係上不相当になった場合は増額請求ができる、ということです。例えば、これまでの賃料が当事者間の特殊事情のため通常よりも低く設定されていたが、その特殊事情が消滅したようなときは、増額請求できる場合があります（父親が、その恩人に対し低賃料で賃貸していたが、双方の世代交代でこの特殊関係がなくなった場合など）。

なお、この借地借家法32条の規定は、この法律施行の日（平成4年8月1日）の前に締結された賃貸借関係にも適用されます。

■ 増額請求権行使の要件

賃料増額請求権は、①これまでの賃料が不相当になったこと、②一定期間賃料を増額しないという特約がないこと（同法32条1項ただし書）という2つの要件が備わっていれば、この権利が発生します。

この②の特約というのは、例えば、賃貸借契約書に「賃料は2年間据え置く」と書かれているような場合です。

■ 増額請求権行使の効果

この増額請求権は、形成権という法的性質をもつもので、賃貸人から賃借人に対しその意思表示を行い、それが賃借人に到達すれば適正賃料の範囲内でその効果が発生します。賃借人の承諾はいりません。また、その意

思表示は裁判上でも裁判外でもいずれでも構いません。

したがって、この増額請求の意思表示が賃借人に到達した時点で、賃貸人が表示した該当月から、その増額された賃料による賃貸借契約の内容に変更することになります。

■ 賃借人の対応

賃貸人の増額請求に対し、賃借人がこれに不服があり、話し合いをしても合意に至らない場合、最終的には裁判所の判決で確定することになります。この判決は、賃貸人の増額請求による相当額を確認する、という意味合いのもので、判決がなされればその相当額は賃貸人が増額請求の意思表示をした時点にさかのぼってその金額であったということになります。

では、その判決が確定するまでの間賃借人はどうすればよいかというと、借地借家法32条2項に規定があり、賃借人は「相当と認める額」の賃料を支払えばよいことになっています。この相当と認める賃料とは、これまでの賃料よりも低い金額であってはなりません。そして、この相当と認める賃料を支払っている限り、債務不履行にならないのです。

ところで、この相当と認める賃料の支払方法ですが、賃貸人が、その増額したものでなければ受け取らないと、あらかじめ主張している場合、賃借人はどのように対応すべきでしょうか。このようにあらかじめ受領を拒否している場合でも、賃貸人の気持ちが変わり受領するということもあり得るため、口頭の提供（民法493条ただし書。いつでも支払いができるように準備してその受領を催告すること）は必要です。もっとも裁判例の中には、賃貸人の受領拒絶の意思が明白な場合には、口頭の提供をしなくても債務不履行にならないとするものもありますが、受領拒絶の意思が明白かどうかという点の判断に微妙なところがありますので、万全を期するためには口頭の提供をしたうえで法務局に供託するのがよいでしょう。

芝大門法律事務所　弁護士　黒澤　弘

調停による賃料改定手続

賃料の改定額について協議がまとまらない場合、調停を利用するといいのですか。

■ 賃料の改定

建物賃貸借の当事者は、経済事情の変動等一定の場合に、契約で定めた賃料の改定を求めることができます（借地借家法32条1項）。しかし、当事者の一方が賃料の改定を求めても、必ずしも相手方がこれに応じるとは限りません。このような場合、賃料改定を求める者としては裁判所に申立てをして賃料改定の手続を進めることになります。

■ 調停前置制度

賃料改定を裁判所に申し立てる場合には、原則として、まず管轄裁判所に調停の申立てをしなければなりません（民事調停法24条の2第1項）。賃料の改定額を決めるということが、公正な機関の斡旋によって当事者の自主的解決を援助して円満な解決を図るという調停制度の趣旨に適合するからです。もし、いきなり訴訟を提起しても、この訴訟を受理した裁判所は原則として事件を調停に回します（同法24条の2第2項本文）。もっとも、調停に回すことが不適当であると認められる事情があるとき、例えば、相手方が行方不明など調停出頭の見込みがないときや、過去に何度も賃料の改定について争って調停が不成立に終わっているときなどは、調停に回してもほとんど意味がありませんので、裁判所としては調停に回すことはしません（同法24条の2第2項ただし書）。両当事者が付調停を希望しないときも同様だと思われます。

■ 調停手続

調停において、当事者間に合意が成立すれば、原則としてそこで調書が作成され改定賃料が決まります。

また、当事者間に合意が成立する見込みのない場合または成立した合意が相当でないと認められる場合においても、当事者間に調停委員会の定める調停条項に服する旨の合意が書面によりなされた場合には、申立てにより、調停委員会は事件の解決のために適当な調停条項を定めることができ

ます。この場合、調停委員会は当事者双方を審尋すべきものとされています（民事調停規則27条）。なお、調停条項に服する旨の合意は調停申立て後に当事者間でなしたものに限られます（民事調停法24条の3第1項）。そして、この調停条項を調書に記載したときは、調停が成立したものとみなされ、その記載は裁判上の和解と同一の効力を有します（同法24条の3第2項）。

調停条項に服する旨の書面による合意がなく、調停が成立する見込みがない場合においても、裁判所は、相当と認める場合には、調停委員の意見を聞いたうえで当事者双方の衡平を考慮し、一切の事情をみて、職権で当事者双方の申立ての趣旨に反しない限度で事件の解決のために決定をすることができます（いわゆる「17条決定」、同法17条）。これは、当事者の一方が頑なな場合や、わずかな金額の相違により当事者間の合意ができない場合に事務的に調停を不成立とするのは、それまでの調停手続と調停委員の努力が水泡に帰すばかりでなく、当事者にとっても不利益となることが多いことに鑑み認められたものです。

当事者または利害関係人は、決定の告知を受けた日から2週間に異議の申立てをすることができ（同法18条1項）、適法な異議の申立てがあったときは、決定はその効力を失うこととなります（同条2項）。異議により簡単に効力を失うのであれば、決定はあまり意味がないようにも思いますが、当事者は、訴訟の結末の見通し、争いとなった金額の大小、当事者のおかれた状況などの諸事情を勘案しつつ、実際には裁判所が当事者双方の衡平を考慮して下した判断に従う例も多く、実務上大変意味のある制度となっています。

そして、期間内に異議の申立てがないときは、17条決定は、裁判上の和解と同一の効力を有します（同法18条5項）。

■調停不成立の場合

調停条項に服する旨の書面による合意がなく、調停が成立しなかった場合には、賃料改定請求者としては訴訟を提起するほかありません。そして、訴訟において和解が成立しないときは裁判で改定額が決定されます。この場合には、改定額を決めるために、裁判所が選任した鑑定人による鑑定意見が必要になります。そして、訴訟を提起した当事者はその鑑定費用（ごく簡単な鑑定物件についても1件30万円程度を要します）を予納しなければなりません。このような負担をしないためにも、なるべく調停によって解決することが望まれるわけです。

東京グリーン法律事務所　弁護士　笹浪雅義

賃料の増減額請求と賃料支払供託

4-7 賃料の増減額改定の話し合いがつかない場合には、今までの賃料を供託すればいいのですか。供託しないで別途銀行に積み立てておいても支払いの誠意があるという証明になりませんか。

■ 賃料の増減額請求の場合

まず、賃料の増額請求については、借地借家法は、「建物の借賃の増額について当事者間に協議が調わないときは、その請求を受けた者は、増額を正当とする裁判が確定するまでは、相当と認める額の建物の借賃を支払うことをもって足りる」（借地借家法32条2項本文）と規定していますので、賃料の増額請求を受けた賃借人は、「相当と認める額」が従前の賃料であると考えれば、その額を支払うことで債務不履行責任を免れることができます。通常、賃借人は賃料を上げる必要はないとして争うことが多いでしょうから、従前の賃料を「相当と認める額」と判断することが多いと思われます。したがって、賃借人が支払う今までの賃料額を、賃貸人がそれでは賃料に足りないとして受領を拒絶した場合には、賃借人は、今までの賃料額を供託することによって、債務不履行の責任を免れることができます。

なお、借地借家法は、「ただし、その裁判が確定した場合において、既に支払った額に不足があるときは、その不足額に年1割の割合による支払期後の利息を付してこれを支払わなければならない」（借地借家法32条2項ただし書）と規定していますので、供託した額が裁判で確定した賃料額に足りない場合には、利息を付して支払わなければならなくなります。

■ 賃料の減額請求の場合

次に、賃料の減額請求については、借地借家法は「建物の借賃の減額について当事者間に協議が調わないときは、その請求を受けた者は、減額を正当とする裁判が確定するまでは、相当と認める額の建物の借賃の支払いを請求することができる」（借地借家法32条3項本文）と規定していますので、賃料の減額請求を受けた賃貸人は、「相当と認める額」が今までどおりの賃料であると考えれば、その額の支払いを請求することができます。通常、賃貸人は賃料を下げる必要はないとして争うことが多いでしょうか

ら、従前の賃料を「相当と認める額」と判断することが多いと思われます。したがって、賃借人が減額請求した賃料を支払ったとしても、賃料の支払いに足りないとして債務不履行による解除の問題が発生しますから（東京地裁平成6年10月20日判時1559号61頁は解除を有効とした）、賃借人は賃貸人から「相当と認める額」として請求を受けた従前の賃料を支払わざるを得ないと思われます。

ただし、減額した支払賃料は相当賃料額より少ないが、その不足分の合計額は相当賃料額の3分の1に満たないとして解除の効力を否定した裁判例（東京地裁平成9年10月29日判タ981号281頁）もあります。また、賃貸人の請求する相当額の賃料の支払いの場合には、賃貸人が受領を拒絶することはまず考えられませんので、賃料を供託するという事態は発生しないと思われます。

なお、借地借家法は、「ただし、その裁判が確定した場合において、既に支払いを受けた額が正当とされた建物の借賃の額を超えるときは、その超過額に年1割の割合による受領の時からの利息を付してこれを返還しなければならない」（借地借家法32条3項ただし書）と規定していますので、支払った額が裁判で確定した賃料額を超える場合には、利息を付して返還を受けることができます。

■賃料を別途銀行に預けていた場合

賃借人が、供託しないで別途銀行に積み立てており支払いの誠意があることを証明しても、それは法的には何ら意味がありません。賃貸人に正当な賃料の受領を拒絶された場合には、賃借人が供託することは権利であって、義務ではありませんから（民法494条）、その賃料を別途銀行に預けていても債務不履行の責任を負うことはありません。しかし、提供（賃料の支払い）があって受領拒絶があったかどうかが後日水掛け論にもなりますので、供託しておくほうが賃借人にとっては安全です。

林法律事務所　弁護士　林　敏彦

長期供託と供託額

賃料値上げ要求に応じず、10年以上も前から供託しています。今では隣家の賃借人と比べ、供託額はかなり低額になってしまいました。訴えてこない賃貸人が悪いと考えていればいいのですか。

■ 賃料増額請求権の法的効果

賃料増額請求権は、賃貸人が一方的に行使することができ、その金額が客観的に正しければ請求があったときから賃料が増額されるという法的効果が生じます。このような権利を形成権といいます。

しかし、このような権利行使が正しいか否かは最終的には裁判所で確定しなければなりませんから、単に賃料増額請求があったというだけでは、紛争の解決にはなりません。賃料増額請求により客観的にどのような賃料に変更されたかは訴訟の手続により確定されますが、民事調停法24条の2は訴訟を起こす前に調停により話し合うことを求めています（調停前置主義）。

■ 供託すべき金額

賃料額に争いがあり、賃貸人が受領しない場合には供託することになりますが、その場合、賃貸人の主張する金額を供託しないと債務不履行になるのでしょうか。

この点について、法は「建物の借賃の増額について当事者間の協議が調わないときは、その請求を受けたものは、増額を正当とする裁判が確定するまでは、相当と認める額の建物の借賃を支払うことをもって足りる。ただし、その裁判が確定した場合において、既に支払った額に不足があるときは、その不足額に年1割の割合による支払期後の利息を付してこれを支払わなければならない」（借地借家法32条2項。なお、減額の場合は同条3項）と規定しておりますので、賃借人は裁判確定までは相当と認める金額を供託すればよいことになります。

問題は、相当と認める金額とは何かということですが、この点については、客観的に適正な賃料額ではなく賃借人が主観的に相当な賃料額であると判断した金額で足りると解されています（東京高裁平成6年3月28日判

時1505号65頁）。

ただし、主観的に相当と判断した金額といっても、増額請求に対してかえって従来よりも減額した金額を供託したり、賃借人が公租公課の額を知りながらこれを下回る金額を供託した場合には債務不履行責任を問われることになります（同判決）。

このような場合には、もはや「相当と認める金額」とはいえないと考えられるからです。

■ 隣家賃借人の賃料額との関係

供託が長期間にわたる場合、隣室の賃借人の支払っている賃料と比べて供託額がかなり低額になるということはありがちなことです（この点については、4-2参照）。そこで、このような場合、供託額が妥当でないとして契約を解除されたりしないか不安になります。

この点については、賃借人が相当と認める金額を供託しているか否か、すなわち、公租公課を下回ることを知りながらこれを供託するなど、著しく低額な金額を供託しているか否かにより判断すべきものとして考えられます。なぜならば、賃借人が相当と認める金額を供託している限り債務不履行責任を追及されることはありませんし、公租公課を下回ることを知りながら供託するなど著しく不相当な額でない限り、賃貸人との信頼関係を破壊することにはならないと考えられるからです。

したがって、隣室の賃料額と比較してかなり低額になっているということだけでは不当な供託とはなりませんが、賃借人が相当と認める金額を供託しているか否かの判断材料にはなり得ますので、低額になっている程度が著しければ、相当と認める金額を供託していないということになりかねませんので注意が必要です。

牛江法律事務所　弁護士　牛江史彦

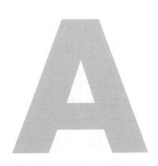

供託の無効

4-9 賃料を供託しているのに賃料不払いによる賃貸借契約解除、明渡請求という事態に発展することはありますか。

■ 問題の所在

　賃借人が賃料を供託して賃料債務を消滅させるためには、一定の供託原因に基づく供託であることが必要です。供託原因を欠く供託は、たとえ供託官が受理したとしても、原則として弁済の効果は認められません。その場合には、賃貸人から賃料不払いによる賃貸借契約解除、明渡請求という事態に発展することもありますので、注意が必要です。

■ 弁済供託ができる場合

　賃借人が供託によって賃料債務から解放されるための供託原因とは、以下の事実が存在する場合です。

(1) 賃貸人が弁済の受領を拒んだ場合（民法494条1項1号）

　賃借人は、まず契約の定めに従って賃料を現実に提供しなければなりません。民法は、賃料を現実に提供したのに受け取ってもらえなかったときは、賃借人の供託によって賃貸人の賃料債権は消滅するとしています。

　では、賃貸人が賃料の受領を予め拒絶している場合でも、賃料を現実に提供しなければいけないのでしょうか。

　判例によれば、そのような場合には、賃借人は、現実の提供は不要であるものの、賃料支払いの準備をしたうえで、その旨の通知をして受領を求め（口頭の提供）、それでも受領してくれないときに供託することができます。例えば、賃料の増額をめぐる争いがあり、従来の賃料の受領が拒絶された場合には、口頭の提供が必要とされています。

　また、口頭の提供をしても賃貸人の受領拒絶の態度が明確な場合には、賃借人は、口頭の提供すら必要ではなく、直ちに供託することができます。例えば、賃貸人が、賃借人の賃料不払いや賃借人の無断増改築などを理由に契約解除を主張する場合には、口頭の提供も不要です。このような場合にまで口頭の提供が必要であるとすれば、それは無意味な行為を求めることにほかならないからです。

しかし、受領拒絶といっても、その理由はいろいろです。したがって、どのような場合に、現実の提供ではなく口頭の提供で足りるのか、口頭の提供をしても賃貸人の受領拒絶が明確であるといえるのか、その判断は微妙で難しいものがあります。賃借人としては、まず現実の提供を試み、それでも受領してもらえない場合に供託するか、または、少なくとも賃料支払いの準備をしたうえで賃貸人に口頭の提供をし、受領を催告してから供託するのが望ましいと考えます。

(2) 賃貸人が弁済を受領できない場合（民法494条1項2号）

賃貸人の受領不能とは、賃借人が約束に従い賃料を持参したが不在であったとか、賃貸人が転居して住所がわからない場合のことで、賃借人は直ちに供託できます。ただし、一時的不在の場合は、受領不能に該当するとは限りません。賃借人は、常識的な範囲で在宅時や転居先を確認するなどの手段を尽くし、それでも受領してもらえない場合に限り供託すべきです。

(3) 誰に弁済してよいのかわからない場合（民法494条2項）

賃貸人の不確知とは、賃貸人が死亡したが、相続人が不明であるとか、賃料債権の譲渡や賃借建物の所有権の帰属をめぐって争いがあるなど、賃借人の過失なくして、誰に賃料を支払ったらよいかわからない場合をいいます。したがって、賃借人が注意を尽くして調べても賃貸人が誰であるのか知ることができずに供託した場合に限り、有効な供託といえます。

(4) 契約によっては、賃貸人が賃借人の所に取立てに来る約束も考えられます。期日を過ぎても賃貸人が来ない場合には、賃借人としては賃料の準備をしたうえで、賃貸人に取立てを促すなどの有効な提供をし、その結果によって上記のような事実が存在することを確認してから(1)ないし(3)のいずれかの対応をとることになります。

■ まとめ

以上に述べた供託原因に該当する具体的な事実が認められれば、賃借人は、供託によって賃貸人の賃料債権を消滅させることができますが、その判断には微妙な点があり、ときには賃借人の債務不履行責任が問われることにもなりかねません。賃借人としては、賃貸人にできる限り受領を可能にさせる方法で、現実に提供するか、支払いの準備ができていることを知らせるように努めることが信義則上要求されます。賃借人としては、有効な供託であるかをよく検討することが大事です。そして、いずれの場合も、供託に至った経緯を示す証拠を残しておくべきです。

村田・加藤・小森法律事務所　弁護士　村田　裕

供託金の還付と取戻し

4-10 賃借人が、賃料額について折り合いがつかないため、供託するといってきました。賃貸人は、賃借人との間で話し合いがつくまでは、供託金を受領することはできないのでしょうか。

■ 供託金の還付と取戻し

　債務者が、①弁済の提供をした場合の債権者による受領拒否、②債権者の受領不能、③債権者の不確知の理由により、その債務の履行ができないときには、債務の目的物を供託所に供託し、その債務を免れることができます（民法494条）。このように弁済のためにする供託を弁済供託といいます。

　弁済供託がなされた場合には、供託関係に基づく権利者、すなわち被供託者は、供託金の払渡請求をすることができ、これを還付請求といいます（民法498条1項）。

　還付請求の具体的な方法については、①弁済の提供をした場合の債権者による受領拒否、②債権者の受領不能の場合には、供託所に備え付けられた供託物払渡請求書の書式に必要事項を記載した上で、印鑑証明書等の必要な書面を添付し、供託がなされている供託所に提出することになります。

　③債権者の不確知の場合には、当該請求者が、還付を受ける権利を有するか否かを供託所において判断するため、上記の書類に加え、還付を受ける権利を有することを証する書面を提出する必要があります。具体的にどのような書面が必要かについては、法務局のウェブサイトが詳しいので、そちらをご参照ください。

　したがって、賃借人が何らかの理由で賃料を弁済供託した場合には、賃貸人は、上記の手続を踏むことで、供託金の還付請求ができます。

　他方、供託をした者、すなわち供託者は、一定の事由を除き、供託物を取り戻すことができます（民法496条1項前段）。これを供託者からの取戻しといい、この場合には、供託をしなかったのと同じ状態になります（民法496条1項後段）。

　取戻請求の具体的な方法については、供託所に備え付けられた供託物払渡請求書の書式に必要事項を記載した上で、印鑑証明書等の必要書類を添付し、供託がなされている供託所に提出して手続を行います。

■ 賃料の弁済供託を賃料の内金または損害金として還付する方法

　賃貸人が、賃借人に対し、賃料を増額する旨の意思表示をしたのに対し、賃

借人が増額に応じない結果、賃借人が受領拒否を理由に従前の賃料を供託する例がみられます。

このような場合に、賃貸人が供託金について還付請求をして受領することがあり得ます。もっとも、判例は、賃貸人が一部弁済として受領する旨の留保なしに供託金の還付を受けたときは、債権全額に対する弁済の効力を認めたものとして、残額を請求できないと判断しています（最判昭和33年12月18日民集12巻16号3323頁）。そのため、供託金の還付を受ける場合には、留保の意思を明確にする必要があります。

判例は、①賃貸人が賃借人に一部弁済として受領する意思を通知し、係る通知書を添付して供託所に供託金還付手続をとった場合（最判昭和38年9月19日民集17巻8号981頁）、②賃貸人の賃借人に対する訴訟係属中に還付を受けた場合（最判昭和42年8月24日民集21巻7号1719頁）には、留保付きの還付であったとして残額請求が認められるとしています。

以上のとおり、賃貸人が留保をつけることなく供託金の還付を受けた場合には、供託金額を賃料として認めたことになりますので、留保の意思を明確に示すことが重要です。

■ 消滅時効について

賃貸人が供託金を還付請求しない場合において、その請求について、いつまでも無制限に行使できるのかが問題となります。債権は、一定期間が経過すれば、時効により消滅しますので、①弁済の提供をした場合の債権者による受領拒否、②債権者の受領不能の場合には、被供託者が権利行使可能なとき、すなわち供託されたときが消滅時効の起算点となります。③債権者の不確知の場合には、債権者が確定しないと権利行使ができないことになりますので、還付請求権者が確定した時点から、消滅時効が起算することになります。

他方、供託金取戻請求権について、判例は、消滅時効の起算点については、供託の基礎となった債務について紛争の解決などによってその不存在が確定するなど、供託者が免責の効果を受ける必要が消滅した時と判断しています（最判昭和45年7月15日民集24巻7号771頁、最判平成13年11月27日民集55巻6号1334頁）。

消滅時効の期間については、供託金還付請求権、供託金取戻請求権いずれの場合も、権利行使可能なときから10年とされていましたが、改正民法により、権利行使可能なときから10年または権利行使可能であることを知ったときから5年のいずれか早い方の経過によって消滅時効が完成することになりますので（民法166条1項1号・2号）、消滅時効にかからないよう注意が必要です。

法律事務所愛宕山　弁護士　藤原亮太

マンション管理費等の賃借人負担条項

4-11 マンションの一室を区分所有者から賃借し、管理費は賃借人負担と合意しました。修繕積立金の負担も含まれますか。

■ 前提となる法律関係と問題の所在

　一般に、区分所有者は、管理組合に対し、管理規約に基づき、管理費および修繕積立金(両者を含めて「管理費等」といいます)の支払義務を負います(区分所有法19条1項)。一方、賃借人(占有者)は、建物等の「使用方法」以外の事項に関しては管理規約に拘束されませんので(区分所有法46条2項)、仮に管理規約で賃借人に管理費等の支払義務を定めても、賃借人が、管理組合に対し、管理費等の支払義務を負うことはありません。

　もっとも、賃貸借契約上、賃借人が、家賃のほか、マンションの管理費、さらには修繕積立金を負担すると定めた場合、賃借人は、管理費等の支払義務を負うかという問題は生じます。

■ 管理費等の理解

　国土交通省「マンション標準管理規約(単棟型)」(最終改正平成29年8月)を参考にして話を進めます。管理費等は「敷地及び共用部分等の管理に要する経費に充てる」ためのものです(同規約25条1項)。そのうち管理費は「経常的な補修費」を含め幾つかの出費項目を予定しますが(同規約27条)、総じていえば「通常の管理」つまり日常的な経費を想定しています。一方、修繕積立金は「一定年数の経過ごとに計画的に行う修繕」をはじめ幾つかの出費項目を予定しますが(同規約28条1項)、総じていえば「区分所有者全体の利益のために特別に必要となる管理」のための経費を想定しています。そうだとすると、管理費は、日常的な使用収益をする賃借人の利便に消費される要素が少なくないといえそうですが、修繕積立金となれば、将来にわたる長期的な修繕計画を支える性格があり、区分所有者の資産価値の維持・向上に資する要素が強くなります。

■ 管理費のみを賃借人負担とする合意がある場合

　本問の場合、賃貸借契約書上の負担が「管理費」のみであれば、仮に賃貸人が賃借人に対し修繕積立金も負担すべきだと要求しても、応ずる必要はないでしょう。理由としては、前述のとおり、管理費と修繕積立金とでは目的や性格に違いがあり管理規約上も区別されているのが通例であること、修繕積立金を賃借人に負担させるべき合理性が乏しいと考えられることが挙げられます。名古屋地裁平成2年10月19日判時1375号117頁が、共益費（マンション共用部分の管理費）を賃借人負担とする旨の特約があり、賃借人が修繕積立金も一定期間支払っていたという事案で、「修繕積立金について双方間に格別の合意がなされたと認めるに足りる証拠もない。そして、修繕積立金は、一般的には、経常的な補修費の範囲を超えた大きな修繕、例えば外壁の塗装工事や給排水設備の修補・整備などの修繕に備えて徴求されるもので、当面賃借人に対する見返りはなく、将来修繕が実行された場合それによって付加される価値は所有者である賃貸人に帰属することに照らすと、明示の合意がない限り、修繕積立金は賃貸人が負担すべきものと解される」と判示していることが参考になります。

　ちなみに、賃貸人が管理組合に支払う管理費額（修繕のための費用含む）を念頭に、賃借人に対し管理費名目の負担を求め、賃借人がそうとは知らずに賃貸借契約書で管理費名目の支払いを合意していたとしても、当該管理費支払合意は賃貸人が、賃貸物件や共用部分の維持管理のために実際に負担する費用を賃借人において支払うというものではないから、賃貸人には管理費の使途の説明義務はなく、賃貸人による管理費の受領も違法ではないとした事例（東京地判平成25年8月7日）があり、賃貸借契約書上、管理費としか記載がなくても、そこでいう管理費が具体的に何を指しているのかは契約時によく確認しておくべきでしょう。

■ 修繕積立金負担が明記されていたらどうか

　修繕積立金について明示の合意があった場合には賃借人が負担すべき可能性があります。例えば、賃借人が修繕積立金の意味を理解の上、修繕積立金を負担する替わりに賃料を低く定めたなどの事情が認められる場合には、賃借人が負担を免れないケースが生じ得ると考えられます（賃貸借契約書上、賃借人が賃貸人に対し、管理費等を負担する旨定めている場合に、現実に賃借人が修繕積立金相当額を支払うことがあり得る点に言及している事例として、福岡地裁小倉支部平成28年1月18日判時2300号71頁）。

そとだて総合法律事務所　弁護士　福盛章子

Q 4-12 修繕義務違反を理由とする賃料の支払拒否

備付けのエアコンが故障しましたが、賃貸人が修繕してくれません。賃料の一部または全部の支払拒否は許されますか。

■ 問題の所在

建物の賃貸借契約において、賃借人には、賃貸人に対して賃料を支払う義務があります（民法601条）。一方で、賃貸人には、賃借人がその目的に従って建物を使用収益できるように必要な修繕を行う義務があります（民法606条1項本文）。

ここでの問題は、賃貸人が修繕義務をはたさない場合に、賃借人が対応する自分の義務である賃料支払義務の一部または全部の履行を拒否することができるかどうかです。

■ 賃貸人の修繕義務の不履行と建物の使用収益に対する影響

修繕義務の不履行により、賃借人が建物自体の使用収益を阻害されている程度によって、場合を分けて考えてみることにします。

(1) 修繕義務の不履行により、建物の使用収益が不能または著しい支障を生じる状態になっている場合

このような場合には、賃貸人が修繕義務を履行するまで、賃料全額の支払いを拒否することができます（大審大正10年9月26日大審民録27輯1627頁、大審昭和9年11月20日判決裁判例民275頁等）。

近年の裁判例としては、使用目的を飲食店（居酒屋）として賃借した場合に、通気管の破損を原因とする悪臭（糞尿の臭気も感じさせる下水臭）の発生によって、客観的に契約目的を達成することができない状況であった間、賃料支払義務を免れるとしたものがあります（東京地判平成24年7月25日）。

(2) 修繕義務の不履行により、建物の使用収益は可能であるものの、一部支障が生じている場合

このような場合には、賃料全額の支払いを拒否することはできないというのが判例の考え方です（最判昭和38年11月28日民集17巻11号1477頁、

最判昭和43年11月21日民集22巻12号2741頁、東京地判平成5年11月8日判時1501号115頁等)。

　従来は、改正前民法611条1項の類推適用により、賃借人は使用収益が妨げられている範囲で賃料の減額を請求することができるとされていました。しかし、賃貸借の本質は、使用収益と賃料の支払いが対価関係にあることにありますから、改正法では、賃借人に帰責事由なく一部が「滅失」した場合に限らず、「その他の事由により使用及び収益をすることができなくなった場合」も、賃借人の請求を待たずに、その割合に応じて賃料が当然減額されるという規律に改められました（民法611条1項）。

■ 本問への回答

　賃貸建物に備え付けられていたエアコンが通常使用の範囲内で故障した場合には、賃貸人の修繕義務の範囲内といえます（3-19参照）。

　しかし、賃借人の使用目的にもよりますが、エアコンを使用できないことで建物の使用収益が全くできなくなるという状況は通常考えにくいといえますので、特段の事情がない限り、賃料全額の支払拒否は認められにくいでしょう。実際に、エアコンが現代の住環境において広く普及した設備であるとしても、現在の我が国の気候や気温の実情に照らせば、エアコンのない建物で人が日常生活を送ることが不可能であるとか著しく困難であるとまでは認めがたいとして賃料全額の支払拒否を認めなかった裁判例もあります（東京地判平成22年12月21日）。

　賃借人としては、エアコンを使用できないことによって使用収益が妨げられた範囲では、賃料が当然減額されることになるわけですが、使用収益が妨げられた程度を賃借人が正確に判断することは容易ではありません。賃料減額の範囲が未確定の状態で、自己の判断で一方的に賃料減額の主張をして賃料の一部支払拒否をすると、賃料不払いを理由に賃貸借契約を解除されるおそれがあります。

　賃借物の修繕が必要である場合に、賃借人がその旨を賃貸人に通知し、または賃貸人がその旨を知ったにもかかわらず、相当期間内に修繕をしないとき（民法607条の2第1号）や急迫な事情があるとき（同2号）は、賃借人に修繕権限があることが明文化されましたので、同条に該当する場合には、賃借人が自らエアコンを修繕した上で、修繕にかかった費用が必要費（民法608条1項）であるとして賃料との相殺を主張することで、賃料の一部支払いを免れるという方法も実務的には検討されるべきでしょう。

村田・加藤・小森法律事務所　弁護士　濱島幸子

第三者からの明渡請求と賃料支払拒絶権

4-13

賃貸人ではない第三者から所有権に基づき賃借建物の明渡しを請求されました。賃貸人への賃料の支払いを拒否できますか。

■ 問題の所在

賃貸借契約は、賃貸人が目的物について所有権または賃貸権限を有しない場合でも有効に成立します。したがって、賃借人が賃料の支払いを拒否すれば、賃貸人は賃貸借契約を解除して賃借人に明渡しを請求することができます（4-14参照）。

他方で、賃貸人が目的物について所有権または賃貸権限を有しない場合、賃借人が賃貸人に賃料を支払っていても、真の権利者である第三者は賃借人に対し、所有権等の権利に基づき明渡しを請求することができます。賃借人が第三者から明渡しを請求される以前は、賃借人は、善意占有者の果実取得権（民法189条1項）の類推適用により使用収益について保護され、また、不法行為に基づく損害賠償請求を受けることもないと思われます。しかし、第三者から明渡しを請求されれば、賃借人は、以後、悪意または有過失の占有者と判断され、明渡請求のみならず、不当利得返還請求や不法行為に基づく損害賠償請求を受けるおそれがあります。

このように、本問のような状況下では、賃借人は賃貸人と第三者から二重に請求を受けるおそれがあるため、賃借人の保護を図る必要性が生じます。

■ 本問への回答

この問題について、賃借人を救済するには、債権者不確知の供託権（民法494条2項）を認めることが考えられます。しかし、賃貸人の賃料債権と、第三者の損害賠償請求権等とは同一の債権とはいえませんので、賃借人に一方的に供託権を認めることには無理があります。

そこで、判例は、賃借人が、賃借物につき権利を有する第三者から権利を主張され、その明渡しを求められた以後において、民法559条で準用する同法576条を根拠に、賃借人に賃料支払拒絶権を認めました（最判昭和

50年4月25日判タ324号197頁)。民法576条は、売買の目的物につき第三者が権利を主張し、買主が買い受けた権利を失うおそれがある場合に、衡平の見地から、その危険の限度に応じて、代金の支払拒絶権を認めた規定です。判例は、同条を準用することにより、賃貸借においても、賃借人が第三者から賃借物の明渡しを請求された場合には、賃借物を使用収益する権原を主張することができなくなるおそれが生じたものとして、賃料支払拒絶権を認めたというわけです。

したがって、本問においても、賃貸人に対して賃料の支払いを拒否することは可能ということになります。なお、上記判例の射程については、債権法改正による影響はないものと考えられます。

もっとも、賃借人は第三者の権利主張に接したときは、遅滞なくこれを賃貸人に通知する義務があり(民法615条)、賃貸人は、賃借人の支払拒絶に対して相当の担保を供して支払いを求めるか(同法559条、576条ただし書)、または賃料の供託を請求することができます(同法559条、578条)。

■ 賃料支払拒絶後の未払賃料の清算

賃料の支払拒絶権は、衡平の見地から認められた暫定的な措置ですので、賃借人が第三者から明渡しを請求された後も、目的物を使用収益している間の対価の支払義務は生じます。

すなわち、賃料支払拒絶権が適法に継続している間における目的物の使用収益については、賃貸人から賃借人に対する賃料債権と第三者から賃借人に対する損害賠償請求権等が併存している状態になります。この併存する両債権は、第三者の権利が判決等により確定し、賃借人が第三者に対する損害賠償債務等を履行することによって、遡及的に、これに対応する賃貸人に対する賃料債務が消滅するという関係です。したがって、第三者に対する損害賠償債務等を履行してもなお、残余の賃料債務があるときは、賃借人は賃貸人に対して、差額の支払義務を負うことになります(大阪高判昭和56年9月22日判タ455号109頁)。

高瀬法律事務所　弁護士　菊地将太

賃料不払いによる解除

Q 4-14 契約書に賃料の支払いを1回でも怠ったときには無催告で解除できる旨の条項があるときは、文言どおり適用できますか。

■ 賃貸借契約における解除

　通常の契約では、債務者に不履行があれば、債権者は債務者に履行を催告した上で契約を解除することが可能です（民法541条本文）。

　しかし、ある程度長期間にわたり継続することの多い不動産の賃貸借契約に関しては、判例において、賃借人に不履行があった場合でも直ちに契約の解除を認めるのではなく、信頼関係を破壊するに至ったときに解除を認めるとされています（無断転貸のケースについて、最判昭和28年9月25日民集7巻9号979頁等）。

　賃貸借契約において賃料の支払いは賃借人の最も根本的な義務であり（民法601条）、その不履行は賃貸人にとって賃貸借契約を締結する目的自体を阻害するのも同然なのですが、他の債務不履行と同様に解されています（最判昭和39年7月28日民集18巻6号1220頁等）。

■ 無催告解除の特約の効力

　それでは、本問のように契約書中に「賃料の支払いを1回でも怠ったときは無催告で解除できる」という賃貸人にとって有利な無催告解除の特約条項がある場合には、その条項どおりの効力が認められるでしょうか。

　これについては、

① このような特約自体は有効か、

② 有効であるとしても、常に解除の効力が認められるのか、

という点から検討してみたいと思います。

(1) ①の点については、このような特約は賃借人に不利な内容を定めるものとして一律に無効とする立場も考えられなくはありません。

　しかし、判例は、賃貸借契約が当事者間の信頼関係を基礎とする継続的債権関係であることを前提として、賃料不払いのために契約を解除するにあたり催告をしなくても不合理とは認められないような事情が存す

る場合に無催告で解除できることを定めた約定として有効であるとしています（最判昭和43年11月21日民集22巻12号2741頁）。

(2) ②の点については、上記判例に照らせば、催告をしなくても契約を解除することが不合理とは認められないような事情、すなわち賃貸人と賃借人との継続的な信頼関係を破壊するような事情がある場合でなければ、無催告解除は制限されることになります。

そして、このような信頼関係を破壊するような事情の有無は、賃料不払いとなるに至った賃貸人賃借人双方の事情を詳細に検討した上で、判断されています（特約の存在及び賃料不払いの事実を認定した上で、信頼関係が破壊されていないと判断した事例として、東京地判昭和62年4月10日判タ653号116頁）。

■ 裁判上の和解や調停の場合

一般的には、私人間で合意される契約とは異なり、当事者間で紛争が生じた結果行われた訴訟上の和解や調停などの条項については、公平中立な第三者である裁判所が関与して双方の意向を十分に確認・調整した上で作成されることから、文言に忠実に適用されることが基本であるといえます。

しかしながら、その場合であっても、和解等の成立に至る経緯や双方の事情を勘案して、賃料の支払遅滞があっても信頼関係が破壊されたとはいえない場合には、契約解除が認められないことがあります（解除を否定したものとして最判昭和51年12月17日民集30巻11号1036頁。解除を肯定したものとして東京地判平成19年12月28日）。

■ まとめ

以上のように、賃貸借契約の解除については、契約書等の文言を形式的に当て嵌めるのではなく、債務不履行に至った双方の事情を総合的に勘案して、信頼関係が破壊されるに至ったのかどうかで判断されています。

したがって、本問のような場合でも、単なる賃料不払いの事実のみならず、相互の信頼関係を破壊するような事情があるかどうかを検討することが必要で、そのためには日頃から問題があったときには記録しておくとともに、不払いが生じたときには賃借人に事情を確認するなどして、判断することが肝要でしょう。

虎門中央法律事務所　弁護士　柴田征範

賃料受領拒否

4-15 賃貸人が従来の賃料振込口座を解約してしまいました。賃料を持参しても居留守のようです。どうしたらいいですか。

■ 賃料の支払方法（持参債務か取立債務か）

　賃料の支払い方法については、賃借人が賃貸人宅に賃料を持参する方法（持参債務）と、賃貸人が賃借人宅に来て賃料を徴収する方法（取立債務）とがあります。どちらの方法によるかは当事者間で自由に取決めができますが、取決めがない場合は持参債務になります（民法484条1項）。銀行振込みの場合に振込みができないときは、（取決めがない限り）持参債務として賃貸人宅に賃料を持参して支払う必要があり、支払期限までに支払いができなければ賃借人の債務不履行責任が生じます。なお、振込みの場合は、賃貸人が払戻を受けられる状態になったときに支払いの効果が生じます（民法477条）。支払期限日に振込手続をしても、賃貸人口座への着金が翌日以降になる場合は賃借人の債務不履行になりますので留意してください。

■ 賃料の受領拒否と債務不履行責任

　本問では、賃貸人宅に賃料を持参したものの居留守を使われたようで、支払いができなかったということです。このような場合、賃借人は、「弁済の提供」をすることにより、債務不履行責任を免れることができ（民法492条）、賃貸借契約が解除されるのを防ぐこともできます。

■ 弁済の提供の方法

　弁済の提供は、「債務の本旨に従って現実にしなければならない」（民法493条本文）とされています。賃料が持参債務の場合は、原則として賃料全額を現金で持参し、賃料を支払う意思を賃貸人に伝えることが必要です。単に、一度だけ賃貸人宅を訪問し、呼び鈴を鳴らしたりドアをノックしたが誰も出てこず留守のようだったというだけでは、弁済の提供とは認められません。改めて賃貸人宅に電話をかけて在宅確認のうえ、再度賃料を持参して訪問し、賃料支払いの意思を伝えることが必要です（東京高判昭和

52年7月7日判時866号134頁)。この点について、賃借人が賃料を持参したものの賃貸人に3回程度居留守を使われ、さらにその後も賃料を持参して、賃料を持参した旨を告げたものの、賃貸人が居留守を使い何らの応答もしなかったため賃料の支払いができなかったという事案について、現実の弁済の提供があったと認め、後に説明する弁済供託を有効とした裁判例があります（東京地判昭和39年6月10日判時383号62頁)。

なお、現金書留郵便で賃料を直接送金することも考えられますが、賃貸人が受領せず返送される場合も、弁済供託の方法をとることになります。

■ 賃貸人があらかじめ賃料の受領を拒んでいるとき

賃貸人があらかじめ賃料の受領を拒んでいるときは、現実に賃料を持参する必要はなく、「弁済の準備をしたことを通知してその受領を催告すれば足りる」（民法493条ただし書）ことになっています。

本問においても、あらかじめ賃貸人が受領拒否をしていれば、賃借人は、「賃料を支払う準備ができていますから、受け取ってください」という意思を伝えて、債務不履行責任を免れることができます。この意思は、口頭で伝えることで足りますが、内容証明郵便で伝えるのが望ましいといえます。なお、賃借人から賃料の振込先口座の照会を受けた賃貸人が、その回答をしなかったというだけでは、受領拒否にはならないとする裁判例があります（東京地判平成19年4月23日)。また、弁済の提供や受領拒否の有無に関して後日紛争が生じる場合がありますので、賃借人としては、関係する証拠（例えば賃料の受領を促した賃貸人宛ての内容証明郵便や返送された現金書留郵便封筒など）をきちんと残しておくことをお勧めします。

■ 弁済供託

弁済の提供を行えば債務不履行責任は免れますが、賃料債務自体が消滅するわけではありません。そこで、賃借人は、賃料を供託することで賃料債務を消滅させることができます（民法494条)。供託の要件は、①弁済の提供と受領拒否、②受領不能、③債権者不知のいずれか一つに該当することですが、本問の場合は、①が供託原因となります。よって、弁済の提供をしないでいきなり供託することはできませんので、受領拒否が明確な場合であることを確認してから供託をしてください。

供託は、賃料を持参して、賃貸人の住所地を管轄する法務局等の供託所に申請書類を提出して行いますが、供託事務を行っていない法務局もありますので、事前に確認しておくと良いでしょう。

小室・岡田法律事務所　弁護士　岡田　功

賃借人死亡後の賃料支払義務者

賃借人死亡後、賃料の支払いがありません。誰を相手に対応すべきですか。

　借家権は、建物の賃借人が死亡した場合、相続されると一般に解されています（民法597条3項参照、2-32参照）。公営住宅の場合の使用権は相続を否定されます（最判平成2年10月18日民集44巻7号1021頁）。

■ 遺産分割前の場合

　遺産分割前は、賃借人の地位が共同相続人全員に帰属します。この場合、賃貸人との関係で各相続人は家屋全部の使用収益をなし得る地位にあります。賃料はこのような不可分な利用に対する対価という性質をもっているので、性質上不可分債務であると解されています。したがって、賃貸人は共同相続人それぞれに賃料全額の支払いを請求できます（民法430条、436条、大審院大正11年11月24日民集1巻670頁）。

　もっとも、相続人の一人に請求をしても、他の者に対して請求をしたことにはなりません。催告や共同相続人の賃料不払いを理由とする契約解除の意思表示などは、共同相続人全員に対してする必要があります（民法544条、最判昭和36年12月22日民集15巻12号2893頁）。ただし、共同相続人により賃借権が相続された場合であっても、特定の相続人のみが賃借物を使用し、かつ賃料を支払っているような場合には、他の相続人らは、賃貸借契約に係る一切の代理権を当該相続人に授与したと見て差し支えないこともあり、そのような特段の事情がある場合には、当該相続人に対してのみ賃料支払いの催告や契約解除の意思表示をなせば足りる（大阪地判平成4年4月22日判タ809号175頁）とした事例があります。

　なお、賃借人の死亡前の滞納賃料は、一般の金銭債務にほかなりませんから、当然に分割され、法定相続人がその相続分に応じてこれを承継します（最判昭和34年6月19日民集13巻6号757頁）。

■ 遺産分割がなされた場合

　遺産分割がなされ、特定の相続人が賃借権を承継することになった場合には、相続開始後の賃料の請求や解除はその者に対して行います。

なお、滞納賃料は、前記のように各相続人に分割承継されますので、遺産分割に際して相続人間で債務の帰属についてこれと異なる合意をしても、賃貸人は、合意と関係なく各相続人に対して法定相続分に応じた額の請求をすることができますし、また、相続人間の合意を承認して、債務を引き受けた者に対して請求することもできます。

■ 賃借人に相続人がいない場合

　賃借人の相続が開始されたにも関わらず、相続人が不存在の場合（相続人の全員が相続放棄した場合を含みます）には、相続財産は家庭裁判所により選任された相続財産管理人により管理され、同管理人によって清算手続が行われることとなります（民法951条以下）。なお、相続財産管理人がいない段階では、賃貸人は、相続債権者として利害関係人に該当するものと考えられますので、家庭裁判所に対し、相続財産管理人の選任を自ら請求することができます。

　他方、賃借人の相続人がいない場合であっても、当該賃借物が居住用建物であり、かつ、賃借人と事実上の夫婦または養親子関係にあった同居者が存在する場合には、当該同居者へ賃貸借関係上の権利義務が承継されますので（借家法7条の2、借地借家法36条）、この場合にはこれら同居者に対して賃料の請求をすることになります。

■ 賃貸人のとるべき対応

　相続人が各地に多数いる場合などもありますし、必ずしも資力が十分な者ばかりとは限りません。賃料の請求や解除を個別にするのも大変です。
　現実的な対応としては、戸籍謄本等によって相続人の有無や所在のほか、現在の居住者の有無、実際に誰が居住しているかを、まずは調査し確認すべきです。そのうえで、交渉相手をできるだけ現に借家に居住している相続人にしぼり、他の相続人には借家に関する代理権を交渉相手に授与してもらうなどして、交渉を円滑かつ安心して進められるようにするべきでしょう。もし、賃貸借関係を存続させるので構わないと考えているのであれば、できるだけ現居住者に借家関係を引き継がせるように働きかけるなどして法律関係の早期安定を目指すのがよいでしょう。
　居住者が内縁の妻等である場合には、判例の立場の援用論によれば、内縁の妻等の居住は保護され得ますが、賃料債務は相続人が負うことに注意してください（最判昭和42年2月21日民集21巻1号155頁、2-33参照）。

芝大門法律事務所　弁護士　小久保成

同居人に対する賃料請求

Q 4-17

遅滞賃料を賃借人と同居する家族に請求することはできるのでしょうか。

■ 賃借人と同居する家族に対する遅滞賃料請求

賃借人は、賃貸借契約の当事者ですから、賃貸住宅を占有して使用収益する権利を有するとともに、賃料を支払うべき義務を負担しています。これに対して賃借人と同居する家族（以下、単に「同居家族」といいます）は、賃貸借契約の当事者ではありませんので、賃貸住宅を使用収益する権利はなく、賃料支払義務も負いません。したがって、賃貸人は、契約関係にない同居家族に対して、遅滞賃料を請求することはできません。

しかし、同居家族と賃貸人との間に契約などの法律関係があれば、同居家族が賃貸人に対し賃料支払義務を負担することがあります。このような法律関係として、以下のようなものが考えられます。

■ 保証契約

同居家族が、賃貸人に対し、賃借人の賃料支払債務について（連帯）保証をした場合には、賃料支払義務を負担します。この場合、賃貸人は同居家族に対し保証契約に基づいて遅滞賃料を請求することができます。ただし、不動産賃借人の個人保証は、個人根保証契約と解されますので、書面等の方法により保証契約をしなければ効力が生じません（民法465条の2第3項）。また、個人根保証契約には極度額を定める必要があり、これを定めない場合には無効となります（民法465条の2第2項）（1-3参照）。

■ 配偶者の日常家事連帯債務

夫婦の一方が日常の家事に関して第三者と法律行為をしたときは、他の一方は、これによって生じた債務について連帯責任を負います（民法761条本文）。「日常の家事」とは、夫婦の共同生活に必要な一切の事項をいい、その具体的な範囲は「個々の夫婦の社会的地位、職業、資産、収入等によって異なり、また、その夫婦の共同生活の存する地域社会の慣習によって

も異なる」とされています（最判昭和44年12月18日民集23巻12号2476頁）。夫婦が共同生活を営むための賃料債務が、日常家事債務として認められる場合、同居する配偶者に対して遅滞賃料の請求をすることができます（札幌地判昭和32年9月18日下民集8巻9号1722頁）。ただし、賃貸人に対して、その配偶者である同居家族が連帯責任を負わない旨予告していた場合には、日常家事債務である賃料支払債務についても連帯責任を負いません（民法761条ただし書、2-15参照）。

■ 相　続

同居家族が、賃借人の死亡により遅滞賃料債務を相続した場合、賃貸人は、同居家族が相続した遅滞賃料支払債務について、遅滞賃料の請求をすることができます。また同居家族が、相続により賃借人の地位を承継した場合には、それ以降に発生した賃料の請求ができます（4-16参照）。

■ その他、同居家族に対して賃料を請求する方法

以上のような法律関係があるような場合を除いて、同居家族は賃料支払義務を負いませんので、賃貸人は同居家族に対して遅滞賃料の請求をすることができません。また同居家族自身には、賃貸人に対し賃貸住宅の使用収益を直接求める権利はありませんが、同居家族は、賃借人の履行補助者として賃借人の占有権限に基づいて賃貸住宅の利用を行っていますので、適法に占有していると解されています。

しかし、賃料不払いを理由として賃貸借契約が解除されれば、同居家族としても賃貸住宅を明け渡さなければならない不利益を被りますから、賃貸人は、この不利益を交渉の材料として同居家族に対して賃料の支払いや保証契約の締結を事実上求めることはできると思います。どうしても遅滞賃料を支払ってもらえない場合には、賃貸借契約を解除して明け渡してもらうほかありません。また、もし解除以降も居住するのであれば同居家族の居住も不法になります。そこで、それ以降の賃料相当額は同居家族に対しても不法行為に基づく損害賠償として請求することが考えられます。普通、賃借人に明渡しを求める訴訟の場合には、賃借人の同居家族をも被告にしなくとも明渡しの強制執行には差し支えありませんが、賃借人よりも同居家族のほうに資力があるときは、同居家族をも被告としてこのような賃料相当額の支払いを求めてもいいでしょう。

篠塚・野田法律事務所　弁護士　橋本　潤

扶養義務者の賃料支払義務

4-18 賃借人である無職の老人が賃料の支払いを滞らせています。賃貸人は扶養義務者である子供らに請求できますか。

■ 扶養とは

　民法は、各人はみずからの生活をみずからの責任において維持すべきことを原則としていますが、現実問題として社会的事情などにより自分の資産と労力では生活することができない者（要扶養者）が生じることは避けられないことです。

　このような場合に、その者と一定の親族関係にある者が必要な経済的給付を与えることが必要となります。

　そこで、民法は、要扶養者と一定の親族関係にある者に扶養義務を認めています。

■ 扶養義務

　扶養義務を負う者は、第1次的には、要扶養者の配偶者（民法752条）、直系血族および兄弟姉妹のうち経済的余力のある者ですが（同法877条1項）、これ以外に3親等内の親族は、特別な事情がある場合に、家庭裁判所の審判により扶養の義務を負うこととなります（同条2項）。扶養の程度および方法は、当事者の協議によって決められますが、協議が調わないときや、協議をすることができないときは、要扶養者の需要、扶養義務者の資力その他一切の事情を考慮して家庭裁判所がこれを決めることになります（同法879条）。そして、扶養の方法は、原則として金銭給付によって行われますが、定期金の形で毎月扶養料を払う方法をとることが多いと言えるでしょう。

■ 扶養請求権の法的性格

　以上のことから、本問における無職で老齢の賃借人は要扶養者として、扶養義務者に対し扶養請求権を有しているということになります。

　では、賃貸人がこの扶養義務者に対して賃料の支払いを請求することは

できるのでしょうか。

前提として、扶養請求権の法的性格がどういうものかを知る必要があります。

民法は、「扶養を受ける権利は、これを処分することはできない」（同法881条）と定めています。これは、扶養請求権が要扶養者という身分に専属している権利であることを示しています（扶養請求権の一身専属性）。したがって、例えば、扶養請求権は、強制執行によって差し押さえることが禁止されていますし（民事執行法152条1項1号）、また相続の対象にもならないとされています（民法896条ただし書）。これは、扶養が要扶養者の生存を確保するために認められている制度だからです。

そして、扶養請求権の一身専属性とは、逆にいえば、要扶養者という身分を有していない者は、扶養請求権を行使することはできないということになります。

■ 結　論

このように、扶養請求権は要扶養者という身分に専属する権利ですので、扶養関係という身分関係を全く有していない賃貸人が、扶養義務者に対し、賃借人に対する扶養義務があるという理由で賃料の請求をすることはできません。

また、同様の理由から、賃貸人が、賃料債権を被保全債権として、要扶養者である賃借人の扶養義務者に対する扶養請求権を代位行使することもできません（民法423条1項ただし書）。

このように、賃貸人が、扶養義務者に賃料請求をすることは法的には認められませんが、扶養義務者との話し合いの結果、事実上賃料を支払ってもらうことには問題はありませんので、一度交渉をしてみるとよいでしょう。それでもらちがあかないときには、法的な手続もやむを得ません。ただし、無職の老人に対して明渡しを命ずる判決を取得しても、明渡しの強制執行をスムーズに行うためには、福祉事務所との連絡を取り合うなどの必要が生ずることもあります。

笹浪総合法律事務所　弁護士　笹浪恒弘

賃料支払先の変更通知

4-19 今後の賃料の支払先の銀行口座が、新口座に変更になるという通知が届きました。何に注意したらよいですか。

■ 問題の所在

賃借人が気を付けるべきは、新口座へ送金しても賃料の正当な支払になっておらず、賃料不払を理由に契約を解除されるとか、賃料の二重払を余儀なくされる危険です。送金すれば大丈夫と思い込んではいけません。しかし、疑問があれば送金を止めておけば済むという問題でもありません。

■ 賃貸人名義に変更がなく支払先口座だけを変更する場合

賃貸人名義の変更がなく、取扱銀行や支店を新口座に変更するだけならば、特に不審な点がなければ、支払先の変更と理解し、通常、通知に従うべきでしょう。銀行が変わると手数料がかかるとか不便だと言ってみても送金を拒めば賃料不払になります。もし契約書で旧口座を特定していたとしても口座の変更を禁ずる趣旨だったとまでは解釈し難いでしょう。もっとも、通知は果たして賃貸人の意思によるものか、通知の差出人が賃貸人ではないとか、賃貸人だけれど高齢や病気で意思を表明できない事情があるはずというときなどは注意が必要です。

■ 第三者名義の口座へ変更する場合

一方、賃貸人名義とは違う第三者名義の口座に送金するよう通知があった場合は、特に慎重な対応を要します。典型例を挙げます。

第1に、賃貸人の死亡により相続が開始し、妻や子から通知があった場合です（4-28参照）。妻や子と面識があると通知に応じてしまいがちですが、他に法定相続人がいないか、遺言があったのか、遺産分割協議があったかなどの事情によって、妻や子が賃料債権を取得しているか、取得しているのは賃料全額かという問題があります。通知を受け取ったら、不動産登記簿で相続登記済みか、登記未了なら何か事情があるかなども確認したほうがよいでしょう。最高裁は、共同相続する不動産に関し、相続開始後

から遺産分割までの間に生ずる賃料債権は、遺産とは別個の財産というべきで、各共同相続人が相続分に応じて分割単独債権として確定的に取得し、その帰属は、後にされた遺産分割の影響を受けないと判示しています（最判平成17年9月8日判タ1195号100頁。特に遺言があるときは、法定相続分ではなく、遺言による財産の帰属や相続分の指定により賃料債権を取得します。東京地判平成23年1月20日、同平成27年12月3日）。

第2に、賃料債権を第三者が取得したか又は受領権限を有しているとの通知があった場合（賃料債権譲渡について4-26参照、賃料差押による取立てについて4-23ほか参照、賃料の代理受領について4-21参照、集金管理の委託について4-30参照）です。これらは、賃借物件の所有権が譲渡されたなどのオーナーチェンジとは違います（賃借物件の譲渡は不動産登記簿を見れば一応確認ができます。真に譲渡があれば賃貸人の契約上の地位が新賃貸人に移転するので通知に従って新賃貸人の新口座に賃料を送金する必要があります。）。

まずは通知が賃貸人から発せられたか確認すべきです。通知だけで賃貸人の意思が働いているかはわかりません（4-29参照）。賃貸人から発せられていたとしても債権譲渡の例では二重譲渡という事態も起こり得ますから確定日付による通知かの確認も必要です（4-26参照）。さらには、賃借物件に抵当権の設定がある場合、抵当権者は、物上代位の目的債権が譲渡され第三者に対する対抗要件が備えられた後においても、自ら目的債権を差し押さえて物上代位権を行使できるため（最判平成10年1月30日民集52巻1号1頁、最判同年2月10日判時1628号3頁）、結局、債権譲渡通知が適式になされていたからといって以後それに従ってさえいれば安心とまではいい切れません（4-24、4-27参照）。

■ 供託、債権の準占有者に対する弁済

不安な事例では債権者不確知を理由とした供託（民法494条2項。支払側に無過失を要します。）も視野に入れて検討すべきです。それでも送金した結果、相手が実は正当な権利者でなかったとしても「取引上の社会通念に照らして受領権者としての外観を有する」者への善意無過失の弁済が救済される可能性は残っています（民法478条。旧法でいう「債権の準占有者」への弁済。前掲東京地判平成23年1月20日参照。）。いずれもあらかじめ注意を払った上ですべきなので、注意してください。

そとだて総合法律事務所　弁護士　外立憲和

第三者による賃料の支払い

毎月賃料は支払われていますが、持参者や送金名義人が賃借人とは違っています。何か注意点はありますか。

■ 問題の所在

賃貸人が第三者による賃料の支払いを漫然と受け入れ続けることの最大の注意点は、既成事実化を理由に賃借権の譲渡が有効と認められてしまうおそれがあることです。すなわち、本来であれば賃借権の無断譲渡は賃貸借契約の解除事由となりますが、賃料の支払いを受け入れ続けたことを理由に、賃貸人が賃借権の譲渡を承諾していたと判断されてしまうおそれがあります。

賃貸人は従来通りの賃貸借契約が継続していると考えていても、賃借人に対する賃料請求や明渡請求が認められない事態、素性や資力の知れない第三者に賃貸することを強いられる事態、敷金を精算する相手を間違えてしまう事態といった賃貸人に不利益な事態が生じかねないのです。

そのような事態にならないよう、第三者による賃料の支払いがなされた場合には、賃貸人として慎重に対応する必要があります。

■ 賃借人の同居家族が賃料を持参する場合

賃借人の同居家族が賃料を持参し、賃借人宛の領収証を受領するときは、格別の問題はありません。この場合、賃料の持参者は、賃借人の履行補助者とみなすことになります。

■ 賃借人の同居家族以外の者が賃料を持参する場合

賃借人の同居家族以外の者が賃料を持参するときは、たとえその者が賃借人宛の領収証を受領したとしても、隠れた賃借権譲渡を疑ってみるべきです。

賃料持参者が賃借人宛の領収証を受領している限りにおいては、受領を拒否する必要まではないと思われますが、念のため、賃料持参者に対し、賃借人との関係や賃借人が持参しない理由を聞きただしたうえで、賃料を

受け取るべきです。不自然な点があれば、実際の占有者に変化がないかを確認しておいた方が良いでしょう。

■ 第三者名義で銀行振込送金があった場合

(1) 第三者名義で賃貸人の銀行口座に賃料相当額が送金されてきた場合には、次のような可能性があります。
   ① 賃借人の指示に基づき送金する賃借人の家族などが送金人としてみずからの名前を送金依頼書に記入したという可能性
   ② 後日になって、賃貸人の承諾のもとに、賃借権の譲渡を受けたとの主張をするための実績作りとして、その主張予定者が自己の名義で送金し始めたという可能性
   ③ 賃借人がみずから営業する会社(法人成りの場合または同居法人がある場合)に対して賃料の負担を求め、または、その会社に賃借権を譲渡したという可能性
   ④ 賃借人の家族構成の変化(別居、離婚など)に伴い、賃借権を財産分与などにより譲渡したという可能性
   (なお、賃借人の死亡により賃借権が相続された場合には、賃借権の譲渡にはなりませんが、相続人が誰であるかを確認し、実態に則した名義で賃貸借契約を締結し直しておくと良いでしょう。4-16参照)

(2) 上記のように、第三者名義での送金は、賃借人のためになされる場合もあれば、賃借権が譲渡された結果としてなされる場合もあり、第三者の名義を見ただけではその区別は困難です。

したがって、上記の①ないし④のいずれの場合においても、一度でも第三者名義による送金がなされたときは、賃借人に対して、第三者による送金の経緯を確認しなければなりません。そして、確認の結果、後日に賃借権譲渡の主張をしようとしていることが疑われる場合には、賃借権譲渡は認めていないこと、第三者名義による送金は賃借人の支払分として受領したこと、今後は、必ず賃借人本人の名義で送金することを、賃借人に釘をさす必要があります。今後も引き続き第三者名義で送金されるようであれば、賃料の支払いと認めず、賃料不払いによる解除や無断譲渡による解除もあり得ると付記するのもよいでしょう。後に紛争になった場合に備えて、書面として残しておくことも重要です。

虎門中央法律事務所　弁護士　大原義隆

賃料の代理受領

4-21 賃貸人が資金調達の担保として、賃料を債権者に代理受領させることにしました。賃借人の立場はどうなりますか。

■ 代理受領とは

　広義では、債権者の代理人として債権の取立てをして、その支払いを受領することを、すべて代理受領といいますが、ここで問題とするのは、狭義の代理受領です。狭義の代理受領とは、代理受領につき債務者の承諾がある場合をいい、代理受領権者には独立した当事者の地位が生まれます。

　賃貸借契約における代理受領は、賃貸借契約の枠組みは変えず、代理受領権者が賃貸人本人に代理して賃借人から賃料を受領すれば、賃借人は賃貸人に対し賃料を支払ったとみなす制度ということになります。賃貸人が資金調達のために将来の賃料を第三者に取得させることはよく見られますが、代理受領もそのための一方法です。これは、賃料債権の譲渡や質入れとは違います。法律のなかに代理受領の言葉は登場しませんが、判例上は認知された制度です。第三者のための契約（民法537条）にも似ていますが、異なる制度です。

■ 賃料支払いの相手方

　代理受領というためには、まず、賃借人からその承諾を取りつけることが必要です。賃借人は、自らの承諾に基づき、賃貸人に対する賃料支払い義務を、代理受領権者に対して支払うという方法により履行することになります。すなわち、賃借人が代理受領権者に対して支払いをすれば、賃貸人に対し、直接賃料を支払ったものとみなされます。

　しかし、当事者間で代理受領の合意をしたとしても、賃借人と代理受領権者間に相互の権利義務関係は生じないので、賃借人が代理受領権者に対して賃料支払いを義務付けられる関係にはありませんし、代理受領権者が賃借人に対し賃料支払いを請求できるというものでもありません（最判昭和61年11月20日判タ629号134頁）。

　また、賃貸人の債権者が賃料を差し押さえた場合、その差押えは代理受

領権者に優先するものとされています。

■ 賃貸人の義務

賃貸人が第三者との間で代理受領委任契約を締結した場合でも、それによって賃貸人の地位が移転したわけではありませんから、賃貸人には、賃料の受領権以外のすべての権利および義務が帰属します。代理受領権者は、賃料の改定交渉にも無関係です。また、敷金や保証金の返還義務は、依然として賃貸人が負担することになります。

■ 賃借人の義務

賃借人が、第三者を家賃の代理受領権者として承諾した場合には、その代理受領権者に対して家賃を支払えばいいのですが、それにもかかわらず賃貸人に対して支払いをしてしまった場合であっても、その支払い自体は有効です。

また、特別な事情のない限り、賃借人が第三者（代理受領権者）からの家賃請求に対し賃貸人に対して有する債権と相殺することは可能ですし、第三者に対して相殺の可能性を事前告知しなかったとしても、それは不法行為にはなりません（仙台高判平成21年10月28日判時2077号86頁）。

ただし、賃貸人と第三者との間で代理受領に関して締結した委任契約について、賃貸人は代理受領権者の同意なしに委任を解除しないこと、弁済の受領は代理受領権者だけが行い、賃貸人は受領しないこと等の特約をしたうえで、賃借人がこの特約を含む委任契約を承諾した場合には、その承諾は、「代理受領によって得られる代理受領権者の利益を承認し、正当な理由がなく上記利益を侵害しないという趣旨を包含する」と解されますので、それにもかかわらず賃貸人に賃料を支払った賃借人は、代理受領権者に対して不法行為に基づく損害賠償義務を負います（東京地判平成7年12月13日判タ916号158頁）。

田中法律事務所　弁護士　田中みどり

賃料の仮差押え

4-22 裁判所から賃料請求権を仮差押えするという書類が届きました。賃借人はどうしたらいいのでしょうか。供託はできますか。

■ 仮差押えについて

　仮差押命令というのは、債権者が債務者（本件の場合賃貸人）に対して有する金銭債権に関連して争いがあるとき、当該債権が裁判で確定して強制執行できるようになるまでの間、賃貸人の有する財産（本件のように債権等も含みます）が散逸しないよう暫定的に処分を制限する命令で、債権者からの申立てにより裁判所が発令します。

　この命令により、賃貸人は賃借人（第三債務者）から賃料を取り立てることを禁止され、また賃借人は賃貸人に対して賃料を支払うことを禁止されます（たとえ、賃貸人から「迷惑はかけない」との念書をもらっても、従前どおりの支払いをすれば二重払いの危険を負います）。

　また将来の強制執行を保全するための「仮」の差押えですから、債権者は最終的に債権の回収をすることはできませんので、賃借人としても債権者へ直接支払うことはできません。

■ 賃借人の対応

　それでは賃料を支払わずにそのまま放置してもよいのでしょうか。賃借人としては、仮差押命令に従い賃貸人に対する賃料の支払いを停止しても賃料の支払債務から免責されることにはなりませんので、賃料不払いの状態が継続することになりますし、仮差押えから本執行まで通常長期間を要することを考えると、相当額の遅延損害金の負担を強いられることにもなります。

　このような場合、賃借人は賃料を供託することが認められていますので（民事保全法50条5項、民事執行法156条)、この方法を選択するのが最も賢明と思われます。この供託は法律上義務付けられたものではなく権利供託といわれています。

■ 具体的な手続について

(1) 仮差押命令に記載された賃料請求権の内容と実際の契約内容に相違がないか、またどの範囲で賃料請求権が仮差押えを受けているのかを確認する必要があります。供託をする場合は、仮差押えを受けた範囲に限らず仮差押えされた債権の全額について供託することができますが、賃貸人に支払う場合は仮差押えの範囲を超える部分に限られますので注意してください。

(2) 仮差押えによって、賃料の支払いの面では制限を受けることになりますが、従前の賃貸借関係に変更はありませんので、賃借人としては、弁済や相殺等、賃貸人に主張できる抗弁はすべて賃貸人の債権者に対しても主張できます。

(3) 供託は、債務の履行地（賃料の支払いが現実に行われるべき場所で、民法484条1項、商法516条等が基準になります）の供託所に行うことになります。

(4) なお仮差押命令が送達されたときは、ほとんどの場合、陳述書が同封され、仮差押えの対象となった債権の内容等について回答を求められます。この陳述書は、申立ての段階では必ずしも仮差押債権の内容を詳細には知り得ない債権者の立場を考慮して、その後の換価手続の選択の資料とするために認められている取り扱いですが、この催告に対して第三債務者（本件の場合賃借人）が故意または過失により陳述しなかったとき（送達を受けた日から2週間以内に回答を要します）、また不実の陳述をしたときは、これによって仮差押債権者が被った損害を賠償しなければなりません（民事保全法50条5項、民事執行法147条）。(1)(2)のように実際の賃料請求権と内容が相違する場合や、賃貸人に対して抗弁を有しているようなときは、その旨指摘をしておく必要があります。

(5) 供託をしたときは、事情届に供託の概要を記載のうえ、供託書正本を添付して裁判所に届け出ることになります（民事保全法50条5項、民事執行法156条3項）。

この後は、法律の定める手続により、裁判所が供託金の配当を行うことになります。

村田・加藤・小森法律事務所　弁護士　加藤一郎

賃料の差押競合

4-23 賃料の差押命令を受けた賃借人は、差押債権者に支払えばいいのですか。複数の差押命令が届いた場合はどうなりますか。

■ 結 論

　賃料の差押命令を受けた場合、賃借人は、賃貸人に対して賃料を支払うことを禁止されます。賃貸人に差押命令が送達された日から1週間経過したときは、賃借人は、差押債権者に直接賃料を支払うことができます。また、賃借人は、賃料を供託することもできます（権利供託、義務供託）。

■ 賃料の差押えについて

　賃料の差押命令を受けたとのことですので、債権者は賃貸人（債務者）に対する債権について裁判等で債務名義（判決等）を得たうえで、賃貸人の有する賃借人（第三債務者）に対する賃料債権に強制執行してきたということになります。また、担保権が設定された不動産について、担保権が実行されて賃料債権が差し押さえられることもあります（物上代位）。

　これらの場合、賃貸人が賃借人から賃料を取り立てることが禁止され、賃借人も賃貸人に対して賃料を支払うことが禁止されます。債権者は、賃貸人に対して差押命令が送達された日から1週間を経過したときは、賃借人から賃料を直接取り立てることができます（民事執行法155条1項）。

■ 賃借人の対応

　賃借人は、債権者による上述の取立てが可能となったら、これに応じて債権者に直接賃料を支払うことができます。

　しかし、取立て可能な状況になったにもかかわらず債権者が取立てを行わない場合や、差押命令に対し異議のある賃貸人が執行停止を申し立て、債権者の取立権が制限されるなどの事態も想定されます。このような場合でも、賃料の支払日を過ぎると損害金が発生しますので、それを免れるため、賃借人は供託をすることもできます（民事執行法156条1項の権利供託）。供託の書式は法務局にあり、法務局のホームページでも手続するこ

とが可能です。供託をしたときは裁判所に事情届を提出します。

■ 賃料の差押競合と賃借人の対応

ところで、賃貸人が債権者から差押命令を受けたということは、賃貸人が債権者と係争状態にあり、経済的に苦境の状態にあること、さらには破産、倒産の可能性があるということを意味します。したがって同一の賃料債権について、債権者が異なる複数の差押命令が届くこともあります。

単独の差押命令に対してすでに支払った後に、他の差押命令がきても既払い分についての支払いの効力が失われることはありません。

しかし、取立訴訟の訴状が送達される前に複数の差押命令を受け、その合計が賃料債権の金額を超えたときは、賃借人は差し押さえられた賃料債権の全額を供託しなければなりません（民事執行法156条2項の義務供託）。複数の債権差押命令があるときは、特定の差押債権者の取立てに応じて支払いをしても、取り立てた債権者が他の差押債権者に正当な分配をするとは限りません。そこで各債権者が請求金額に応じて平等分配を受けられるように裁判所が配当を行うこととしたものです。注意点を若干述べます。

①差し押さえられた債権全額を供託しなければ免責されません。支払日を過ぎている場合には供託日までの損害金も含めた金額を供託する必要があります。②供託の義務が生ずるのは、差押えと差押えが競合したケースのみでなく、差押と仮差押が競合したケースでも同様であり、そのほかに配当要求があった旨の文書の送達を受けた場合などもあります（なお仮差押えと仮差押えが競合した場合には、権利供託として供託することができます）。③差押債権者が複数であっても差押額の合計額が差し押さえられた賃料債権の額を超えないケースでは、各差押債権者がそれぞれ満足を受けることができるので、供託義務は発生しません。この場合は債権者に任意で支払うか、または権利供託をすることになります。④供託をしたときに裁判所に事情届を提出する必要があるのは権利供託の場合と同じです。

なお、第三債務者として陳述書に回答するにあたっては差押えが競合している点も記載することになりますので注意してください。また、差押債権者の取立てに応じて支払った場合、賃借人が裁判所に支払届を提出する扱いもありますので、差押命令を発令した裁判所にご確認ください。

町田シビック綜合法律事務所　弁護士　若林信子

抵当権者による賃料からの債権回収

抵当権者は、目的物の賃料から債権を回収できるということですが、どのような方法により回収するのですか。

■ 賃料から債権を回収する実益

AさんがBさんにお金を貸し、Bさん所有の建物に抵当権を設定していたとします。Bさんが約束したお金を返さない場合（債務不履行）には、Aさんは、抵当権を実行し、この建物を強制的に売り払って貸金の回収にあてることができます。しかし、建物に優良な賃借人がいる場合など、この建物をすぐに売却するよりも、この建物に住む賃借人がBさんに支払っている賃料から少しずつ回収した方が最終的により多くの貸金の回収が見込まれる場合もあります。そのような賃料から貸金を回収するための方法として、「賃料債権に対する物上代位」または「担保不動産収益執行」という方法をとることができます。

■ 賃料債権に対する物上代位

このうち相対的に簡易かつ費用が低廉なのは、賃料債権に対する物上代位です。

具体的な方法としては、抵当権者は、まず、原則として建物の賃貸人である債務者の住所地を管轄する地方裁判所に対し、抵当権の存在を示す文書（通常は、申立抵当権者の抵当権が登記されている不動産登記簿謄本）を提出して、賃料債権の差押命令を求める申立を行います（民事執行法193条）。この際、差し押さえるべき賃料については、申立ての際に、債権の種類や額等によって、できる限りの特定が必要とされます（民事執行規則133条2項）。この特定の程度としては、個々の賃料額の明示までは必要ありませんが、少なくとも賃借人である第三債務者および賃借物件の表示については、他と明確に区別できるよう正確に記載することが必要となります。

裁判所は、抵当権者からの申立てに対し、申立書類に不備がなく、理由があると認めた場合には、差押命令を発します。この差押命令の正本が賃

貸人である債務者および賃借人である第三債務者に送達され、かつ債務者に送達されてから1週間を経過すれば、申立権者である抵当権者は、賃借人から直接賃料を継続的に取り立て、みずからの債権回収にあてることができます（民事執行法155条1項）。ただし、抵当権者が取り立てられるのはあくまで賃料部分に限られ、共益費、管理費等が別途支払われている場合、その共益費、管理費等については抵当権者の差押えの効力は及ばず、抵当権者が取り立てることはできません。

■ 担保不動産収益執行

　大規模な物件であるなどの理由により、賃借人を特定することが難しい場合には、物上代位を用いることは困難です。

　また、物上代位の場合、物件の管理は従前通り賃貸人が行うことになりますが、賃貸人は賃料収入がなくなることにより、物件を適切に維持管理する意欲を失う可能性があります。建物が荒廃すれば、来るべき賃借人も来なくなり、賃料からの回収も難しくなってしまいます。

　そこで、平成15年の法改正によって、「担保不動産収益執行」という方法が創設されました（民事執行法180条2号）。この手続は、裁判所が選任する「管理人」（弁護士等の専門家が就任することが多いです）が物件を管理し、賃料を収受することに特徴があります。ただし、手続や費用の負担は、物上代位より重くなります。

　具体的な方法としては、原則として不動産の所在する地方裁判所に対して、抵当権の存在を示す文書を提出して不動産担保権実行の申立てを行います（民事執行法181条1項）。この際、賃借人を特定する努力義務はありますが、最終的に特定する義務はありません（民事執行規則63条2項）。したがって、賃借人を特定することができなくても申し立てることが可能です。この場合は、管理人が賃借人について調査します。

　裁判所が申立てに理由があると認めた場合には開始決定が出され、管理人が選任されます（民事執行法188条、93条1項、94条1項）。

　開始決定以降、物件は管理人が管理するところとなり、賃借人に開始決定が送達された後は、賃借人は賃貸人である債務者ではなく管理人に賃料を支払わなければなりません。賃料を受け取った管理人は、裁判所が定める期間ごとに、これを抵当権者ら配当受領権者に配当します。

虎門中央法律事務所　弁護士　鈴木恭平

4-25 賃料差押えと賃借人が差し入れた敷金の関係

裁判所から賃料に対する差押通知がきました。差し入れている敷金との関係はどうなるのでしょうか。

■ 抵当権に基づく物上代位による賃料差押

　賃貸人の窮状に伴い、賃貸人が賃借人に対して有する賃料債権に対して、賃貸人の債権者等が差押えをする場合があります。この差押えには、一般の債権者が申立てをする場合と、抵当権者が申立てをする場合（物上代位権といいます）とがあります。いずれにしても、裁判所からの差押命令の通知を受けた賃借人は、その差押命令を無視して賃料を賃貸人に支払うことは許されなくなります。なお、同一の賃料に対して、複数の差押命令が届くことがあります（差押えの競合）。この場合、賃借人は、法律上優位する者に対して支払うか、場合によっては執行供託（4-23参照）を、まれには弁済供託（4-15参照）をしなければなりません。

　ところで、抵当権者によって賃料が差し押さえられる事態になった場合、賃借人は、自己が差し入れた敷金（民法662条の2）を回収できるか不安な状況に置かれます。そこで、賃借人としては、契約終了時に返還されるべき敷金があることをもって、抵当権者による差押えにかかる賃料取立て等に対抗できないかが問題となります。

■ 抵当権設定前から賃借していた場合

　抵当権設定前から賃貸借契約を締結し、敷金を差し入れていた場合、賃借人は、抵当権による賃料差押えがなされたとしても、抵当権者に対し、明渡し時に存在する未払賃料が敷金によって精算され、消滅したことを対抗できると考えるべきでしょう（後掲の最判平成14年3月28日参照）。

■ 抵当権設定後に賃借した場合

　抵当権設定登記がなされている物件は、抵当権者により物上代位をする権利が登記によって公示されていると考えられています。したがって、賃借人は、すでに抵当権設定登記がある建物を賃借する場合、抵当権者が賃

貸人の有する賃料債権を差し押さえる可能性があることを予期していなければなりません。他方、抵当権は、抵当権設定者の利用（賃貸人が抵当目的物を第三者に賃貸すること）を前提とする権利ですから、差押えをするまでの間、抵当権者は賃貸人と賃借人間の処理に介入することができません。とくに、賃貸借契約では敷金契約を伴うのが通常ですから、抵当権者が敷金精算に対して優先する扱いがなされると、抵当権設定者たる賃貸人の目的物利用を阻害することにもなります。

(1)　抵当権者による差押え前の明渡しの場合

　賃借人が、差押え前に建物を明け渡し済みであった場合、差押え時には、すでに敷金返還請求権が現実的に発生し賃借人の負担する賃料債務と相殺されていることとなります。この場合、賃借人は、抵当権者に対して、賃貸人との間で敷金によって精算が済んでいること（賃料債務が消滅していること）をもって、対抗できるといえましょう。

(2)　抵当権者による差押え後の明渡しの場合

　判例は、抵当権者が物上代位権を行使して賃料債権を差し押さえた場合においても、当該賃貸借契約が終了し、目的物が明け渡されたときは、賃料債権は、敷金の充当によりその限度で消滅するとしています（最判平成14年3月28日判時1783号42頁）。敷金契約がなされている場合、敷金は将来の未払賃料に対する充当を予定していると考えられているからです。下級審でも、賃貸借契約終了後、敷金が未払賃料に当然充当されると判示されています（東京地判平成28年6月15日判例秘書）。これに対し、賃借人が賃貸人に対して有する債権が敷金返還請求権ではなく一般債権に過ぎない場合、賃借人は、相殺などを主張して賃料請求を拒むことが、当然には認められるわけではありません（最判平成13年3月13日民集55巻2号363頁）。

(3)　相殺予約・相殺合意がある場合

　賃借人が賃貸人との間で敷金をもって相殺する予約（相殺予約・合意）をしている場合であっても、上記の処理に影響を与えないと考えられます。

須藤法律事務所　弁護士　須藤耕二

賃料債権の譲渡通知

4-26 賃料債権の譲渡通知が複数届きましたが、賃貸人は債権譲渡が無効だと言って賃料の集金に来ます。どうすれば良いですか。

■ 債権譲渡の目的

債権譲渡とは、債権の同一性を保持しながら契約によって債権を移転させることをいいます。債権譲渡を行う当事者の経済的動機はいろいろとありますが、本問では、賃貸人の債権者が賃料債権を譲り受けて、直接賃借人から賃料の支払いを受けることによって、賃貸人に対する貸金等の債権回収を目論んだ可能性があります。ちなみに、債権譲渡では、意思表示の時に債権が現に発生していることは必要ではなく、将来発生する債権を譲渡の対象にすることも可能です。改正前民法では、条文上明確ではありませんでしたが、判例を踏まえて、明文化されました（民法466条の6第1項、第2項、467条）。

■ 債権譲渡の対抗要件と二重譲渡の優劣判定基準

債権譲渡は、譲渡人と譲受人の合意で効力を生じます。債務者との合意は必要ありません。ただし、債権譲渡を債務者に対抗するためには、債務者への通知またはその承諾が必要です（民法467条1項）。通知は、譲渡人から債務者に対して行わなければなりません。譲受人からの通知でもよいことにすると虚偽の譲受人からの通知が横行する結果になるからです。

また、債権譲渡を第三者に対抗するためには、確定日付のある証書による債務者への通知または債務者の承諾が必要となります（民法467条2項）。本問のように債権が二重、三重に譲渡される場合もあり、この場合の優劣をどのように決めるかについて、上記のように確定日付を要求することで通知・承諾の日付を恣意的に動かせないようにしています。「確定日付のある証書」とは、民法施行法5条に列挙されている証書をいいます。実務上は、内容証明郵便（郵便法44条、48条）が頻繁に利用されます。この規定により、二重譲渡の場合の一方の通知に確定日付がなく、他方の通知に確定日付がある場合には、後者が優先することになります。

それでは、譲受人双方が確定日付のある証書で債務者に通知してきた場合、その優劣はどのように決まるのでしょうか。
　これについては、確定日付の先後で決するという説（確定日付説）と確定日付のある通知が債務者に到達した日時の先後によって決するという説（到達時説）とが主張されましたが、最高裁は、到達時説を採用しています（最判昭和49年3月7日民集28巻2号174頁）。
　したがって、債権譲渡通知が複数届いている本問の場合、まず、確定日付のある通知が優先し、確定日付のある通知が競合した場合には、日付を問題とせずに、到達の先後で決めることになります（同時到達の扱いについては、最判昭和55年1月11日民集34巻1号42頁を参照）。
　なお、対抗要件に関しては、債権譲渡を簡易に行うための特別法（動産及び債権の譲渡の対抗要件に関する民法の特例等に関する法律）があります。法人の有する金銭の支払いを目的とする債権を譲渡した場合、債権譲渡登記ファイルに登記することにより、確定日付のある証書による通知があったものとみなされ、第三者対抗要件を備えたものとされます（同法4条1項）。また、債権の譲渡人もしくは譲受人が登記事項証明書を債務者に交付して通知し、または債務者が承諾したときは、債務者に対する対抗要件も備えたものとされます（同法4条2項）。

■ 通知撤回の場合の債務者の対応

　本問では、債権譲渡通知の後に、譲渡人である賃貸人が債権譲渡は無効である旨主張して集金に来ています。債権回収のため、貸金業者や取引先等が半ば強引に債権譲渡通知書に署名させたりするケースがあり、譲渡人が後から債権譲渡の無効を主張することはまれではありません。
　債権譲渡が競合した場合には、前記のとおり、一応債務者として誰に支払うべきかを確定できるわけですが、一方で形式上有効な債権譲渡通知があり、他方でその債権譲渡自体を譲渡人が無効であると主張する場合、債務者としては一体どちらが正当な債権者であるか判断しかねることがあります。一方の言い分を信用して支払った後にその支払先が正当な債権者でないと判断された場合には、債務者は、最初の支払いによっては免責されず、結果として二重弁済を強いられるおそれがあります。そこで、債務者としては、債権者の確知不能を理由として弁済供託し、それによって債務を免れるという選択をすることが考えられます（民法494条2項）。

橋元綜合法律事務所　弁護士　鈴木道夫

賃料の差押えのがれ

賃貸人である建物所有者は、賃料債権を債権者にもっていかれないようにすることができるのでしょうか。

■ 債権者の債権回収方法

　賃貸人である建物所有者が債務を負っている場合、債権者は、判決を得て建物や賃料を差し押さえることができます。また、建物に抵当権が設定されている場合には、抵当権者は、抵当権の実行として競売を申し立てたり、物上代位権を行使して賃料の取立てをすることもできます（4-24参照）。

　他方、多額の債務を負っている賃貸人の中には、債権者による法的追及をかわすために苦肉の策を弄する者もいます。しかし、裁判例の集積により、そのような策を実行に移しても徒労に終わる確率が高まっているばかりか、内容によっては、強制執行妨害目的財産損壊等の罪に問われることすらあります。このことは、よく心得ておくべきです。

■ 賃借人に転貸を許した場合

　賃貸人が抵当権設定後の賃借人に転貸を許したとしても、抵当不動産の賃借人を所有者と同視することを相当とする場合には、物上代位権の行使により転貸賃料等債権の差押えが抵当権者に認められます（最高裁平成12年4月14日民集54巻4号1552頁、東京高裁平成25年4月17日判タ1393号353頁）。

　具体的には、所有者の取得すべき賃料を減少させ、抵当権の行使を妨げるために、法人格を濫用し、または賃貸借を仮装した上で、転貸借関係を作出したような場合がそれにあたります。

■ 賃貸名義人の設定の場合

　夫名義の家屋を妻の名義で賃貸したり、賃貸人が管理会社を設立してその名義で賃貸をしたり、第三者の名義で賃貸したりするような例もあるようですが、債権者に対する関係では、この方法により建物所有者と賃貸人が別人格であると主張することはできないと思われます（東京地裁平成

10年4月15日金法1537号62頁）。管理委託契約がある場合でも同様です（東京高裁平成8年4月15日金法1473号36頁）。

■ 賃料債権を譲渡した場合

賃貸人が将来の賃料債権を安全圏に置くつもりで、これを第三者に完全に譲渡したとしても、それ以前に建物の抵当権設定を受けていた抵当権者には対抗できません。その抵当権者は、譲渡された賃料を物上代位で差し押さえることができるものとされているからです（最高裁平成10年2月10日判夕964号73頁）。このような場合、賃借人は、賃料の支払先に注意する必要があります。賃借人は、賃料債権の譲渡通知を受けた後であっても、賃貸人の抵当権者から物上代位による差押えを受けたときは、賃料債権の譲受人に支払っても賃料を支払ったとはみなされなくなるからです（東京地裁平成10年2月27日判夕979号166頁）。

また、抵当権者以外の債権者に対する関係においては、賃料債権の譲渡は詐害行為取消の対象となることがあります（東京高裁平成11年2月16日金融・商事判例1072号32頁。詐害行為とならない例としては東京地裁平成9年2月25日判時1626号87頁。なお、債権法改正により、424条の3で偏頗行為に対する詐害行為取消の要件が明文化されています。詐害行為取消訴訟の請求の趣旨については、東京地裁平成元年5月24日判時1351号74頁（判例評論383号45頁）。債権譲渡の通知行為それ自体が詐害行為取消の対象とならないことについては、最高裁平成10年6月12日民集52巻4号1121頁）。

■ 建物を譲渡した場合

建物の賃料債権の差押えの効力が発生した後に、賃貸人が建物を譲渡し賃貸人の地位が譲受人に移転したとしても、譲受人は、建物の賃料債権を取得したことを差押債権者に対抗することはできません（最判平成10年3月24日判時1639号45頁）。

もっとも、賃貸人が賃借人に賃貸借契約の目的である建物を譲渡した場合は、これにより賃貸借契約が終了するので、たとえその終了が賃料債権の差押えの効力発生後であっても、賃借人において賃料債権が発生しないことを主張することが信義則上許されないなどの特段の事情がない限り、差押債権者は、賃借人から、当該譲渡後に支払期の到来する賃料債権を取り立てることはできません（最判平成24年9月4日判時2171号42頁、大阪高判平成25年2月22日金商1415号31頁（前記差戻審））。

今井法律事務所　弁護士　摺木崇夫

賃貸人の死亡と賃料の支払先

4-28

賃貸人が死亡した場合、賃料は誰に支払ったらいいのでしょうか。

■問題の所在

　賃貸人が死亡すると相続が開始し（民法882条）、賃貸不動産をはじめとする賃貸人の権利義務は、相続人が承継することになります（民法896条、賃借人が死亡した場合の相続については2-32参照）。

　そして、賃貸人の相続人が単独の場合には、その相続人が賃貸人の権利義務をすべて引き継ぎますので、賃借人は、その相続人に対して賃料を支払うべきで、特別の問題は生じません。

　これに対して、相続人が複数の場合には、遺産である賃貸不動産の帰属とともに、賃料債権が誰に帰属することになるかが問題となります。

　相続は、被相続人の死亡と同時に開始し、遺産は相続人の共有（民法898条）となりますが、最終的には遺産分割により遺産の帰属が決まります（民法906条以下）。そして、遺産分割の効果は、相続開始のときに遡ってその効力を生ずることになります（民法909条）。

　したがって、遺産である賃貸不動産自体は、遺産分割によって当該不動産を取得した相続人が、相続開始時から所有していたものとして扱われます。

　ところで、相続後に遺産である賃貸不動産から発生した賃料債権は、遺産とは別個の財産とされている（物の使用の対価として生ずるもので、「法定果実」といいます）ため、賃料債権が複数の相続人間でどのようにして行使されるか、また賃借人は相続人の中の誰に賃料を払うべきか（賃料を相続人の誰に対して支払った場合に、免責されるか）が別途問題となります。

　なお、遺産分割が成立した場合には、遺産分割によって遺産の所有権を取得した相続人が、以後、法定果実である賃料債権も取得することになりますので、ここでの問題は、相続開始後、遺産分割前までの問題ということになります。

■ 相続財産の共有と賃料請求権

　上記の問題について、従来は、民法898条の定める遺産の「共有」の意義との関係で議論がされており、判例の立場は、民法898条の定める「共有」は、民法249条以下に定める「共有」と同義であり、性質上可分な債権については、相続開始と同時に当然に共同相続人間で分割されるものと考えていました（最判昭和30年5月31日民集9巻6号793頁等）。また、最高裁判所は、上記のような賃料債権について、「相続開始から遺産分割までの間に遺産である賃貸不動産から生ずる金銭債権たる賃料債権は、遺産とは別個の財産というべきであって、各相続人がその相続分に応じて分割単独債権として確定的に取得し、後になされた遺産分割の影響を受けない。」と判示しました（最判平成17年9月8日民集59巻7号1931頁）。

　したがって、上記の判例に従えば、相続開始後、遺産分割前の遺産から生ずる賃料債権は、各相続人が相続分に応じて取得し、各相続分に応じて請求することができるにとどまり、反対に、賃借人は各相続人に対して相続分に応じた額を支払うことが求められることになります。

　もっとも、賃借人が被相続人の指定していた銀行口座に賃料全額を一括して支払い続けていた場合には、一般に債務の本旨に従った弁済として免責されますし（相続人の賃料請求権が預金払戻請求権に替わる）、また、賃借人が相続開始を知らないで相続人の一人を被相続人の代理人と信じて支払ったような場合は、受領権者としての外観を有する者に対する弁済（民法478条）として免責される場合が多いと思われます。

　上記以外の場合には、賃借人としては、各相続人に分割弁済するか（弁済の費用は賃借人の負担となる）、または、債権者を知りえない場合として供託（民法494条2項）するかの、いずれかを選択する必要があると思います。

宗村法律事務所　弁護士　宗村森信

賃貸人の倒産および行方不明

賃貸人が倒産したりして、行方がわからなくなった場合、賃料は誰に支払ったらいいのでしょうか。

■ 弁済供託

4-9や4-15に記載のとおり、賃料振込口座が解約されてしまったり、賃料を持参しても賃貸人が不在で受領されない場合や、賃貸人が賃料を取り立てる約束であるのに、取立てに来ない場合など、賃料の支払いができなくなったときには、弁済供託が可能です（民法494条1項）。

また、供託が可能であるにもかかわらず、これを怠っていると、後日、賃貸人やその承継者から、賃料不払いにより賃貸借契約を解除されるおそれもあります（4-14参照）。

■ 代理人と称する人が集金に来た場合

賃貸人から賃料受領の代理を頼まれたといって委任状を持参してきた人があるときには、その委任状の作成が賃貸人の意思に基づくものであるかどうかを確認する必要があります。印鑑証明書付きの委任状の提示や受取証書の交付を求めましょう。もし、受領権がない人に対して支払いをしてしまった場合でも、受領権がないことを知らず、かつ、これを知らないことについて過失がない場合には、有効な弁済となる場合があります（民法478条）。ただし、それまでに債権譲渡通知や差押通知が送られてきているときには、それらの通知を優先させる必要があります（4-23、4-26参照）。

■ 債権者と称する人が集金に来た場合

4-26のとおり、債権譲渡を債務者である賃借人に対抗するには、債務者への通知またはその承諾が必要となります（民法467条1項）。したがって、譲渡通知がない場合には、直ちに集金に応ずる必要はありません。

また、賃料債権の譲渡が契約で禁止されている場合は、この特約を知り、または重過失で知らなかった譲受人に対して賃料の支払いを拒むことができます（民法466条3項）。ただし、特約違反の債権譲渡も有効であり（民

法466条2項)、賃料の支払いを怠ることが許されるわけではなく、債権譲受人は、賃料を譲渡人に支払うよう催告することもできますから（民法466条4項)、特約違反の債権譲渡がなされた場合には、速やかに供託（民法466条の2第1項）を検討しましょう。

■ 債権譲渡通知があったが、金融業者が債権譲渡通知を賃貸人に代わって発送しているような場合

　譲受人から債権譲渡を通知しても債務者に対しては対抗力を生じません。しかし、通知自体は、本来、代理人によって行うことができるものですから、譲渡人が譲受人に対して、具体的な債権譲渡に関し、債務者に通知することについて代理権を授与し、譲受人が譲渡人の代理人として通知する場合には、有効な通知と解されることがあります（大阪地判平成8年10月30日金法1475号120頁）。

　もっとも、譲渡人である賃貸人が行方不明であって、通知が譲渡人の真意に基づくものか不明なときに、無条件に弁済することは危険といわざるを得ません。特に、譲受人が代替通知している場合には、後日、撤回や二重譲渡が判明したり、管財人から債権譲渡を否認されることも少なくありません。このような場合、最終的には、債権者不確知供託（民法494条2項）をするのが無難な選択と考えられます。なお、同項に基づく供託は、債権者不確知であることにつき賃借人に過失がないことが必要ですので、注意が必要です（同条同項ただし書）。

■ 賃借人から賃貸借契約を終了させたい場合

　賃借人から賃貸借契約を終了させる方法としては、解約申入れ、更新拒絶、賃貸人の債務不履行に基づく解除などがありますが、いずれも賃貸人に対する意思表示が必要となります。本問の場合、賃貸人が行方不明ということですから、解除の意思表示は公示送達の方法によることとなりますが（民法98条1項、5-11参照）、訴訟上でもできます（民事訴訟法113条）。

　なお、賃貸人に対し修繕費用等の請求権を有する場合、賃料の一部のみを供託することは認められませんが、賃貸人に対する債権と相殺したうえで、残金額を供託できる場合があります（昭和40年3月25日民事甲636号民事局長認可5問ほか参照）。このほか、敷金に関する権利関係等については、5-35、5-37などをご参照ください。

芝大門法律事務所　弁護士　小森　燈

Q 4-30 集金管理の委託

宅建業者に賃料集金の委託をしていたところ、使い込まれました。宅建業法その他の法律による責任追及はできますか。

■ 宅建業者との管理委託契約の締結について

特に都市部では賃貸集合住宅（マンション・アパートなど）の増加に伴い、宅建業者に賃貸物件管理ないしは賃料集金代行を委託する例が多くなっています。そして、それにつれて、賃借人が賃料を不払いにしているという虚偽の説明をして、集金した賃料を使い込み、倒産して四散してしまう宅建業者のケースもまれではなくなっています。

賃貸人と宅建業者の管理委託契約は委任契約（民法643条）あるいは準委任契約（民法656条）なので、集金した賃料を使い込んだ宅建業者には受任者の金銭消費の責任（民法647条）が発生し、宅建業者は賃貸人に対し損害賠償責任を負います。

ここで、宅建業法上の営業保証金制度あるいは弁済業務保証金制度を活用できるのか否かが争われています。

■ 宅建業法上の営業保証金制度について

宅建業者は、その営業の開始にあたって供託所に営業保証金を供託しなければなりません（宅建業法25条1項）。

そして、この営業保証金の供託額は、主たる事務所で1000万円、その他の事務所につき事務所ごとに500万円です（宅建業法25条2項、同法施行令2条の4）。

宅建業者と宅地建物取引業に関し取引した者は、その取引によって生じた債権の弁済をその宅建業者が供託した営業保証金から受けることができます（宅建業法27条）。これを営業保証金の還付といいます。

■ 宅建業法上の弁済業務保証金制度について

宅建業法上では、さらに64条の8において、宅建建物取引業保証協会の社員と宅地建物取引業に関し取引をした者（社員とその者が社員となる前

に宅地建物取引業をした者を含む）は、その取引により生じた債権に関し、その社員が社員でないとしたならば、その者が供託しなければならない営業保証金について弁済を受ける権利を有するのです（宅建業法64条の8第1項）。そしてこの権利を行使しようとする場合は、保証協会の認証が必要となります（宅建業法64条の8第2項）。これが弁済業務保証金の還付手続です。

賃料集金の使い込みによる損害は宅建業法上の営業保証金あるいは弁済業務保証金で保護されるか

　営業保証金の還付あるいは弁済業務保証金の還付を受けるためには、宅地建物取引業の取引によって生じた債権であることが前提となります（宅建業法27条、同法64条の8第1項）。そこで、宅建業者が賃料集金の使い込みをした場合の賃貸人の損害賠償債権が「この取引により生じた債権」に該当するか否かが問題となります。

　この点、宅建業の実務では、宅建業法の取引とは賃貸の「代理および媒介」であり、「管理」は範疇外であるので賃貸側の管理から生じた債権については宅建業法上の営業保証金あるいは弁済業務保証金の還付を認めていません。

　判例は、宅建業法64条の8第1項の「この取引により生じた債権」とは、宅地建物取引業に関する取引を原因として発生した債権を意味するものと解されるとしました（最判平成10年6月11日判時1649号110頁）。

　その後、この最高裁判決を前提として、裁判所は、賃貸人を代理して賃借人から賃料及び敷金等を継続して受領していた宅地建物取引業者が賃貸人に対してこれを交付しない事例の中で、宅建業法64条の8第1項の「この取引により生じた債権」とは、「宅地建物取引業者が本人を代理して賃借人との間で賃貸借契約を締結したことを原因として発生した債権をいい、宅地建物取引業法の目的に鑑みれば、賃料等の授受をはじめとする継続的な債権債務の履行に関する代理行為を原因として発生した債権についてはこれに該当しない」と判示しました（東京地判平成14年10月15日新日本法規出典）。

　したがって、この裁判例からすれば、賃貸借契約の締結と同時に最初に代理受領した賃料以外は宅建業法64条の8第1項の「この取引により生じた債権」と言えず、賃料集金の使い込みによる損害は宅建業法上の営業保証金あるいは弁済業務保証金では保護されないことになります。

高瀬法律事務所　弁護士　高瀬靖生

Q 4-31 家賃保証会社の取立て

家賃保証会社の従業員から家賃の強引な取立てを受けています。従業員や家賃保証会社に損害賠償を請求できますか。

■ 結　論

　家賃保証会社の従業員が勝手に部屋にあがり込み、深夜まで長時間居座り、大声で「今晩中に家賃を払え」と要求する、家財の処分について異議を述べない旨の書面を作成するよう強要する、家族のところに連れて行かれて金の無心をさせられ、その間「家族に払ってもらうまで帰さない」と長時間連れ回されるといった悪質なケースでは、損害賠償を請求できる可能性があります。このような取立行為の態様は、社会通念上是認される限度を超えており、不法行為（民法709条）となるからです。

■ 家賃保証会社の取立てと不法行為等の成立

　家賃滞納時の立替支払を業として行う家賃保証会社について、近年、その従業員等による違法または不適切な取立てについての紛争案件が急増し、社会問題となりました。具体的には、①脅迫的言辞の使用、②深夜等の不適当な時間帯における居宅等訪問、③長時間に渡る取立ての継続、④短時間に多数回に渡り架電する等の反復継続、⑤念書等の書面の作成の強要、⑥親族からの弁済等の他の者による弁済の強要、⑦門扉への督促の張り紙等、⑧居宅への侵入、不退去、⑨鍵の交換、⑩家財の処分、⑪借家人の居宅からの退去の強要等が行われています。

　たとえ家賃保証会社に借家人に対する求償権があったとしても、これらの行為は、求償権の行使として社会通念上是認される限度を超え、不法行為（民法709条）が成立します。さらに、①脅迫的言辞の使用は脅迫罪（刑法222条）、⑤書面の作成や⑥他者による弁済の強要は態様により強要罪（刑法223条）、⑦張り紙等については態様により名誉毀損罪（刑法230条1項）、⑧居宅への侵入は住居侵入罪（刑法130条前段）、不退去は不退去罪（刑法130条後段）、⑩家財の処分は態様により窃盗罪（刑法235条）、器物損壊罪（刑法261条）等が成立する可能性があります。なお借家人の同意

を得ることで正当化が図られることがありますが、これらはおよそ借家人が真摯に同意するとは思われないものばかりであり、同意書があること自体強要がなされた疑いが強いとみるべきではないかと考えます。

■ 裁判例

家賃保証会社の従業員が午後9時から翌日午前3時までの約6時間にわたり取立てを行い、その間当該従業員により玄関先での長時間の取立て、部屋への侵入、家財について「この程度の荷物なら一回で搬出できる」旨の発言や、支払いがされなかった場合には親族の小学生の通う小学校へ行く旨の発言、賃借人の携帯電話の電話帳の閲覧、財布の中のチェック、同僚や親族への金の無心等の強要、深夜の車での連れ回し、ドアロックが行われた事例で、裁判所は、債権の取立行為であってもその態様が社会通念上是認される限度を超え、相手方の心身の安全や生活の平穏を脅かすようなものである場合には不法行為（民法709条）が成立するとした上で、上記取立ての態様はこれに該当するとして、不法行為が成立すると判断しました。また、家賃保証会社に対しては使用者責任（民法715条）を認めました（福岡地裁平成21年12月3日。類似の事案として、大阪地裁平成22年5月28日判時2089号112頁）。

■ 取り得る対応

冒頭で述べたような行為については不法行為（民法709条）が成立し、当該従業員らに対して損害賠償の請求ができます。会社に対しても、使用者責任（民法715条）に基づき損害賠償を請求することができます。また、これらの行為は、具体的な態様により、脅迫罪（刑法222条）、強要罪（刑法223条）、住居侵入罪（刑法130条前段）、不退去罪（刑法130条後段）、監禁罪（刑法220条）が成立する可能性があります。したがって、警察への被害届の提出、検察・警察への告訴という対応も考えられます。

■ 規　制

家賃保証会社の行為の適正化に関しては、財団法人日本賃貸管理協会家賃債務保証事業者協議会が「業務適正化に係る自主ルール」を定めています。また国土交通省による家賃債務保証業者の登録制度が創設され、同制度を通じた適正化の試みが進められています。

弁護士　久保友子

消費税の付加請求

4-32

賃借人にいつから消費税10パーセントで請求すればよいでしょうか。

■ 住宅家賃は非課税

住宅（人の居住の用に供する家屋または家屋のうち居住の用に供する部分をいう）の賃貸借は非課税取引とされています。

■ 事業所等の賃貸の場合

賃貸人が事業目的で建物を賃貸する場合、その賃料には消費税がかかります（保証金、権利金、敷金または更新料等のうち、賃借人に返還しないものは課税対象となり、契約の終了により返還される保証金・敷金は課税対象になりません）。この場合においても消費税を納付する義務を負うのは、賃料を請求する賃貸人です。

■ 消費税率の変更時期

賃貸人が支払いを受ける賃料について、2019年10月1日以後は税率10パーセントが適用されることになっています。

したがって、原則、賃料の支払いを受けるべき日が2019年10月1日以後であれば、その賃料については税率10パーセントが適用されます。ただし、契約時期・契約内容によっては、従前の8パーセントが適用される経過措置が設けられています。経過措置の適用を受ける場合は以下の（ア）（イ）の要件を満たしている必要があります。

（ア）契約時期等について

経過措置は、契約時期等について以下の要件をすべて満たしている場合に適用されます。

　A　2019年10月1日前から賃貸借契約が締結されていること
　B　2019年10月1日前までに賃借人への引渡しがなされていること
　C　2019年10月1日以後も引き続き賃貸借契約が継続していること

（イ）契約内容について

経過措置は、契約内容について以下のAとB（またはB´）の要件をすべて満たしている場合に適用されます。
- A 当該契約に係る資産の貸付期間およびその期間中の対価の額が定められていること
- B 事業者が事情の変更その他の理由により当該対価の額の変更を求めることができる旨の定めがないこと
- B´ 契約期間中に当事者の一方または双方がいつでも解約の申入れをすることができる旨の定めがないことならびに当該貸付けに係る資産の取得に要した費用の額および付随費用の額（利子または保険料の額を含む）の合計額のうちに当該契約期間中に支払われる当該資産の貸付けの対価の額の合計額に占める割合が100分の90以上であるように当該契約において定められていること

■ 消費税の転嫁

賃貸人としては消費税率の変更に合わせて当然に賃借人に対して消費税を転嫁できるのかが問題となります。

賃貸人と賃借人との契約内容が、内税（消費税込）、外税（消費税別）になっているかで場合分けをして考えてみましょう。

(1) 内税（消費税込）の場合

賃貸人は、賃借人との特約または賃借人の承諾がない限り、外税（消費税別）として賃料を請求することはできません（大阪地判平成2年8月3日判夕741号165頁）。消費税法は事業者から消費者にその税金の適正な転嫁がなされることを予定していますが、同法は、賃借人に対する消費税の支払義務を課したものではなく、賃貸人に賃借人に対する私法上の請求権として転嫁請求権を認めたものではないからです。

そうなると消費税率の変更によって賃貸人の負担だけが大きくなりますので、賃貸人としては、借地借家法32条に基づき賃借人に対し賃料改定交渉をすることが考えられます。同法によれば、「土地・建物に対する租税その他の負担の増減」により賃料が不相当となったときは将来に向かってその増減を請求できるとされています。

(2) 外税（消費税別）の場合

消費税率の変更に伴い消費税を転嫁できるという契約内容になっている場合は、消費税率が変更した時から、賃借人に変更後の消費税を付加して賃料請求をすることになります。

弁護士法人東桜法律事務所　弁護士　喜多俊弘

使用損害金

4-33 賃貸借契約が終了したのに賃借人が建物を明け渡してくれません。明渡しまで賃料を上回る使用損害金を請求できますか。

■ 使用損害金の定め

賃借人は、賃貸借契約が終了したときには、賃貸人に賃借物を返還しなければなりません（民法616条、597条）。

では、賃貸借契約が終了したにもかかわらず、賃借人が速やかに賃借物を返還しなかった場合には、どうなるのでしょうか。上記のとおり、賃借人は契約終了により、賃貸人に賃借物の返還義務を負うこととなりますので、この義務を遅滞すると、賃貸人に損害賠償債務を負担することとなります。

ただ、賃貸借契約書で予め返還義務遅滞の場合の損害賠償について定めておかないと、賃借人が賠償すべき範囲は「通常生ずべき損害」（民法416条）に限られますので、一般には、賃貸人は賃借人に賃料と同額の賠償金しか請求できないこととなります。

それゆえ、賃貸人が賃料額を上回る賠償金を請求するためには、予め賃貸借契約書でその旨定めておかなければなりません。これが使用損害金の定めです。

■ どのような場合に請求できるか

賃料を上回る使用損害金の定めは賠償額の予定（民法420条）ですから、賃貸人と賃借人の事前の合意が必要です。これなくして、賃貸人は賃借人に賃料を上回る使用損害金の請求をすることはできません。この事前の合意がない場合には、賃貸人は賃借人に「通常生ずべき損害」として、賃料相当額の賠償金を請求することとなります。

■ 使用損害金を定める効果と妥当な額

賃料を上回る賠償額を使用損害金として定めておくと、賃借人はその支払いを避けるべく、賃借物の返還を遅滞しないよう努めることとなります

が、これが使用損害金の定めの持つ重要な効果です。ただ、予め定めた賠償額が賃借人に過酷で不合理な場合には、無効とされることもありますので、注意が必要です。

では、どの程度の金額を賠償額として定めたらよいのでしょうか。賃借人に過酷にならず、かつ、賃貸人の利益を保護しうる額はいくらくらいなのでしょうか。

一般に賃料の倍額程度であれば、社会常識に合致するものと考えられており、賃貸借契約書の倍額賠償予定条項は消費者契約法9条1号、10条に該当しないとされた裁判例もあります（東京高裁平成25年3月28日判時2188号57頁）。ただ、賃料の3倍を賠償額として予定することについては、その旨不動文字で印刷されている市販の契約書用紙をそのまま使用して契約書を作成した事案で、その条項はいわゆる例文にすぎないとして効力を認めなかった裁判例がある一方（東京高判昭和57年11月10日判時1064号57頁）、賃借人が商人で「鋼材置場および駐車場」が賃貸借の主たる目的であった場合に、その旨定める契約条項は公序良俗に反しないとした裁判例もあり（東京地判平成22年3月25日）、判断が分かれています。

かように、賃料の倍額ないし3倍の額の使用損害金を認めることは、例えば、賃貸借契約解除による明渡請求訴訟で、賃借人が敗訴必至と考えているような場合に、賃借人に裁判を長引かせることを思い止まらせるといった効果もあります。紛争の早期解決という観点から考えると、望ましいこととともいえます。

■ 賃料を格安にしている場合

賃料を格安にしていると、使用損害金の額を賃料の倍額としたとしても、上記の効果が上がらない可能性があります。そうなると、明渡しをめぐり、賃貸人と賃借人の間で紛争が発生し、これが長期化しかねません。こうしたことからも、適正な賃料を定めることは重要であるといえます。

青柳法律事務所　弁護士　青柳　周

第5章 明渡し

Q 5-1 賃貸借解除による建物明渡請求訴訟と占有移転禁止の仮処分

賃借人が賃料を支払わないので、建物を明け渡してもらいたいのですが、どのような手続をとればよいのでしょうか。

■ はじめに

　まず、賃貸借契約を解除しなければなりません。解除は通常、賃貸人が、賃借人に対して、解除事由（今回のケースであれば賃料の未払い）に基づき賃貸借契約を解除する内容の通知書を内容証明郵便で送付することにより行います。仮に、賃借人が荷物を置いたまま行方不明になったような場合には、簡易裁判所を通じて行う「公示」の方法によって、解除の意思表示をすることができます（民法98条、民事訴訟法113条）。

　解除通知を送っても、賃借人が任意に建物を明け渡さない場合、建物明渡請求訴訟を提起します。賃貸人がこの訴訟で請求認容判決を得られれば、この判決に基づいて裁判所に強制執行の申立てをすることで、この手続を通じて、強制的に明け渡してもらうことができます（民事執行法168条）。

　もっとも、賃貸人が賃借人に対して建物明渡請求訴訟をして、賃借人に対する請求認容判決を得たとしても、賃借人が、裁判の審理の終結前に、第三者に建物の占有を勝手に移してしまうと、その第三者には、判決の効力が及ばないため（民事訴訟法115条）、賃貸人は新たに建物を占有した第三者を相手方として、再度訴訟を提起しなければならなくなります。このような不都合を避け、当事者を固定し、建物の占有の移転を受けた第三者に対しても判決の効力が及ぶよう、訴訟を提起する前に、占有移転禁止の仮処分を申し立てておくことが有効です。

■ 占有移転禁止の仮処分

　賃貸人が占有移転禁止の仮処分の申立てをすると、裁判所は申立書や疎明資料を見て、申立ての内容が相当であると判断した場合、賃貸人に対して、3日～10日程度の期間内に一定の担保金を提供する旨の担保決定を出します。この担保金は、仮処分により賃借人が被る可能性がある損害を担保するために暫定的に提供するものです。裁判所は、債権者（賃貸人）が

担保金を提供したことを確認したら、仮処分決定をします。

　その後、賃貸人は、執行官に対して、仮処分決定に基づいて仮処分執行を申し立て、当該建物について他人に占有を移転することを禁止し、賃借人の占有を解いて執行官が保管（多くの場合、判決まで賃借人が使用することは認めます）することを公示するための手続を行いますが、これは仮処分決定が債務者（賃借人）に送達されてから2週間以内に行わなければいけません（民事保全法43条2項）。仮処分執行を行う日は、仮処分執行申し立て後、執行官と事前に調整して決定します。

　なお、占有移転禁止の仮処分を申し立てる際の印紙代は、相手方が1名の場合には2,000円、当事者が複数いる場合には、2,000円に多い方の一方当事者の人数を乗じた額です。また、債務者に仮処分決定正本等を送達するための郵便切手（またはその代金）を予納します。担保金の額は、賃料額や申立ての内容等を勘案して、事案ごとに裁判所により決定されます。

■建物明渡請求訴訟

　訴えを提起すると、裁判所は原告（賃貸人）が提出した訴状・証拠と第1回口頭弁論期日（訴え提起から原則30日以内の日に設定されます（民事訴訟規則60条2項））を定めた呼出状を被告（賃借人）に送達します。被告の不在等の理由で送達できなかった場合には、原告が被告の所在状況を調査し、調査結果の報告と併せて再度送達するよう裁判所に上申します。

　第1回口頭弁論期日では、原告は訴状を陳述しますが、当日、被告が答弁書を出さず出席もしない場合には、裁判が終結します。他方、被告が、原告の請求を棄却することを求める答弁をし、原告の主張に反論（例えば、「賃料を支払ったのに、原告が受領しなかった」など）した場合には、新たな口頭弁論期日（1ヶ月程度後の日に設定することが多いです）を設け、再反論の機会を与えます。これを何度か繰り返し、証拠調べを経て、裁判の審理が終結します。

　裁判の審理が終結したら、その日から2ヶ月以内に判決言渡しをすることと定めていますが（民事訴訟法251条1項）、多くの場合、約2週間～1ヶ月程度で判決が言い渡されます。

　なお、訴えを提起する場合の印紙代は明渡しを求める不動産の価額（原則として固定資産評価額の2分の1の金額）を基準に算定します。目安として、例えば不動産の価額が300万円までであれば2万円以下、1,000万円までなら5万円以下です。郵便切手（またはその代金）の予納も必要です。

虎門中央法律事務所　弁護士　松浦賢輔

賃貸人の都合による明渡請求訴訟

5-2 賃貸人の都合による明渡請求ができる場合とは、どのような場合であって、どのような条件のもとで認められるのですか。

■ 正当事由

賃貸人からの解約申入れがなされた場合には、解約申入日から6ヶ月を経過することによって賃貸借契約が終了し（借地借家法27条1項）、明渡請求をすることができますが、この解約申入れには「正当事由」が必要です（借地借家法28条）。そこで、賃貸人側にどのような事情がある場合に正当事由が認められるのかを順次検討してみましょう。

■ 居住の必要性・営業の必要性

賃貸人の居住の必要性は解約を求める賃貸人にとって有利な要素ですが、居住の必要性があることのみを理由に正当事由が認められることはなく、賃貸人側の必要性と賃借人側の必要性を比較し、さらに借地借家法28条に列挙される各要素（建物の賃貸借に関する従前の経過、建物の利用状況、建物の現況、立退料の提供）を考慮して判断されます。賃貸人の必要性が賃借人の必要性を上回る場合だけでなく、必要性が同程度であっても立退料の支払いにより正当事由を補完することができます。例えば、「地方国立大学教授であった者が都内の大学教授に転職したため賃貸建物を自己使用する必要が生じた場合において、立退料の提供により賃貸借契約の解約申入れの正当事由を認めた」事例（東京地判平成3年9月6日判タ785号177頁）や、「老齢の賃貸人が老朽化した建物を建替え二女を居住させて面倒を見させる必要がある場合において、立退料の提供により正当事由を認めた」事例（大阪高判平成元年9月29日判タ714号177頁）などがあります。

また、賃貸人の営業の必要性についても居住の必要性と同様、賃貸人・賃借人それぞれの必要性を比較し他の要素も考慮した上で判断されますが、居住の必要性よりも判断要素としては弱く斟酌され、賃貸人の営業拡張を理由とする場合は、必要度の判断はより厳格です（東京地判昭和61年7月

22日判タ641号151頁)。

■ 売却の必要性

　経済的に困窮した賃貸人が賃貸建物を空き家にして売却を希望する場合、この理由だけでは正当事由は認められ難いですが、対象建物が唯一の資産である等、賃貸人の生計維持のための唯一の方策である場合には例外的に正当事由を認めることもあります。例えば、賃貸人の債務支払いのために唯一の資産である賃貸建物の買い手の確保には建替えを可能とすべく賃借人から明渡しを得る必要があるとして、立退料の支払いを条件に正当事由を認めた事例があります（東京高判平成12年12月14日判タ1084号309頁）。

■ 建物の老朽化による取壊しの必要性

　建物が老朽化し取り壊す必要があることも正当事由の要素となり、建物の効用損失の程度や敷地の有効利用の必要性などを考慮して正当事由の有無が判断されています（5-4参照）。このような例として、築後約87年の建物について、耐震性に大きな問題があり、地震が発生した場合に倒壊の危険は極めて高く、賃貸人が損害賠償責任を負担する可能性も高いなどとして取壊しの必要性を認め、立退料の支払いを条件に正当事由を認めた事例（東京地判平成25年2月8日ウエストロー・ジャパン）、築後約43年の建物について、建物が経済的な効用を既にほぼ果たしており、建物を取り壊し、土地の有効利用を図ることについては十分な合理性があるとして立退料の支払を条件に正当事由を認めた事例（東京地判平成28年12月22日ウエストロー・ジャパン）などがあります。

■ 再開発の必要性

　再開発に伴う取壊しの必要性は、賃借人の居住の必要性と比較した場合、正当事由としてはやや弱いと言えますが、代替物件確保の可能性や相応の立退料の提供を行ったことなどが考慮されれば正当事由は認められる傾向にあります（東京地判平成23年6月23日ウエストロー・ジャパン、東京地判平成25年9月17日ウエストロー・ジャパン、東京地判平成29年2月17日ウエストロー・ジャパン）。もっとも、再開発計画の具体性を欠いたり、実現可能性が高くない事案ではやはり正当事由は否定されています（東京地判平成21年11月30日ウエストロー・ジャパン、東京地判平成29年1月17日ウエストロー・ジャパン）。

伊藤見富法律事務所　弁護士　雨宮　慶

立退料

5-3
賃借人に立退料を支払えば、賃貸人から賃貸借契約を解約できますか。また、解約申入れと同時に立退料支払いの申出をする必要がありますか。

■ 立退料の提供と賃貸借の解約

　立退料を支払えば賃貸人が賃貸借契約を解約できるわけではありません。賃貸人からの更新拒絶あるいは解約申入れには、「正当の事由」が必要です（借地借家法28条等）（5-2参照）。そして、立退料の提供は、他の諸般の事情と総合考慮され、相互に補完し合って正当事由の判断の基礎となる、正当事由の補完要素と解されています（最判昭和38年3月1日民集17巻2号290頁、同昭和46年6月17日判時645号75頁等）。

　そのため、立退料の支払いのみで正当事由が認められ、賃貸人から賃貸借契約を解約できるわけではありません。立退料の提供を申し出ても「正当の事由」がないと判断される場合や（東京地判平成28年5月12日ウエストロー・ジャパン、東京高判平成5年12月17日金法1397号44頁等）、逆に、立退料の提供がなくとも「正当の事由」が存在すると判断される場合もあります（東京地判平成3年11月26日判時1443頁、東京地判平成23年4月8日ウエストロー・ジャパン等）。

■ 立退料支払いの申出時期について

　借家の明渡請求訴訟においては、解約申入時に正当事由がなくても、その後、賃貸人が明渡請求を継続する間に正当事由を具備した場合、明渡請求は認容され得ます（最判昭和41年11月10日判タ202頁102号等）。そして、賃貸人が、解約申入後に、立退料等の金員の提供またはその増額を申し出た場合、「右の提供又は増額に係る金員を参酌して当初の解約申入れの正当事由を判断することができると解するのが相当」とされています（最判平成3年3月22日判タ768号52頁）。また、借地についての事案ですが、判例は、立退料の提供ないしその増額の申出については、異議申出時に一定の正当事由が具備されていることを前提として、その後事実審の口頭弁論終結時までにされたものも考慮されうる旨を明らかにしています（最判

平成6年10月25日民集48巻7号1303頁)。

　これらの判例を踏まえると、立退料の提供または増額の申出は、原則として事実審の口頭弁論終結時まで可能と解されます。

　なお、前掲最判平成3年3月22日の判例は、立退料提供または増額申出の遅れが信義則に反するような事情が認められる場合を例外に挙げていることに留意する必要があります。

■ 無条件の明渡請求と引換給付判決について

　賃貸人が無条件での立退きを求めている場合に、判決において賃貸人に立退料の支払いが命じられることはないものと解されます。借地借家法28条により、立退料は賃貸人が申し出て始めて正当事由の補完となるものであり、弁論主義の帰結として、賃貸人から立退料の主張がされなければ判決の基礎とされることはないためです。

■ 立退料の申出額を増額または減額させる判決について

　賃貸人が一定額の立退料を申し出たとき、裁判所が、同額と大きく変わらない範囲で立退料を増額し、引換給付判決を出すことは、適法となり得ます（最判昭和46年11月25日判タ271.173頁参照）。もっとも、賃貸人が予想できないほど金額に開きがある場合や、賃貸人に申出額を上回る立退料を提供する意思がない場合等、賃貸人の意思に依拠しないことが明らかな場合には、申出額を超える金額での引換給付判決を出すことはできないと解されます（福岡地判平成元年6月7日判タ714号193頁参照）。

　他方で、賃貸人が一定額の立退料を申し出たとき、裁判所が、それより低い金額の立退料で引換給付判決を出すことは、原告の申出以上に原告に有利となることから、処分権主義（民事訴訟法246条）との関係で不適法になると考えられています。

■ 引換給付判決による立退料支払義務と執行力

　引換給付判決後、賃借人が任意に家屋を明け渡した後であっても、同判決をもって賃借人が立退料の強制執行をすることはできません。仮に、賃借人が立退料の強制執行を行うことを考えるのであれば、予備的反訴の提起を検討する必要がありますが、この当否については争いがあります。なお、立退料の支払義務に関する参考裁判例として、福岡地判平成8年5月17日判タ929号228頁があります。

武藤綜合法律事務所　弁護士　平池大介

Q 5-4 老朽化や危険性を理由とする契約の終了

建物の朽廃・老朽化や倒壊の危険性を理由に賃貸借契約を終了させて、建物の明渡しを求めることはできないでしょうか。

■ 結 論

原則として、建物が「朽廃・老朽化」したというだけでは、賃貸借を終了させて、建物の明渡しを求めることはできません。そもそも、朽廃・老朽化にあたるか否かは、修繕に要する費用額の大きさ等も斟酌しながら、「賃貸借の趣旨が達成されない程度に達したか否か」により判断することになりますが、建物がそこまで「朽廃・老朽化」したと認められることは、まずありえないからです。ただし、建物の朽廃・老朽化や、それに伴う倒壊の危険性は、立退料の提供等と並んで、解約申入れの「正当事由」を基礎付ける事情として十分に考慮されます。

■「朽廃・老朽化」を理由とする契約の終了

賃貸借契約は、賃貸人が賃借人に対して目的物を使用収益させ、賃借人がこの使用収益について対価を支払うことを内容とする契約です。したがって、目的物が「滅失」した場合には、賃貸借契約は当然に終了することになります。判例は、完全に滅失にまで至らない場合、すなわち「戦災」によって建物の外郭だけが残っていた場合や（最判昭和32年12月3日民集11巻13号2018頁）、「火災」によって建物が大きく損傷した場合についても（最高裁昭和42年6月22日民集21巻6号1468頁）、当然に賃貸借契約が終了することを認めています。いずれも「滅失」と同視できるような事情が認められる事案です。

では、例えば築50年以上も経つような古い家屋を貸している場合、すなわち建物が「朽廃・老朽化」したと考えられる場合は、どうでしょうか。その場合、第一に、曲がりなりにも目的物が存在し、賃借人も利用を継続していますので、賃貸借契約が当然に終了することはありえません。そこで、第二に、「朽廃・老朽化」を「正当事由」として、賃貸人から更新の拒絶や解約の申入れができないかが問題になります。けれども、判例は、

単に「朽廃・老朽化」したというだけではこれを認めていません。付加的に、賃料が安すぎるために採算が取れず、建て替えて新たな建物で収益を得ようとしたといった事情と重なって、初めて解約が認められているのです（東京高判平成15年1月16日裁判所ウエブサイト）。つまり、普通、建物の「朽廃・老朽化」は、借地借家法28条の列挙する「正当事由」の一つであり（「建物の現況」）、重要な要素だと思われますが、それだけで、直ちに更新の拒絶や解約の申し入れをすることはできないのです。

建物の老朽化や倒壊の危険性を「正当事由」とする解約申入れ

そもそも、「正当事由」は、建物の賃貸人および賃借人が建物の使用を必要とする事情のほか、建物の賃貸借に関する従前の経過、建物の利用状況および建物の現況ならびに建物の賃貸人が建物の明渡しの条件として、または建物の明渡しと引換えに建物の賃借人に対して財産上の給付をする旨の申出をした場合におけるその申出などを総合的に考慮して判断されるものです（借地借家法28条）。ですから、建物の老朽化や倒壊の危険性といった事情は、たしかに正当事由を基礎づける重要な事実ですが、例えば賃借人側に建物使用の必要性等の事情があれば、それも考慮した上で、総合判断されることになります。

ただし、その中でも、最も重視されている事由が「立退料」であることは、指摘しておく必要があります。実際、ほぼすべての裁判例は、老朽化した建物の賃貸借については、立退料の支払いを当然の前提として、それ以外の様々な事情をも考慮した上で、建物の明渡しを命じているのです（東京地判平成8年3月15日判時1583号78頁——賃貸人が自己利用を主張した例、東京地判平成9年9月29日判タ984号269頁——土地の再開発計画があった例、東京地判平成9年10月29日判タ984号265頁——ビルの新築計画があった例、東京高判平成12年3月23日判タ1037号226頁——築40年を経過する木造建物につき改築計画があった例、東京地判平成20年4月23日判タ1284号229頁——築80年の木造建物の例）。要するに、建物の老朽化や倒壊の危険性のみをもって「正当事由」の存在を基礎づけることは難しく、一定額の立退料を提供して、正当事由を補完する必要があるのです。

アジアンタム法律事務所　弁護士　金山直樹

Q 5-5 賃借権に基づく妨害排除請求

賃貸人の承諾を得て建物を転貸したのですが、この建物に転借人以外の第三者が住み着いてしまいました。どうすればいいでしょうか。

■ 結 論

賃借人は、民法605条の2第1項に規定する対抗要件を備えた場合には転借人以外の第三者に対して、民法605条の4（不動産の賃借人による妨害の停止の請求等）に基づいて建物を明け渡すよう請求することができます。

■ 物権的請求権

不動産の所有者がその不動産を第三者に不法に占有されている場合には、所有者は第三者に対し所有権に基づく返還請求や妨害排除請求をすることができます。これらを物権的請求権といいます。物権的請求権は、民法に明文の規定はありませんが、物権が物を直接支配する権利であるとの性質から当然に認められています。物権的請求権には、返還請求権、妨害排除請求権および妨害予防請求権があります。

これに対し、債権は物権と違って、債務者に対して一定の行為を請求できる権利でしかないため、債権に基づいて債務者以外の第三者に一定の行為を請求することはできません。

賃借権も債権ですので、本件の賃借人は、転借人以外の第三者に対して建物を明け渡すよう請求することはできないのが原則です。

■ 最高裁判例

しかし、このままでは、本件の賃借人は困ってしまいます。また、賃借権は債権ではありますが、物の占有を目的としていることから、物権に類似している性質を有しています。

そのため、最高裁判例では、不動産賃借権について対抗要件を備えている場合に不動産賃借権に基づく妨害排除請求等を認めてきました。

不動産賃借権について対抗要件を備えている場合とは、民法605条の「賃

借権の登記」をした場合や、借地借家法の適用のある土地賃貸借では地上建物の登記がある場合（借地借家法10条1項）、借地借家法の適用のある建物賃貸借では当該建物の引渡しを受けた場合（借地借家法31条）などをいいます。

最高裁判例を要約して紹介しますと、まず、土地の二重賃貸借の事案につき、最高裁判例は、土地の賃借権について対抗要件を備えている場合には賃借権は物権的効力を有しているため、その賃借人は、事後にその土地につき賃借権を取得して土地上に建物を建てて土地を使用する第三者に対して、直接にその建物の収去・土地の明渡しを請求することができると判示しました（最判昭和28年12月18日民集7巻12号1515頁）。

つぎに、最高裁判例は、土地の不法占有の事案についても、上記判例等を引用して、土地賃借人の不法占有者に対する建物の収去・土地の明渡しを認めました（最判昭和30年4月5日民集9巻4号431頁）。

■ 賃借権に基づく妨害排除請求等の明文化

改正前民法では、不動産賃借権に基づく妨害排除請求権等について明文の規定はありませんでした。

しかし、上記最高裁判例を踏まえ、民法605条の4（不動産の賃借人による妨害の停止の請求等）では、対抗要件を備えた不動産賃借権においては、不動産賃借権に基づく「妨害排除請求（妨害の停止の請求）」と「返還請求」ができる旨明文化されました。

物権的請求権には妨害排除請求権と返還請求権のほかに「妨害予防請求権」もありますが、賃借権に基づく妨害予防請求権を認めた最高裁判例がないこと、債権である賃借権に物権的請求権を認めるのはあくまで例外であることから、明文化はなされませんでした。

■ 経過措置

民法605条の4に基づく妨害排除請求等は、改正前民法のときに賃貸借契約の締結がされた場合であっても、施行日以後に当該不動産について妨害等がなされた場合には同条の適用があります（民法附則34条3項）。

高瀬法律事務所　弁護士　菊地将太

明渡しの強制執行の手続

明渡しの強制執行は、申立てから明渡しの実現まで、どのように進められるのでしょうか。

■ 結　論

明渡しの執行は、初回は、執行官が明渡期限を定めて債務者に自主的退去を促し（明渡しの催告）、それでも退去しなければ強制的に荷物を撤去する（明渡しの断行）という流れで進められるのが通常です。

■ 執行の申立て

強制執行の申立ては、目的不動産の所在地を管轄する地方裁判所所属の執行官に対し、所定の事項を記載した申立書を、執行文の付された債務名義の正本、送達証明書等の書類を添付して提出して行います（民事執行法2条、執行官法4条、民事執行規則1条、21条）。また、申立人は、手数料および職務執行に要する費用の概算額を予納しなければなりません（執行官法15条1項）。ちなみに、東京地裁における予納金額の標準は、基本額が6万5000円で、債務者1名、または物件1個増すごとに2万5000円を加算することになっています。

■ 執　行

不動産の明渡しの強制執行は、執行官が債務者の目的物に対する占有を解いて、債権者に現実にその占有を得させる方法により行います（民事執行法168条1項）。したがって、債権者またはその代理人が執行の場所に出頭したときに限りすることができます（同条3項）。

債務名義の効力は、原則として債務名義に表示されている当事者以外の者に対しては及びませんので（民事執行法23条、民事訴訟法201条1項）、例えば、不動産の一部の賃借人や間借人のように独立の地位をもって占有する者については、これらの者に対する債務名義がなければ退去を強制することはできません。これに対し、債務者の家族や雇人その他の同居者で債務者に付随して居住している者は、債務者の占有補助者にすぎないので、債務者とともに立ち退かせることができます。

なお、明渡しの執行は他の強制執行の場合に比して、債務者に与える打撃が大きい場合が少なくありません。そこで、不動産の明渡しの執行では、執行官は、債務者が不動産を占有しているときは、明渡しの催告を、当該催告日から1月を経過する日を引渡期限と定めてすることができることとされています（民事執行法168条の2第1項、同2項）。

■ 執行目的外の動産の処理

目的不動産の従物（畳・建具等）を除き、執行官は動産を取り除いて、これを債務者、その代理人または同居の親族もしくは使用人らで相当のわきまえのある者に引き渡さなければなりませんが、執行官が、明渡しの催告と同時に断行日を指定したうえ、断行日に債務者等に引渡しのできなかった目的外動産が生じたときは即日売却する旨の決定をすれば、明渡断行日に明渡執行と併せて目的外動産の売却を行うことができます（民事執行法168条5項、民事執行規則154条の2第2項）。また、断行日において、目的外動産を債務者等に引き渡すことができず、かつ、相当の期間内に当該動産を債務者等に引き渡すことができる見込みがないときは、高価な動産を除き、即日または断行日から1週間未満の日に売却を行うことができます（同3項）。

ただ、制度上かかる手続を採るか否かは執行官の判断に委ねられているところ、実際には、催告の際に残置物の全貌やその価値を把握することが困難であることや、債務者側の抵抗感への配慮などの観点から、債権者が希望しても実施されない場合も多いといえます。債権者側としては、催告執行時に執行官が遺留品目録の作成を効果的に行えるよう、執行補助者として専門業者を同行させることを了解したり（その分の費用はかかりますが）、実際に残置物の把握が催告時に十分行えたと認められる場合には、執行官にそれを理由に即時売却決定を強く促すといった対応をすることが考えられます。

■ 間接強制の活用

なお、不動産の明渡しの強制執行は、間接強制の方法によることも可能です（民事執行法173条、同法168条）。直接強制に対する債務者の抵抗が予想されるなど、債権者側に直接強制に心理的な負担がある場合、間接強制金の取立てに適する債務者財産が債権者において把握できている場合などでは、間接強制の申立てを検討してみるのもよいでしょう。

虎門中央法律事務所　弁護士　箭内隆道

Q 5-7 占有移転禁止の仮処分

建物占有者が何度も交替し、正体不明の第三者が占有してしまっている場合、賃貸借解除による明渡請求の相手方は誰になるのでしょうか。

■ 占有移転禁止の仮処分

本問のようなケースで建物明渡請求訴訟を提起する場合には、賃借名義人だけを被告とするのではなく、当該貸室を直接占有している第三者も被告とし、債務名義を得ておく必要があります。

しかし、この第三者Aが口頭弁論終結前にさらに別の第三者Bに占有を移転してしまうと、その後賃貸人がAに対する勝訴判決を得ても、Bに対しては判決の効力が及ばず（民事訴訟法115条1項、民事執行法23条1項3号）、賃貸人は、再度Bを相手方として訴訟を提起しなければ目的を達することができません。

そこで、このような不都合を避け、当事者を恒定して承継人に対しても確定判決の効力を及ぼすためには、占有移転禁止の仮処分（民事保全法23条1項）を得ておく必要があります。

本問では、建物占有者が何度も交替しているというのですから、まさしく占有移転禁止の仮処分を得ておくべきケースといえるでしょう。

■ 債務者を特定しない不動産の占有移転禁止の仮処分

ところで、占有移転禁止の仮処分を申し立てる場合には、本来であれば、仮処分手続の当事者として当該建物を占有している第三者が誰であるのかを特定する必要があるはずですが、これを調査することは実際には相当難しいことです。特に、本問のように占有者が何度も交替していて、もはや誰が占有しているのかよく分からないという状況にあっては、占有者たる第三者を特定したうえで占有移転禁止の仮処分を申し立てることは極めて困難といえます。

そこで、このような事案についても的確に対処することができるよう、民事保全法では「占有移転禁止の仮処分命令であって、係争物（目的物）が不動産であるものについては、その執行前に債務者を特定することを困

難とする特別の事情のあるときは、裁判所は、債務者を特定しないで、これを発することができる」との規定が置かれています（民事保全法25条の2第1項）。すなわち、債権者としては、「執行前に債務者を特定することを困難とする特別の事情」の存在を主張し、疎明すれば、本来申立段階において当事者として特定されていなければならない債務者につき、これを特定しないままで不動産占有移転禁止の仮処分の申立てを行い、その発令を受けることができます。

■ 債務者

債務者を特定しない不動産の占有移転禁止の仮処分命令が発令された場合には、保全執行の段階において、その執行によって係争物である不動産の占有を解かれた者が債務者となるとされています（民事保全法25条の2第2項）。すなわち保全執行は、具体的には、仮処分命令に基づいて執行官が係争物である不動産に赴き、その場において、占有者と思われる者に対して質問をしたり文書の提出を求めたりして占有状況を調査し、占有者を特定してその者の占有を解くことになりますが、この段階に至ってはじめて、現実に占有を解かれた者が債務者と特定されることになります。したがって、逆に執行官が上記のような調査を尽くしても占有者を特定できなかった場合には、仮処分執行は執行不能となり（同法54条の2）、この場合には、債務者への仮処分命令の送達もされません（同法25条の2第3項）。

■ 担　保

具体的担保額は事案に応じて決定されることになりますが、債務者を特定しない不動産占有移転禁止の仮処分においては、債務者が特定しておらず実体法上の権利関係が不明確であるとして、高めの担保額を設定される可能性も考えられます。しかし、そもそもこのような仮処分が申し立てられるケースは、債務者が執行妨害を行っているケースが多いと思われますので、このような債務者の悪質性を強調すれば、担保額はむしろ低く設定すべきと考えることもできるのではないでしょうか。

なお、債務者が複数であると見込まれる場合は、その人数に応じて担保額も適宜増額されることになります。

viola法律事務所　弁護士　佐藤雅彦

Q 5-8 裁判費用の請求

明渡請求の裁判や強制執行に掛かった費用を、敗訴した相手方に請求することはできますか。

■ 結 論

請求できる部分がありますが、すべてではありません。また、弁護士費用の請求は、原則としてできません。

■ 裁判費用の内容

明渡請求訴訟を提起する際には、裁判所に納める貼用印紙や切手代等の諸費用が掛かります。さらに、勝訴判決を得て強制執行を行う場合には、やはり裁判所に納める印紙や切手代、それから執行官の費用や必要に応じ開錠、搬出等の費用が掛かります。

また、いずれの手続についても、弁護士に委任する場合には弁護士費用が掛かります。

■ 訴訟費用

上に挙げた費用のうち、訴訟提起の際、裁判所に納める印紙や切手等の訴訟費用については、敗訴した相手方に請求することができます（敗訴者負担）。通常、裁判所は本案の審理とともに、職権で訴訟費用に関する裁判を行い、判決書の主文で「訴訟費用は被告の負担とする」等の判断を示します。

しかし、これだけでは具体的な金額が確定していませんので、実際に相手方に請求するためには、判決の確定後、第一審の裁判所に対し「訴訟費用額確定処分」の申立てを行い、その具体的な金額を確定することが必要になります。この申立てを行うと、裁判所はその範囲・金額を算定し、訴訟費用の額を決定します。

この金額を相手方に請求することになりますが、任意に支払いがなされない場合には、前述の確定処分が確定判決と同じ効果をもちますから（債務名義）、これに基づき強制執行を行うことが可能です。

もっとも、訴訟費用額確定処分や強制執行を申し立てる際にも、新たな印紙や切手が必要となりますから、手続をとる前に費用対効果はよく検討すべきです。

■ 執行費用

　勝訴判決に続き、明渡しの強制執行を行う際には、裁判所に納める印紙や切手等の他、執行官の費用が掛かります。また必要に応じ、執行補助者や開錠、搬出を扱う業者の費用が掛かることもあります。
　これらの費用について、相手方に請求するためには、「執行費用額確定処分」の申立てという手続があります。強制執行の終了後、この申立てを執行裁判所に対し行うと、裁判所で支出の必要性や妥当性などが考慮され、その範囲・金額が算定されて確定処分が出されます。
　この確定処分が債務名義となりますので、これに基づき相手方に対し、新たな強制執行を行うことが可能です。
　もっとも、新たな強制執行手続に際し、さらに多少なりとも費用を要することになるので、費用対効果の観点を無視すべきでないことは前述と同様です。

■ 弁護士費用

　以上に対し、弁護士費用はどうかというと、これまでの判例実務では相手方に請求できるという考え方に至っていません。
　訴訟の内容が不法行為に基づく損害賠償請求であれば、請求額に弁護士費用を載せておくと、請求認容額の1割程度が認められることがありますが、賃借人に対する明渡請求訴訟のような債務不履行に基づく訴訟では、不法行為に基づく場合と異なり、通常、弁護士費用を損害として認めない取扱いとなっています。
　弁護士費用を敗訴者負担とすることについては、アメリカなど諸外国で例がみられるようですが、日本では、議論はあるもののそのような制度の採用に至っていないのが現状です。
　このように、明渡請求訴訟においては、よほど特別な事情がない限り、敗訴した相手方に弁護士費用を請求することはできません。

クレスト法律事務所　弁護士　田代奈美

明渡しの判定時期

5-9 賃貸借契約を解除したところ、賃借人が転居したようなのですが、室内にはまだ荷物が残っています。明渡しは完了したものといえるでしょうか、それとも明渡未了として損害金を請求できるでしょうか。

■ 結 論

解除後賃借人が転居する前後までの経緯や、荷物が残っている状況次第で判断が異なることになります。

■ 明渡しに至る経緯

明渡しについて最も慎重に物事を運ぶ場合は、賃借人から荷物搬出完了の連絡を受け、当事者双方が現地で立ち会って荷物が搬出済みであることや、賃借人の責に帰すべき損傷箇所など原状回復が必要な箇所・状況を確認し、明渡しが完了したことの確認書を取り交わし、鍵の返却を受ける（確認書に鍵返還の旨なども記載）などの手続を経ますが、賃借人が必要な物だけを搬出し、退去した旨の電話連絡しか寄越さず、あるいはそのような連絡すらもないようなこともままあります。

上記のような慎重な手続を経ていれば、明渡しが完了していることは明らかですが、そうでない場合はいろいろな状況を要素として勘案して判断がされることになります。

■ 鍵の返還

賃貸物件の鍵は、当該物件に立ち入るために必要なものであり、それを賃借人が返還した以上は、賃貸物件に立ち入れないのですから、賃貸物件についての事実的支配を失っており、明渡しはされたものと評価されやすいでしょう。逆に鍵の返還が行われていなければ、基本的に明渡しは未了というべきですが、鍵の交換を前提に実費のやりとりがされているような場合は、明渡済みと評価される場合もあるでしょう。

■ 荷物の残置状況

残置した荷物について、その所有権を放棄し、賃貸人が自由に処分する

も異議がない旨の書面が作成されている場合などは、荷物が残っていてもそれをもって占有を継続しているとは言えないでしょう。問題はそのような書面がなく、荷物が残っている場合です。ライフラインの契約を終了させ、出入りしている様子が全くないなど、居住実態が全くなさそうでも、荷物がほとんどそのまま残されているような場合は、荷物を置くことで物件の占有を継続していると解釈でき（長期不在の場合などと同じ）、明渡しは未了というべきでしょう。これに対し、残された荷物が明白に無価値であったり、数量がごくわずかな場合で、「退去した」という連絡があるなど退去の意思表示も認められるような場合は、賃貸物件の直接的な支配は賃貸人に移されたものであり、物件は明け渡されたと解すべきと思われます（「明渡し」の意義について触れている裁判例として東京地判平成29年8月21日（ウエストロー・ジャパン））。ただし、このような場合でも、所有権放棄書がない限りは残置物を無断で処分するとクレームを言われる可能性があるので、滞納賃料債権や原状回復費用の債権があれば、不動産賃貸借の先取特権（民法311条1号）で競売を行うなどの処理の検討が必要となります。具体的状況に応じ、この種の見極めは悩ましいところですが、究極の裁判例とも言うべき次の事例があります。

■ 東京地判平成21年10月15日（ウエストロー・ジャパン）

この事例は、飲食店舗の事例であり、いわゆる「居抜き」での内装・什器の譲渡なども世上見受けられるケースについて、明渡しの時点の判断が争われた事例です。

賃貸物件の特殊性等から、残置物多寡で占有継続の意思があるのかどうかは判断できません。原告は明渡未了を主張して賃料相当損害金の支払請求をしましたが、結論的には認められませんでした。当事者間で取り交わされた合意書等の内容とは違って、客観的外形的に賃借人の物件占有が終わったと解釈される時期に明渡しは終了したとして、損害金請求を棄却しています。

昨今の情勢では、従来のように早期に明渡済みの状況にして、次の賃借人を探すほうがよいというのではなく、曖昧な案件では損害金請求をするという選択肢もあるようですが、賃借人に弁済資力がなくては現実には意味がありません。現実的な回収可能性も含めて、どうすれば最終的なメリットがあるかを考えるべきです。

村上総合法律事務所　弁護士　伊東大祐

敷金返還拒絶と少額訴訟手続

敷金の返還を不当に拒絶された場合、少額訴訟手続を申し立てるとよいと聞きました。どんな制度なのですか。

■ 敷金の返還拒絶のトラブルと訴訟手続

　賃貸借契約が終了すると、賃借人は賃貸人に対して賃貸建物を返還・明け渡すことになります。明渡しに伴い敷金も精算されますが、敷金の返還額をめぐってトラブルが起きることがあります。そのトラブルの原因の多くは、賃貸建物の原状回復義務の範囲に関する意見の食い違いですが、なかには、賃貸人の不誠実さまたは無資力に原因がある場合もあります。

　敷金返還に関するトラブルに限らず、法的なトラブルは任意の交渉・話し合いで解決できれば一番よいのですが、話し合いがつかないときには、訴訟提起を検討せざるを得ません。しかし、敷金は、通常少額のことが多く、その少額の敷金の返還を請求するために弁護士等の専門家に依頼して訴訟をすると費用倒れになりがちです。このため、敷金返還の訴訟は、当事者本人が訴訟を行う必要性が高いケースが多いといえます。このように、当事者本人が専門家の援助なく、比較的少額の支払請求の訴訟を提起するときに有益な手続が少額訴訟手続です（民事訴訟法368条以下）。

■ 少額訴訟手続の特徴

　少額訴訟手続は、申立ても簡単で、審理手続も簡略化されています。

　少額訴訟手続は、60万円以下の金銭の支払いを求める場合に限って利用することができる手続で、簡易裁判所における特別の訴訟手続です（民事訴訟法368条1項）。

　この制度は、簡易迅速に紛争を処理することを目的として制度設計されています。最大の特徴は、裁判所が、原則として、1回の裁判期日で審理を完了し、即日、判決の言渡しをするという点です（民事訴訟法370条1項、同374条1項）。通常の訴訟手続では、何度も裁判期日を開いて長期間にわたって手続を行うこともありますが、少額訴訟手続では、迅速に審理と判決がなされるため、当事者本人が専門家の援助を受けなくても利用しやすい手続といえます。

　なお、少額訴訟手続の被告は、最初の期日で自分の言い分を主張するま

での間、通常の訴訟手続で審理するように求めることができます（民事訴訟法373条1項）。この場合、裁判期日は1回で終了するとは限りません。

■ 少額訴訟手続の流れと注意点

（※賃借人が原告、賃貸人が被告となるケースを想定。逆もありうる。）

(1) まず最初に、印鑑と契約書などの関係書類を持参して簡易裁判所に行ってください。裁判所では、少額訴訟の提起の仕方を相談できます。また、その場で訴状を作成して提出できます。ただし、この場合の請求金額が60万円以内に限定されていることは前述のとおりです。

なお、少額訴訟を利用できるのは、同一申立人につき同一の簡易裁判所において年10回以内です（民事訴訟法368条1項ただし書、民事訴訟規則223条）。

(2) 訴訟提起をする場合には、収入印紙（例えば、請求金額が60万円の場合には6,000円）のほかに、当事者の呼出しなどに使用するための郵便切手（申立てをする裁判所や当事者の人数によって金額が変わりますが、原告・被告がそれぞれ1名であれば、3,000円から5,000円程度）の提出が必要です。訴状の作成をした後に裁判所で相談してから、裁判所の売店などで購入すると間違いがないでしょう。

(3) 裁判期日（口頭弁論期日）は数週間後となります。その期日に出頭して、請求内容や事情・経緯を説明します。証人がいるときは、一緒に裁判期日に出頭してください。

(4) また、賃貸人が敷金返還を拒否する理由として述べる内容を予想して反論の書面や証拠（現場写真など）を準備しておくとよいでしょう。

(5) 少額訴訟の判決は、前述のとおり、通常は、即日口頭で言い渡されます。判決で支払いを命じる場合には、すぐに全額を支払えという場合もありますが、事案の具体的事情、例えば、賃貸人が敷金を返還する資金的余裕がないというようなときは、裁判所は、3年を超えない範囲内において、支払期限の猶予や分割払いを認める場合もあります。

(6) 少額訴訟で判決が言い渡されたときは、それに不服があっても、判決書または判決の調書の送達を受けてから2週間以内に、同一の簡易裁判所に対して審理をやり直すよう申し立てること（異議申立て）ができるだけであり、地方裁判所に対して不服申立てをすること（控訴）はできません（民事訴訟法377条）。また、異議を申し立てた後、簡易裁判所は通常の訴訟手続で審理を行い判決をしますが（民事訴訟法379条1項）、この判決に対しても控訴はできません（民事訴訟法380条）。

虎門中央法律事務所　弁護士　上林祐介

Q 5-11 行方不明になった賃借人に対する明渡請求訴訟

賃借人が貸室内にがらくた荷物を大量に放置したまま行方をくらまし、賃料も滞っている場合、荷物を処分して貸室を新しい賃借人に貸すにはどうしたらいいですか。

■ まずはじめに

賃借人が行方不明になっても賃貸借契約は有効に存続します。そこで貸室を新しい賃借人に貸すためには、賃料不払いを原因として現在の賃貸借契約を解除しなければなりません。そして、その解除を行うため、賃貸人は賃借人に対し賃料不払いによる賃貸借契約の解除の意思表示をしなければなりません。

通常このようなときは、賃貸人は賃借人に内容証明郵便により未払賃料について支払期日を定めて支払うよう催告し、支払いのないときは契約を解除するという意思表示をします。ところが、このような行方不明の者に内容証明郵便を出しても郵便が到達しませんので賃貸借契約を解除するという意思表示が到達しません。そうすると内容証明郵便を出しても賃貸借契約を解除することはできないことになります。

■ 賃貸借契約解除の意思表示を賃借人に到達させる方法について

賃貸借契約解除の意思表示を賃借人に到達させるためには賃貸人は貸室の明渡請求訴訟を賃借人に対して提起する必要があります。しかし、そのときの訴状が単なる建物明渡しの訴状であると契約解除になりません。そのときは訴状の「請求の原因」で未払賃料を支払期日を定めてその日までに支払うこと、支払いのないときは賃貸借契約を解除するという意思表示をする必要があります。しかし、この場合でも賃借人が行方不明なので、訴状が賃借人に到達しないことが明白です。そこで訴状を賃借人に到達させるための方法としては、訴状を公示送達（裁判所の掲示板に掲示する）してもらう方法があります（民事訴訟法113条）。

公示送達とは賃借人の住所、居所その他送達をすべき場所が不明のため訴状等を送達することができないときに申し立てることができますので、

賃借人が行方不明であればこの要件にあてはまります。公示送達は裁判所の書記官に申し立てますが、公示送達ができることになれば裁判所は所定の掲示場にその訴状を掲示し、掲示した翌日から2週間後に訴状が到達したことになります。この場合は賃借人に契約解除の意思表示が到達したことになり、契約は解除され、貸室の明渡しを求めることができます。もっとも、公示送達をするためには十分に賃借人の居所等を調査して申し立てることが必要とされています。住民票による居所の確認はもとより、居所の現場も確認することが必要で、その調査が不十分なまま公示送達を申し立てても公示送達の効力が発生しないことがあります。

■ 勝訴の判決が出されたら、直ちに賃借人の荷物などを搬出することができるか

　賃貸人に勝訴の判決が出たとしても、賃貸人は、直ちに貸室に出入りし、賃借人の持っていた洋服、家財道具、テレビ等の荷物を運び出すことはできません。勝訴の判決が言い渡されたときは、その判決をもって裁判所に強制執行を申し立てねばなりません。強制執行の申立てをするときは、貸室の明渡執行のほか、賃借人の洋服、家財道具等の荷物を同時に差し押さえてもらう必要があります。強制執行は裁判所所属の執行官が行いますが、動産を差し押さえたとき、執行官は差し押さえた動産に価値があるものには各動産ごとに価額を記載し、価値のないものは無価値物と記載します。そのとき執行官は差し押さえた動産について、一定期間定めた場所に保管し、賃借人の買受けの申出を待ちますが、一定期間経過すれば価値のあるものは競売し、価値のないものはそのまま放棄することができます。なお、明渡しの強制執行の手続については5-6も参照してください。

　以上、行方不明の賃借人に対しては必ず建物明渡しの請求訴訟を提起し、判決をもって強制執行する必要があり、強制執行によってはじめて賃借人の荷物を処分することができます。そして、その上で新しい賃借人に貸室を貸すことができることとなります。

新都市総合法律事務所　弁護士　渡邊慎一

居留守の賃借人に対する通知方法

Q 5-12

賃借人が居留守を使う場合、どのような方法で催告や解除を通知したらいいですか。

■ 結 論

賃借人に対し、配達証明付き内容証明郵便により、催告や解除(以下「解除等」といいます)をしますが、賃借人が内容証明郵便を受け取らなかったことに正当な理由がない場合、解除、催告が到達したとみなされます。また、訴訟を提起するのであれば、付郵便送達や公示送達の方法により解除等をすることができます。

■ 到達主義の原則

隔地者間において意思表示の効力を発生させるためには、原則として、意思表示が相手方に到達することが必要であり(到達主義、民法97条1項)、賃貸人が賃借人に対し、賃貸借契約の解除や解除の要件となる催告を行う場合、それらの効力を発生させるためには、それらが相手方に到達することが必要です。なお、催告は、準法律行為(意思の通知)ですが、意思表示と同様に民法97条1項により相手方に到達することが求められます(最判昭和36年4月20日民集15巻4号774頁)。

■ 配達証明付き内容証明郵便の利用

また、意思表示の内容や到達を証明するために、解除等には、配達証明(郵便法47条)付き内容証明郵便(郵便法48条)を利用するのが一般的です。もっとも、賃借人が不在のため配達できない場合、留置期間の経過後に差出人(賃貸人)に郵便物が戻ってきてしまいます(郵便法40条1項、内国郵便約款88条1項)。

■ 賃貸人に郵便物が返還された場合の意思表示の到達の有無

最高裁は、民法97条の意思表示の到達とは、相手方が意思表示を受領し了知することを意味せず、相手方にとって意思表示が「了知可能の状態

におかれたことを意味する」としています（最判昭和36年4月20日民集15巻4号774頁）。「了知することができる状態」とは、意思表示が相手方の勢力範囲・支配圏内にあることを前提にしますから、相手方が受領しない場合、意思表示そのものが勢力範囲・支配圏内に入ったとはいえず、原則として意思表示が到達したことにはなりません。

では、本問のように、賃借人が居留守を使って郵便物を受領しない場合、賃貸人は解除等ができないかといえば、必ずしもそうではありません。

相手方が正当な理由なく意思表示の通知が到達することを妨げたときは、その通知は、通常到達すべきであった時に到達したものとみなされます（民法97条2項）。裁判例の中には、意思表示が相手方の勢力範囲・支配圏内に入ったとはいえない場合でも、相手方側の行為態様などを考慮して到達を認めたものがあります。例えば、同居人が相手方本人の不在などを理由に故意に受領を拒絶した例（大判昭和11年2月4日民集15巻158頁、大阪高判昭和53年11月7日判タ375号90頁）、相手方が不在配達通知書により書留内容証明郵便が送付されたことを知っており、受領も容易であったのに受領に必要な行為をしなかったために留置期間満了により返送されたが遅くとも留置期間満了時に到達したと認めた例（最判平成10年6月11日民集52巻4号1034頁）、内容証明郵便が名宛人の不在により受領されない場合に「同内容証明郵便は、特段の事情がない限り、留置期間の満了により名宛人に到達したと解するのが相当である」とした例（東京地判平成5年5月21日判タ859号195頁）、内容証明郵便による時効中断のための催告の通知を債務者が受領拒絶した場合に、受領拒絶した日をもって催告の通知の到達を認めた例などです（東京地判平成10年12月25日金法1560号41頁）。

もっとも、相手方における正当な理由や特段の事情の有無については、賃貸人は了知できないのが通常なので、内容証明郵便による通知後、訴訟提起する場合には、以下の訴状等による方法も考えておくのが得策です。

■ 訴状等による意思表示

賃貸借契約解除に基づく建物明渡請求訴訟等を提起の際、訴状等を書留郵便に付して送達する場合には（付郵便送達、民事訴訟法107条）、発送時に賃借人に送達があったものとみなされ（民事訴訟法107条3項）、この時に解除の効力が生じたと扱われます。また、賃借人の所在が不明である場合は、公示送達により意思表示を到達させることが可能です（民事訴訟法113条）。

虎門中央法律事務所　弁護士　小倉慎一

Q 5-13 単身入居者死亡時の残置品の処分

賃貸建物に単身で入居していた賃借人が死亡してしまいました。室内の残置品をどのように取り扱えばよいでしょうか。

■ 結 論

まずは、賃借人について相続人の有無を確認します。相続人がいる場合は、賃貸借契約を解除した上で、相続人に残置品の引取りを求めます。相続人の協力を得られない場合には、建物の明渡しを求める訴訟を提起し、強制執行を行います。このとき残置品に価値ある動産が含まれる場合、賃貸借契約に基づく債権を有していれば、不動産賃貸の先取特権に基づき、残置品について動産競売を申し立てることが考えられます。

相続人がいない場合は、裁判所で選任された相続財産管理人を相手に引取りを求めます。相続財産管理人が選任されていない場合は、自ら選任の申立てをするか、特別代理人の選任を申し立てて法的手続を進めることになります。

■ 相続人がいる場合の処理

賃借人が死亡しても賃貸借契約は当然には終了せず、相続人がいる場合、賃貸借契約上の権利および義務は相続人に承継されます（民法896条本文）。

そこで、賃貸人としては、まずは戸籍等を調査し、相続人の有無を確認する必要があります。

相続人が判明したら、その相続人との間で、賃貸借契約を解除します。そして、契約条項に基づき、相続人に対し、残置品の引取りを含む建物の明渡しを求めます。

相続人との協議が可能であれば、賃貸借契約の合意解除、建物明渡しの期限（または所有権放棄と賃貸人による処分への同意）、敷金の精算、残債務の支払等について、書面をもって合意できると確実です。

なお、相続人が複数いる場合には、対応に注意が必要です。この場合、解除の意思表示は、相続人全員に対してすべきものと解されています（民法544条1項、最判昭和36年12月22日民集15巻12号2893頁）。また、賃

貸借契約上の権利および義務は相続人全員に不可分に帰属することから（民法430条、432条）、建物の明渡義務は各相続人が負いますが、残置品の処分を賃貸人が行う場合は、残置品は相続人全員の共有となることから、相続人全員から所有権を放棄してもらうか、残置品の処分を含む賃貸借契約の処理を相続人のうちの一人に任せる旨の委任状を得てその者と対応する必要があります。

相続人の協力が得られない場合は、相続人に対し、建物の明渡しを求める訴訟を提起し、判決を得た上で、明渡しの強制執行を行います。明渡しの強制執行では、建物内の残置品を相続人が引き取らない場合は、即日、または一定期間経過後に売却されますので（民事執行法168条5項、6項、民事執行規則154条の2）、賃貸人としては、自らこれを競落した上で、残置品を処分することができます。

また、残置品に、現金その他の価値ある動産が含まれる場合には、不動産賃貸の先取特権に基づき動産競売を申し立てることが考えられます。不動産賃貸の先取特権は、賃貸借契約に基づく債権のうち敷金でまかなえない部分がある場合に、賃貸物件内の動産について成立する法定担保物権です（民法312条、313条2項）。動産競売は、債権者が執行官に対し動産を提出した場合に開始可能ですが（民事執行法190条1項1号）、相続人が残置品を引き取らずに執行官が保管する場合（民事執行法168条6項）も、上記の開始要件をみたし、これにより、賃貸人は、残置品を換価して債権に充当することができるものと解されます。

■ 相続人がいない場合の処理

相続人がいない場合（法定相続人がすべて相続放棄をした場合を含む）には、相続財産は法人となり（民法951条）、その管理処分権は相続財産管理人に帰属します（民法952条1項、953条）。

そこで、債権者の申立てなどにより賃借人に相続財産管理人が選任されている場合には、賃貸借契約の解除や建物の明渡しの手続も、相続財産管理人を相手に進めることができます。

相続財産管理人が選任されていなければ、賃貸人自らが選任を申し立てることもできますが、申立てには、一定の予納金などの費用がかかります。そこで、相続財産の特別代理人（民事執行法20条、民事訴訟法35条）の選任を申し立てることで、前述の動産競売等の手続を進めることが可能な場合もありますので、裁判所に相談してみるとよいでしょう。

卓照綜合法律事務所　弁護士　青木和久

残置品処分費および残置高価品

5-14 賃借人が残した大量の残置品の処分費用を賃借人に請求できるでしょうか。また、残置品の所有権放棄条項が契約書にある場合、見つかった現金や宝石も残置品扱いにしていいのでしょうか。

■ 問題の所在

賃貸借契約の終了の際、賃借人が、冷蔵庫などの家電製品、劇薬等の危険物からペットなどの小動物に至るまで、賃貸人にとって迷惑な動産を放置したまま賃借物件の明渡しをなす例があります。賃貸人は、これらの動産類を処分することにつき支出した費用を賃借人に対して請求できるのでしょうか。

また、賃貸人は、賃貸借契約に残置品の所有権放棄条項があるのをたてにとって、残置品のなかに現金宝石などがある場合に、これをみずから取得してもいいのでしょうか。

■ 賃貸人の処分権限の有無

賃貸人が賃借人に無断で賃借人所有の残置動産を処分することができるかという問題に関しては、このような処分は、自力救済として原則的に法の禁止するところであり、特別の事情が存する場合に極めて例外的に許容されるにすぎないというのが裁判例の大勢です。具体的な裁判例をみてみると、賃貸人が賃借人所有の動産を搬出して廃棄したことが違法であるとして賃借人から賃貸人に対する慰謝料請求が認められた事例として、大阪高判昭和62年10月22日判時1267号39頁があります。また、建物賃貸借契約書に自力救済条項があっても、賃借人の所有物（家財）を廃棄処分したことが違法であるとされた事例として、浦和地判平成6年4月22日判タ874号231頁があります。したがって、賃貸人としては、緊急やむを得ない特別の事情がない限り、しかるべき法的な手続（5-6参照）を経たうえで処分するということになります。

■ 賃貸人に対する処分費用請求の可否

賃貸借契約において、残置動産を処分するのに要した費用は賃借人の負

担とするという約定をした場合、賃貸人は、処分に要した費用を賃借人に対して請求できます。

　そのような約定がないときも、第1に、賃貸人は、残置動産の処分について賃借人との間に何らかの折衝があった場合、その内容や経過によっては、賃借人から処分についての準委任（民法656条）を受けており、賃借人に対して処分に要した費用の償還請求権（同650条1項）を有すると考えることができます。第2に、上記のような折衝がない場合でも、賃貸人による残置動産の処分は、事務管理（同697条）に基づくものとみて、賃貸人は、賃借人に対して処分に要した費用の償還請求権（同702条1項）を有するともいえます。このように、賃貸人は、賃借人に対して、処分のために支出した費用のうち合理的な範囲の額を請求できる場合があると解されます。

■ 明渡し後に見つかった高価品の扱い

　賃貸人にとって迷惑な残置動産とは反対に、明渡し後に、賃貸物件内で現金、宝石類、当たりの宝くじ券などが発見された場合、賃借人は、上記所有権放棄の約定によりその所有権を失うのでしょうか。

　契約の意思解釈の問題として、所有権放棄の対象となる動産は、賃貸借契約終了時に賃借人が賃借物件内にあると認識していたものに限られると考えるべきです。認識の対象外の動産については、所有権放棄の意思を認めることはできないからです。したがって、上記のような高価品に対しては、賃借人がその存在を知りながら放置した場合は格別、そうでない限りは所有権放棄の意思は及ばないと考えられます。賃貸人は、これらの現金や物を発見したら賃借人に返還しなければなりません。

村田・加藤・小森法律事務所　弁護士　小森貴浩

5-15 原状回復義務

明渡しの際、貸主・借主は、賃貸建物を元の状態に戻す費用をどのように分担しなければならないのでしょうか

■ 結 論

　賃借人は、明渡しに際し、借りていた家屋を原状回復する義務を負担しています（原状回復義務）。この義務を、民法621条は、「賃借人は、賃借物を受け取った後にこれに生じた損傷（通常の使用及び収益によって生じた賃借物の損耗並びに賃借物の経年変化を除く。以下この条において同じ。）がある場合において、賃貸借が終了したときは、その損傷を原状に復する義務を負う。ただし、その損傷が賃借人の責めに帰すことができない事由によるものであるときは、この限りでない。」と定めています。

　同条のとおり、「原状回復」とは、完全に入居時の状態に戻すことを意味しません。賃借人が通常の使用をした場合に生じる賃借物の経年劣化や通常損耗、例えば畳・クロスの経年による変色等は、原状回復義務に含まれません。このような損耗の発生は、賃貸借契約の本質上、当然に予定されており、賃貸人は、それらの修繕等に要する費用も考え、賃料の金額を定めていると考えられるからです。

　あくまでも、賃借人が通常の使用方法以外の方法により賃借物を使用したことにより発生した毀損を原状に回復する費用が、賃借人の負担とされ、敷金・保証金の返還に際し、その費用が減額されることになります。例えば、冷蔵庫の排熱によるクロスの黒い帯またはサビ痕、家具を倒したことによる畳の凹み傷、タバコの焼け焦げ、ヤニの汚れなどです。

　また、賃借人の負担である毀損の回復の場合であっても、新賃借人のために、明渡し時に想定される原状の状態よりもグレードアップする部分については、賃借人の負担とはなりません。

■ ガイドライン等について

　賃貸家屋の明渡し時のトラブル増加を受けて、国土交通省は、「原状回復をめぐるトラブルとガイドライン」を平成10年3月に取りまとめ、以後、裁判事例およびQ＆Aの追加などの改訂を行っています。このガイドライ

ンでは、原状回復を「賃借人の居住、使用により発生した建物価値の減少のうち、賃借人の故意・過失、善管注意義務違反、その他通常の使用を超えるような使用による損耗・毀損を復旧すること」とし、その費用は賃借人負担としています。そして、「通常の使用」についても、具体的事例をあげて賃貸人と賃借人の負担の考え方を明確にしました。

また、東京都も、平成16年10月1日、「東京における住宅の賃貸借に係る紛争の防止に関する条例」を施行し、宅地建物取引業者が借主に書面を交付し、退去時の原状回復と入居中の修繕について、費用負担に伴う法律上の原則や判例により定着した考え方を説明することを義務付けました。さらに、東京都は、「賃貸住宅トラブル防止ガイドライン」を作成し、改訂を行いつつ、条例で説明を義務付けた退去時の復旧と入居中の修繕における賃貸人・賃借人の費用負担などの基本的な考え方を示すなどしています。これらのガイドラインは、裁判外において、賃貸人と賃借人がトラブルを解決する基準としての機能を有しています。

■ 経年劣化、通常損耗を賃借人の負担とする特約の効力

賃貸借契約の条項の中に、畳・クロスの変色等の経年劣化や通常損耗も賃借人の負担とする特約が含まれている場合があります。このような特約について、最判平成17年12月16日（集民218号1239頁等）は、原則はこのような義務は認められないとしつつ、例外的に、「通常損耗の範囲が賃貸借契約書の条項自体に具体的に明記されている」等、「その旨の特約が明確に合意されている」場合について、義務となる余地を認めており（ただし、この事案の特約の義務は否定しました）、基本的にこの基準をもとに義務の範囲が決められることになります。

また、このような特約と消費者契約法9条や10条の関係も問題となります。いわゆる敷引特約（原状回復費用を通常損耗分を含めて敷金から一定額を差し引いて処理する特約）について、最判平成23年3月24日（民集65巻2号903頁）は、敷引特約は、直ちに違法とは言えないが、通常損耗や経年劣化の「補修費用として通常想定される額、賃料の額、礼金等他の一時金の授受の有無及びその額等に照らし、敷引金の額が高額に過ぎると評価すべき」ときは、賃料等が「大幅に低額など特段の事情のない限り」消費者契約法10条により無効となるとしました（ただし、この事案の特約は有効としました）。このように事業者ではない消費者が賃借人の場合は、特約について、消費者契約法について争われることがあります。

川合晋太郎法律事務所　弁護士　川合晋太郎

Q 5-16 通常損耗分についての特約

賃貸借契約書に添付された表には目的物の通常の使用に伴う損耗部分の修繕等も賃借人の負担となるように記載されています。このような定めは有効なのでしょうか。

■ 通常損耗分の基本的な考え方

通常の使用に伴う損耗部分(以下「通常損耗」、自然損耗とも言われます)について、原則として、賃借人の負担とならないことは、既に5-15で説明しました。この点は民法改正においても621条本文に明記されました。では、通常損耗についての修繕等は賃貸人ではなく賃借人が負担すると特約されていた場合、このような特約は有効なのでしょうか。契約自由の原則により、契約の内容は賃貸人と賃借人が自由に定めることができますし、ガイドラインも東京ルール(5-15参照)も、通常損耗分の修繕に関する特約の有効性を一律に否定するものではありません。

■ 最判平成17年12月16日について

賃借人が負担すべき補修費用の範囲について、最判平成17年12月16日判タ100号127頁は、「建物の賃借人にその賃貸借において生ずる通常損耗についての原状回復義務を負わせるのは、賃借人に予期しない特別の負担を課すことになるから、賃借人に同義務が認められるためには、少なくとも、賃借人が補修費用を負担することになる通常損耗の範囲が賃貸借契約書の条項自体に具体的に明記されているか、仮に賃貸借契約書では明らかでない場合には、賃貸人が口頭により説明し、賃借人がその旨を明確に認識し、それを合意の内容としたものと認められるなど、その旨の特約……が明確に合意されていることが必要である」と判示しました。この判例は、特約の有効性を承認しつつも、合意の成立要件を極めて厳格に解しています。

■ その他の裁判例

その他の裁判例として、特約それ自体を無効とする裁判例(大阪高判平成16年7月30日判時1877号81頁、大阪高判平成16年12月17日判時1894号

19頁）があります。また、消費者契約法10条違反により特約を無効とする裁判例（前掲大阪高判平成16年12月17日、同平成17年1月28日、神戸地判平成17年7月14日判時1901号87頁）もあります。

特約を有効と判断した裁判例としては、通常損耗についての原状回復費用を保証金から定額で控除する方法で賃借人に負担させる特約（敷引特約）が有効とされた最判平成23年3月24日判タ1356号81頁があります。敷引特約において賃借人が負担することとなる金額について明確な認識を持つことができる点等が考慮されたものと思われます。

■ 契約時の注意と、特約の有効性の判断

本問のような特約は、修繕の対象が通常損耗に該当するのか、該当してもその金額が妥当なものであるのか、そもそも損耗自体が入居当時には存在していたのか（新築物件でない場合）などの点で、賃貸借契約の両当事者間でトラブルになりやすいといえます。

そこで、まず、入居時に損耗の状況について契約当事者同士で確認し、書面や写真に残しておくことが望ましいです。また、通常損耗は、経年変化と同様、使用した期間により比例的に大きくなるのが通常ですので、その際には、室内の備品等が新品に交換された時期を特定しておくことがより望ましいです。

特約が有効になるためには、①特約の必要性があり、かつ、暴利でないなどの客観的・合理的な理由が存在すること、②賃借人が特約によって通常の原状回復義務を超えた修繕等の義務を負うことについて認識していること、③賃借人が特約による義務負担の意思表示をしていることが必要であり、さらに、上記判例によれば、④通常損耗補修特約について、契約書に一義的に明白な記載があること、⑤賃借人が補修費用を負担することになる通常損耗の範囲が賃貸借契約書において具体的に明記されていることも要件となるものと思われます。したがって、特約の有効性については一律の判断とならず、上記①から⑤の点について検討した上で判断されます。

なお、前述した賃借人の理解と同意という点からすれば、契約書や添付書類について契約締結時に説明を受け、賃借人が同意していたかの点も、特約の有効性について影響を及ぼすことになると思われます。

高瀬法律事務所　弁護士　椎橋徹治

Q 5-17 明渡時のクリーニング費等の請求

賃借建物をきれいに掃除して明け渡した場合でも、クリーニング費用等を負担しなければならないのでしょうか。

■ 賃借人の義務

　賃貸借契約の終了により、賃借人は賃借家屋を原状に復して返還しなければなりません（原状回復義務。民法616条、597条、598条）。クリーニング費用についても、当事者間に何らの合意もなされていない場合には、この原状回復義務の問題として捉えることができ、一般に、賃借物の自然または正常な使用収益の過程において生じた損耗等については原状回復義務の対象にはならないと解されています（詳しくは5-15を参照）。したがって、社会通念上通常といえる程度の清掃が行われており、賃借人の責めに帰すべき汚損等が残存していなければ、それ以上に専門業者によるクリーニング費用まで賃借人が負担する必要はないといえます。

　ただし、賃借人が社会通念上通常といえる程度の清掃を怠っていた場合には、賃借人に原状回復義務が発生し、賃借人がクリーニング費用を負担することになってもやむを得ないことがあります。

■ 特約がある場合

　原状回復義務とは別に、賃貸借契約に「賃借人が退去する際、クリーニング費用を敷金から控除する」という条項があり、それを根拠に、賃貸人がクリーニング費用を賃借人に請求するという場合が考えられます。

　この点に関して最高裁は、「賃借人に通常損耗についての原状回復義務……が認められるためには、……補修費用を負担することになる通常損耗の範囲が賃貸借契約の条項自体に明記されているか、……賃貸人が口頭により説明し、賃借人がその旨を明確に認識し、それを合意の内容としたものと認められることなど」が必要と判断しました（最判平成17年12月16日判時1921号61頁）。また、このような特約を有効と判断した事例もあります（東京地判平成21年5月21日）。なお、このような特約が、賃借人の利益を一方的に害するものとして消費者契約法10条に反するか否かが問

題となり得ますが、金額等を考慮して有効と判断された事例（東京地判平成21年9月18日）もあります。一般的には、原状回復義務の例外としての特約であることや対象とされる範囲が説明された上での明確な合意があり、金額が相応なものであれば、このような特約も有効であると考えられます。

しかし、原状回復義務の観点からクリーニング業者への依頼が必要とは解されない場合や、賃借人が予期していない高額のクリーニング費用が請求された場合なども、すべて賃借人の負担とするのは不合理です。この点に関しては、特約について、クリーニング費用全額を賃借人に請求できる旨を定めたものと解するのは相当でなく、賃借人が本来行うべき清掃が不十分な場合に、それを補う限度での費用を賃借人が負担すべきものを定めた規定と解すべきであり、賃借人が負担すべき費用はその半額であると判断された裁判例（東京地判平成23年1月20日）があります。

■ ペット・タバコのヤニ・カビなどの汚れについて

ペットによる臭いが染み付いており、専門業者による消臭クリーニングが必要な場合もあります。この場合、「ペット可」として入居者を募集した物件では、ペット臭は自然または正常な使用収益の過程において生じた事象として賃借人がクリーニング費用を負担しなくてもよいと解する余地もありますが、消毒費用を賃借人の負担とする旨の特約がある場合に、それを有効とした事例もあります（東京簡判平成14年9月27日）。

タバコのヤニによる汚れについて、掃除で除去できる程度であれば、賃借人の負担とはならないと考えられますが、これを超え、住居としての使用が困難となり、壁紙等の張替えが必要な場合等は、賃借人の責めに帰すべき事由によって生じたと考えられる場合が多く、毀損の除去に必要な範囲で、賃借人の負担となると考えられます。

結露によって発生したカビで壁や天井が汚れた場合、結露の原因は、主に建物の構造的なものですので、通常生じる程度のカビについては、たとえ、それにより壁紙の張替えが必要になったとしても、賃借人の負担とはならないと考えられます（名古屋地判平成2年10月19日判時1375号117頁）。しかし、例えば、結露が発生しているにもかかわらず、賃貸人に通知せず、かつ、ふき取るなどの手入れを怠り、壁等を腐食させたような場合には、通常の使用による損耗を超えると判断されることが多く、このような場合には、その部分について賃借人の負担となると考えられます。

クリア法律事務所　弁護士　藤原靖夫

Q 5-18 経年劣化品の取替代金

退去時に、古くなった壁紙を張り替える費用を敷金から控除できますか。

■ 結 論

通常の使用による損耗や経年変化により単に壁紙が古くなったのであれば、原状回復義務に含める旨の特約がなければ、賃借人に原状回復義務はありませんので、敷金から控除できません。

■ 基本的な考え方

「通常の使用及び収益によって生じた賃借物の損耗並びに賃借物の経年変化」による損傷について、賃借人に原状回復義務はありません（民法621条括弧書）。これらの修繕費は、通常は家賃に含まれていると考えられるからです（最判平成17年12月16日集民218号1239頁等、5-16参照）。もっとも、特約によってこれとは異なる定めをすることもできます（ただし、特約はすべて有効となるものではありません。特約の有効要件については、5-16参照）。また、賃借人の責めに帰すべき事由によって修繕が必要となった場合は、賃借人に修繕義務がありますので（民法606条1項ただし書）、このような場合は、退去時に修繕費用を敷金から控除することができます。

仮に賃借人が原状回復義務を負う場合でも、対象物も経年変化や通常損耗をしていることから、賃借人が費用全額を負担することが不公平と考えられる場合には、入居期間等を踏まえて賃借人の負担割合が決せられます。ただし、襖紙や障子紙および畳表などの消耗品の性格が強いものは、経過年数を考慮せずに、賃借人が負担すべきものと考えられます。また、フローリングや柱等の部位の部分的な補修については、全体価値の上昇につながらないので、原則として経過年数を考慮せずに賃借人の負担割合が決せられます。

なお、東京における住宅の賃貸借に係る紛争の防止に関する条例2条1号および同施行規則2条1項では、退去時における住宅の損耗等の復旧について、費用負担に関する原則や、特約を定め得ること、特約は無効とな

り得ること等についての説明義務等が定められています。

■ 壁紙、畳その他の具体例

上記の基本的な考え方を踏まえ、以下では具体例を見てみましょう。

『原状回復をめぐるトラブルとガイドライン（再改訂版）』（国土交通省住宅局）において示されている経年変化ないし通常損耗に関する具体例が参考となります。いくつか検討しますと、①結露による壁紙の汚損、天井クロスの照明器具取付け跡（これらは通常の生活の範囲内と考えられるので、賃貸人負担）、②部屋の枠周りの額縁のペンキ剥れ、壁についた冷蔵庫の排気跡や家具の跡、畳の擦れた跡、網戸の小さい穴（10年近い賃借人の賃借期間を踏まえ、賃貸人負担）、③飲み物をじゅうたんにこぼした跡（本件では通常でない使用をしたための毀損とはいえないので、賃貸人負担）、④新築の洋間カーペット、洋間の壁、洗面所、トイレ及び玄関の天井および壁に発生したカビ（新築でカビが発生しやすい状況でしたが、カビ発生後の賃借人の手入れにも問題があったため、賃借人の約2割負担）、⑤賃借人の行為による和室のクロスの一部破損（一部のみの修繕では部屋全体が木に竹を継いだような結果となり、部屋全体のクロス張替え修復をせざるを得ないとして、賃借人の全部負担）、⑥ペット飼育に起因するクリーニング費用の特約（特約は有効として、賃借人負担、5-17参照）、⑦和室畳の汚損、襖や扉のタバコのヤニによる変色、各部屋のカビ（賃借人の部屋の管理や手入れに問題はありましたが、18年以上の賃借期間等を踏まえ、賃貸人負担）等が挙げられています。

他の典型的な例もいくつか検討しますと、テレビや冷蔵庫などの後部の壁面の電気ヤケ、エアコン設置による壁のビス穴は、これらは生活必需品であることから通常損耗として賃貸人負担と考えられます。カレンダー等の画鋲跡は、下地ボードの張替えが不要な程度であれば、通常損耗として賃貸人負担と考えられます。子供の落書きは、賃借人の責任となることが多いです。畳が建物の構造欠陥（雨漏り等）で変色するような場合、賃借人は賃貸人に対して構造欠陥等の通知義務があるので（民法615条）、通知義務を怠ったことで変色がひどくなった場合には、賃借人負担とされる可能性があります。

上記具体例の他に、『賃貸住宅トラブル防止ガイドライン（第3版）』（東京都）においても、費用負担の考え方について一般的な例が示されていますので、参考にするとよいでしょう（5-15参照）。

グラテス総合法律事務所　弁護士　溝口竜介

修理代金の請求

5-19

賃借人が破損したガラスや壁の穴の修理費を敷金から差し引くことはできますか。

■ 修理代金の費用は誰が負担するか？

アパートをはじめとした賃貸借住宅について、その賃借物の修理は誰が行い、その費用は誰が負担することになるのでしょうか。

民法は、賃貸人が賃借物の使用収益に必要な修繕をなすべき義務を負うと規定し（同法606条1項）、原則として使用収益に必要な修繕義務を賃貸人に負わせています。また、賃借人が賃貸人の負担に属する必要費を支出した場合には、賃貸人に対する費用の償還請求も認めています（同法608条1項）。

一方、賃借人は、引渡しを受けた賃借物を善良な管理者の注意をもって保管する義務を負い（同法400条）、さらに、賃借物を受け取った後に賃借物に損傷が生じた場合には、賃貸借が終了したときに、その損傷を原状に復して賃借物を返還する義務を負っています（同法621条、5-15参照）。ただし、通常の使用および収益によって生じた損耗（通常損耗）や経年変化による損傷については、原状回復義務を負いません（同条本文括弧書）。また、賃借人に帰責性のない損傷についても原状回復義務を負いません（同条ただし書）。

本問についていえば、賃借人がガラスを破損し、また壁に穴をあけてしまったのですから、特別の事情のない限り、賃借人に保管義務に違反する債務不履行があり、賃借人は賃貸人に対して原状回復義務を負いますので、修繕は賃借人が行い、その費用は賃借人が負担すべきものと考えられます。ただし、例えば、第三者の投げたボールが窓ガラスを破損した場合のように、賃借人に帰責性がない場合には、原状回復義務を負いませんので、修繕は賃貸人がその費用を負担して行うことになります。

■ 敷金からの控除

家屋賃貸借における敷金とは、いかなる名目によるかを問わず、賃貸借

に基づいて生ずる賃借人の賃貸人に対する金銭債務を担保する目的で交付する金銭をいいます（民法622条の2第1項括弧書）。保証金名目であっても、これに当てはまるものは、敷金として取り扱われます。

本問では、前述のとおり、損傷が賃借人の保管義務違反により生じた場合には、賃借人が原状回復義務を負っているので、賃借人が費用を負担して修繕をしなければならず、賃貸人の費用負担で修繕を行った場合には、賃借人は賃貸人に対し修理費用を支払う義務を負います。この修理費用の支払義務は賃貸借に基づいて生ずる賃借人の賃貸人に対する金銭債務に該当しますから、賃貸人はその修理費用相当額を賃借人に返還すべき敷金から控除することができます。

ただし、この場合、修理費用は賃借人が破損したガラスないし壁にあけた穴の修理費用に限られ、通常損耗や経年変化による損傷については、原状回復義務を負いませんので、割れていないガラスや穴のあいていない壁の修理費用まで、賃貸人は請求できるものではありません。賃借人は、賃貸人が敷金から控除する修理費用が高額すぎると考えた（他の費用まで含んでいるのではないかとの疑問が生じた）場合には、その費用の明細（見積書など）を要求し、減額の交渉をすることは可能です。

■ 修理代金に関する特約があった場合

現在のアパートを含む家屋の賃貸借契約では、修繕費は賃借人の負担とするという特約が付されている場合がほとんどです。

このような特約も一般的には有効とされており、本問においてそのような特約があった場合には、賃借人は当該特約によっても本件の修繕費の負担を負うことになり、敷金から控除されることになります。ただし、そのような特約があったとしても、すべての修繕費を賃借人が負担するものではありません（5-16参照）。

セントラル法律事務所　弁護士　山内　隆

追い出しのための居住妨害

賃借人の追い出しを目的とする賃貸人による居住妨害に対する対策はあるのでしょうか。

■ 賃貸借契約の解除がなされていない場合

賃料の支払いが滞っていた場合でも、賃貸借契約が解除されていなければ、賃借人は未だ賃借権を有していることになります。それにも拘らず、賃貸人が無断で鍵を替え、賃借人の占有使用を妨害すれば、それは賃借人の占有権を侵害していることになります。そのため、賃借人としては、占有権侵害を理由に不法行為に基づく損害賠償請求権を主張することができます。

■ 賃貸借契約が終了している場合

賃貸借契約において、「賃借人が賃料の支払いを一度でも怠った場合、賃貸借契約は当然終了となる」等定められている場合でも、賃貸人と賃借人の間の信頼関係が破壊されていなければ、解除は認められないというのが判例法理です。

また、仮に解除が有効になされていたとしても、それによって、当然に賃貸人が所有権に基づいて強制的に鍵を替えたり無断で立ち入ったりすることは許されません。これは、当事者が、裁判手続によることなく、自らの実力によって自己の権利を実現、確保、あるいは回復することはできないという、いわゆる自力救済の禁止という原則です。

権利を実行するに当たっては、調停、訴訟、和解等の手続により、権利の有無を確定させ、それによって得られた調停調書、判決、和解調書等（債務名義といいます）に基づき、権利を実現しなければなりません。そうでなければ、誰もが自分の権利を主張してむやみに実行することにより、社会の秩序が乱れてしまうからです。

■ 問題となった例

最高裁の判例において、「私力の行使は、原則として法の禁止するとこ

ろであるが、法律に定める手続によったのでは、権利に対する違法な侵害に対抗して現状を維持することが不可能又は著しく困難であると認められる緊急やむを得ない特別の事情が存する場合においてのみ、その必要の限度を超えない範囲内で、例外的に許されるものと解することを妨げない」とされています（最判昭和40年12月7日民集19巻9号）。

実際には、この判例のいうところの「特別の事情」を認め、自力救済が認められるとされた例はほとんどなく、賃貸人が賃借人に無断で立ち入り、中の物を勝手に搬出してしまったような場合には、不法行為の成立が認められるのが一般的であるといえます。

例えば、賃借人の家賃滞納に対し、賃料債務保証会社が玄関扉に補助錠を設置して賃借人の立入りを不可能にし、その後、物件内に立ち入り家財等一切を撤去した事例において、賃料債務保証会社は補助錠設置行為および家財撤去行為について不法行為責任を免れないとしています（東京地判平成28年4月13日判時2318号56頁）。

しかし一方で、賃貸人が賃貸物件に立ち入り、給水および給電装置を持ち去り、給水および給電を止めた事例において、それに先立つ賃貸借契約解除が有効であることを認定のうえ、不法行為を構成するとはいえないとされた例もあります（東京地判平成23年11月28日ウエストロー・ジャパン）。この事例は、給水や給電はあくまで賃貸人の義務として行ってきたものであるため、契約解除によりその義務がなくなったために履行をとりやめたからといって、不法行為を構成するものとはいえないとされました。

■ 具体的な対処法

上記のように個別的事情によっては違法とされない場合もありますが、一般的には、無断で鍵を付け替えるなどして賃借人の居住を妨害する行為は、違法な行為といえます。そこで、居住妨害を受けた賃借人としては、不法行為に基づく損害賠償請求をする方法が考えられます。ただし、生活妨害による損害賠償請求訴訟の判決を待っていては生活ができない場合が多いと考えられるので、妨害行為の差止めや、妨害排除を求める仮処分の申立て（民事保全法23条2項）を行うことも検討してよいでしょう。

さらに、住居侵入、器物損壊等の犯罪行為に該当する事案では、刑事事件として告訴をする方法も考えられます。

上野きぼう法律事務所　弁護士　東城輝夫

自力救済を許容する特約

5-21　「賃貸借終了後に賃借人が明渡しをしない場合は、賃貸人が室内の動産類を搬出して明渡しを実行することができる」との特約は有効でしょうか。

■ 自力救済の原則禁止

　賃貸借契約が終了した後は、賃借人の賃借物使用権原はなくなっていますが、依然として賃借人の占有権自体はあるものと考えられますので、この占有権を排除しようとする賃貸人の行為を許容する特約の有効性が問題となります。

　このような特約は、契約自由の原則からすれば一見有効ともみられそうです。しかし、権利が他人に侵害されている場合でも、その侵害状態を除去するためには法の定める手続を経るべきであり、実力でこれを実現すること（自力救済）は原則として禁止され、「権利に対する違法な侵害に対抗して現状を維持することが不可能又は著しく困難であると認められる緊急やむを得ない特別の事情が存する場合においてのみ、その必要の限度を超えない範囲内で、例外的に許される」とされています（最判昭和40年12月7日民集19巻9号2101頁、判タ187号105頁）。

　本問の特約は、法が原則禁止している自力救済を許容する合意であり、私人による強制力の行使を許さないという現行私法秩序と相容れないものであって、公序良俗に反し、無効であるといえます。

　したがって、仮にこのような特約があったとしても、賃貸借契約の終了後に改めて賃借人の同意・承諾を得ない限り、賃貸人の実力行使は原則として違法（不法行為）となります。

■ 賃借人の対応策

　前記のとおり、自力救済は原則として禁止されており、それを許容する本問の特約は無効と考えられますので、賃貸人が室内に無断で立ち入って動産類を搬出する等の実力行使をした場合、賃借人としては、仮処分や訴訟により、賃借建物への立入り禁止や同建物の占有妨害禁止、損害賠償請求等を求めることができ、刑事上も、住居侵入、器物損壊、窃盗等で刑事

責任を追及することができるでしょう。

■ 裁判例

以上のとおり、賃貸人による実力行使は原則的に違法となりますが、例外的に自力救済が違法とはいえないとされる場合もあります。

裁判例にも、不法行為の成立を認めた事例（福岡高判昭和58年9月13日判タ520号148頁、東京地判昭和63年11月25日判時1307号118頁、東京高判平成3年1月29日判時1376号64頁、札幌地判平成11年12月24日判時1725号160頁、大阪簡判平成21年5月22日判時2053号70頁、大阪高判平成23年6月10日判時2145号32頁等）と、否定した事例（東京高判昭和51年9月28日判タ346号198頁、東京地判昭和62年3月13日判時1281号107頁等）、不法行為の成立を認めながら損害の発生を否定した事例（東京地判平成16年6月2日判時1899号128頁）があります。

結局、この問題は、事案ごとに具体的事情を総合判断して、賃貸人の行為の違法性の有無を決しなければならない問題であると考えられます。

■ 結　論

自力救済を許容する特約は無効と考えられますので、賃借人側としては、賃貸人の実力行使に対しては、前記の対応策をとるべきでしょう。

一方、賃貸人側としては、賃貸借契約の終了後に改めて賃借人の同意・承諾を得ない限り、自力救済は違法であるという原則をしっかりと認識して、慎重に行動するべきでしょう。

クリア法律事務所　弁護士　加藤　潤

退去後のカギの交換

5-22 賃借人が退去しましたので、部屋のカギを返してもらいました。新しい賃借人に部屋を賃貸するにあたっては、カギを新しいものに交換したほうがよいのでしょうか。

■ 問題の所在

　ピッキングによる被害などから、防犯管理上、カギに対する関心が持たれています。賃貸していた部屋を賃借人が退去した際には、賃借人から、入居時に預けたカギをすべて返却してもらうことになりますが、賃借人が故意に返さないことまではないにしても、賃借人が紛失してしまって、退去時に返却できない場合などもあります。そのカギが、後に使用されて、新しい賃借人のもとで空き巣などの被害が生じることも想定され、このような賃借人の防犯意識に応えることが必要となります。

■ 賃貸人の立場から

　賃貸人は、賃貸していた部屋から賃借人が退去したときには、入居時に渡していたカギをすべて返却してもらうことが必要です。入居時に賃借人に渡したカギの本数を確認し、すべて返却されているかどうか確認します。また、賃借人には、賃貸中に合カギを作っていないか確認し、もし作成しているようであれば、それも返却してもらうことになります。また、賃貸人は、賃借人が入居時にカギを何本預かったかを記載した預り証を賃借人から受領していたときには、その預り証をカギの返却時に賃借人に返すことが必要となります。

　しかし、カギの返却がなされたとしても、合カギの作成等により、新しい賃借人のもとで空き巣などの被害が生じることも想定されます。賃貸人がカギの交換を怠ったことにより、このような被害が生ずると、「賃借人が安全に居住できるように管理する責任を怠った」（民法644条）ということで損害賠償を請求される可能性もあります。そこで、賃貸人としては、新しい賃借人が安心して入居できるように、従前の賃借人の退去後には、カギを新しいものに交換したほうがよいでしょう。

■ 賃借人の立場から

上記のとおり、賃借人の退去時には、新しい賃借人のために、カギを交換しておくことが望ましいのですが、カギの交換は賃貸人の義務とまではいえません。すべての賃貸物件でカギの交換が行われているとはいえず、カギの交換のないままに新たに賃貸している賃貸人もいるのが現実です。そこで、新たに入居する賃借人としては、入居時には、カギが交換されたかどうかを賃貸人に確認してみるべきでしょう。

■ カギの交換費用について

カギの交換費用は、「賃借人が安全に居住できるように管理する責任」を負う賃貸人が負担するのが原則です。しかし、カギの交換費用を賃借人が負担するという特約については、そのことを賃借人が了解している限り有効です。そこで、賃貸人は、このような特約を契約締結時に締結し、賃借人の了解をとっておいたほうがよいでしょう。その場合には、後に紛争にならないように書面化をしておく必要があります。

賃借人としては、入居時に預かったカギを紛失してしまい退去時にすべて返却できない場合には、賃貸人からカギの交換費用を請求される場合もあるので、注意が必要です。

新しい賃借人が、カギが新しいものに交換されていないことを理由に賃貸人にカギの交換を求める場合や、ピッキング対応キーに交換してほしいと申し出た場合については、カギの交換を申し出た者がその交換費用を負担するというのが一般的な慣行となっているようです。

■ 不測の事態に備えて

退去した賃借人が密かに作成した合カギが、後日犯罪等に悪用されるのは困ります。退去のときに、「カギの交換工事の前に賃借人作成の合カギで賃貸建物に立ち入った者がいるときは、賃借人はそれによる全損害の賠償責任を負う」旨の念書の作成義務を賃貸借契約に盛り込んでおき、後の紛失防止に努めておくとよいと思われます。

むらやま法律事務所　弁護士　村山栄治

社宅における諸問題

5-23 現在、会社の社宅を借りて住んでいますが、今の会社を退職したら、すぐに社宅を出て行かなければならないのでしょうか。

■ 従業員による社宅利用の法的性質

「社宅」といっても会社ごとに様々な態様がありますが、判例は、社宅利用規定や労働契約の趣旨などから社宅利用関係の法的性質を判断しており、中でも、社宅の使用料の額を重要な判断基準としています。

例えば、物件の規模や立地から考えて世間並みの賃料相場かあるいはそれよりやや低い程度の金額を支払っているような場合は、賃貸借契約として借地借家法の適用を受けるとされています(最判昭和31年11月16日民集10巻11号1453頁等)。

これに対し、社宅の使用料等が明らかに相場より低く、居住に対する対価と言えないような場合は、使用貸借その他の特殊な使用関係にあるとして、借地借家法の適用を受けません(最判昭和39年3月10日判時369号21頁、最判昭和44年4月15日判時558号55頁等)。

■ 退職する場合の退去義務

社宅の使用が借地借家法の適用を受ける場合、仮に会社を退職しても、賃貸借関係が当然に終了し、退去義務が生じるわけではありません。また、「従業員の地位を失った場合、直ちに社宅を明け渡す」といった事前の特約等があったとしても、この特約は借地借家法30条に違反し無効となります。

賃貸人である会社が、退職する社員との賃貸借関係を終了させるには、解約申入れ後6か月が経過することと、解約申入れについての「正当事由」が必要になります(借地借家法27条1項、28条)。

もっとも、賃借人は会社を退職して従業員たる地位を失うのですから、例えば「他の従業員が入居を必要としていること」等の事情を会社側が立証すれば、「正当事由」が認められてしまう可能性が高くなります。

他方、社宅の使用が借地借家法の適用を受けない場合は、使用貸借(民

法593条）としての法律関係や、会社の定める社宅の利用規定に基づいて処理されることとなります。したがって多くの場合、会社の退職と同時に、あるいは退職後一定期間経過後に、社宅を明け渡さなければならないことになります。

■ 利用制限年齢に達した場合

従業員が会社を退職するケース以外にも、例えば、社宅利用規定に利用制限年齢（例：「独身社員の寮の居住期間は、満30歳に達した日の属する月の末日までとする」）が定められている独身寮において、居住している従業員が利用制限年齢に達した場合、当然に退去義務が生じるのかという問題が生じます。

この場合も、前記の退職の場合と同様、借地借家法の適用を受けるか否かで判断されることとなります。裁判例を見ると、使用料が極めて低額なうえ、光熱費等の経費についても居住者の負担分はごく一部であったという独身寮の事例で、寮の利用関係を「従業員に対する福利厚生施策の一環として、社宅等利用規程によって規律される特殊な契約関係であって、借地借家法の適用はない」と述べたものがあります（東京地判平成9年6月23日労働判例719号25頁）。

■ 例外——公務員宿舎の場合

国家公務員に貸与される公務員宿舎の場合は、注意が必要です。利用の実態は民間企業の社宅と変わらないと言えますが、その利用関係については国家公務員宿舎法で規律されており、借地借家法の適用は排除されています（国有財産法18条8項）。そして、居住者が職員（公務員）でなくなったときは、原則として20日以内に明け渡さなければならないとされています（国家公務員宿舎法18条1項1号）。

リソルテ総合法律事務所　弁護士　櫻庭知宏

第三者の圧力を利用した明渡請求

Q 5-24

賃借人が居座るので、勤務先の社長に事情を話して転勤を要請したところ賃借人に抗議されました。法的問題はありますか。

■ 結　論

建物の賃貸人が、賃借人の勤務先の社長に対して、賃貸建物の明渡しを巡って、賃借人たる社員の転勤要請をすることは、場合によって、違法となることがありますので慎重な配慮が必要です。

■ 勤務先による社員の私生活上の紛争への説得、助言等

建物の賃貸借契約につき、賃貸人と賃借人との間で、建物の明渡しを巡って紛争が生じた場合、断固明渡しを拒むか、あるいは、何らかの条件を付けて明渡しの要求に応じるかは、賃借人がみずからの判断と責任において決定すべき私生活上の問題です（自己決定の自由）。

したがって、賃借人たる社員が会社と関係なく個人的に賃借している住宅について、賃貸人との間で紛争状態にある場合、その解決は、本来的には、賃借人たる社員が自分で決定すべき問題であることは前述のとおりですが、紛争解決のため、賃貸人から協力を求められた勤務先の社長等がその社員（賃借人）に対し一定の節度をもって忠告、説得等をする限り、これらが、社員にとって多少の違和感、不快感が生ずるとしても、直ちに違法とはいえません。

使用者側からの労働者の私生活への介入が許されるかの問題については、判例上、①介入の必要性、合理性、②態様の相当性の2点が評価の基準とされています（最判昭和63年2月5日労判512号12頁参照）。

ところで、本問では、賃貸人とその要請を受けた会社（賃借人が勤務中）の社長との営業上、経営上の関係がやや不明ですが、仮に会社にとって業務上の必要性があったとしても、賃借人たる社員が、すでに諸事情を考慮したうえ、みずからの責任において、賃貸人との間で自主的解決に応じないことを確定的に決断している場合に、社長が会社もしくは、みずからの都合から社長という職制上の優越的地位を利用して、社員に対して、賃貸

人との和解ないしは明渡要求に応じるよう執拗に強要することは、許された説得の範囲を超え、社員（賃借人）の私的問題に関する自己決定の自由を侵害する違法な行為であって、不法行為を構成すると断じた裁判例（横浜地判平成2年5月29日判時1367号131頁）があります。これは、本問において、十分に参考とされるべきものと思います。

■ 社長の行為が違法とされた場合の賃貸人の責任

本問では、賃貸人は賃借人の勤務先の社長に対し、賃借人を転勤させてほしいと頼んでいますので、社長の社員への働きかけが不法行為を構成すると判断された場合には、賃貸人が社長の不法行為をあらかじめ知り得なかったという弁明は成り立ちがたいと思われます。

したがって、社長の言動が違法として不法行為を構成するとされた場合には、会社または社長と賃貸人とは、賃借人に対して連帯して不法行為責任を負わなければなりません。

賃貸借建物の明渡しを巡る賃貸借当事者間の紛争解決のため、建物の賃貸人が、賃借人の勤務先会社社長の労働者に対する一般的支配力を期待して何らかの働きかけをするという本問のような事例は散見されます。そして、勤務先会社の社長と労働者との関係次第では効果的な場合もあるようです。

しかし、①介入の必要性、合理性、②態様の相当性を欠くような場合には、要請を受けた会社または社長の言動が違法として不法行為を構成する場合があります。この場合は、かえって混乱の度合いを深め紛争解決を遅延する結果となります。

したがって、本問のような紛争解決方法の選択は賢策とはいえません。賃貸家屋の明渡しを巡る紛争解決には国家的制度として民事調停、訴訟制度が営為されています。また、ADR（裁判外紛争解決手続）を利用することも効果的です。

これらの制度を利用することが解決の捷径であると思います。

酒井法律事務所　弁護士　酒井康生

Q 5-25 家賃保証会社による居室退去の強要

家賃を滞納したところ、家賃保証会社に部屋の鍵を交換され、家財道具も処分されました。損害賠償を請求できますか。

■ 結 論

損害賠償を請求できます。たとえ家賃保証会社が借家人に対して立て替えて払った賃料についての求償権を有していたとしても、それは住居侵入や家財の処分を正当化するものではなく、明渡しを請求する根拠にもならず、法律の定めた手続に基づかず一方的に借家人の居住権、財産権等を侵害するもので不法行為（民法709条）となるからです。

■ 家賃保証会社による鍵の交換、家財処分、居室退去の強制等

近年、家賃保証会社による借家人に対する違法または不適切な行為が社会問題となりました（4-31参照）。なかでも、とりわけ深刻な問題と指摘されたのが、家賃保証会社による居室の鍵の交換、家財の処分、借家人の居宅からの退去の強要です。

たとえ家賃保証会社が借家人に対して求償する権利を有しているとしても、それをもって法律の定める手続によらずに鍵を取り替え住居に侵入し家財を処分することが正当化されるものではありません。またそもそも家賃保証会社は賃貸人ではなく賃料支払債務の保証人に過ぎず、求償権があることは明渡請求を認める根拠にはなりません。したがって、家賃保証会社の行為について違法性を阻却する事由はなく、法律の定める手続によらず一方的に借家人の権利を侵害する行為であり、不法行為（民法709条）が成立します。

したがって、借家人は、この不法行為により被った家財等の喪失等の財産的損害、および精神的損害についての賠償を請求することができます。

さらに、家賃保証会社の行為については、住居侵入罪（刑法130条）、窃盗罪（刑法235条）等が成立する可能性もあります。

■裁判例

　家賃保証会社が管理会社とともに借家人の追出しを図り、居室の鍵を交換し実力で借家人の占有を排除した上、無断で借家内に侵入し家財を処分した事案について、家賃保証会社の自力救済による違法性阻却の主張に対し、裁判所は、保証委託を受けて本件賃貸借契約上の賃料等の債務を連帯保証しているにすぎない保証会社は、求償権を行使することはできても、本件居室からの退去、明渡しを求めることができる立場にあるわけではなく、実力で借家人の占有を排除する行為はそもそも保証会社の権利を実現するものではなく、この点でおよそ自力救済といえるものですらないとして、その主張を退けました。また、業者として保証限度額を設定する等のリスクコントロールが可能だったはずであり、さらに予想を超える悪質な賃借人に直面することになったとしても賃貸人に働きかけて賃貸借契約の解除および明渡しに係る権能を発動するよう求めるのが筋であり、その方策をとることができないほどの緊急性は認められないとして、居室への立入り、物品の搬出処分につき不法行為に基づく損害賠償責任を免れないとしました。さらに、代表者個人についても、家賃保証会社による「追出し」が社会的に問題となり、国土交通省が公益財団法人日本賃貸住宅管理協会宛に通知を行い、同協会が自主ルールおよび細則を改正する等、業界を挙げて対策強化に乗り出していた中で、違法な業務執行が行われないよう会社内の業務執行体制を整備すべき業務上の義務を負っていたにも関わらず、それを懈怠したもので、かつ故意または重大な過失があるとして、取締役の第三者に対する責任（会社法429条1項）を認めました（東京地裁平成24年9月7日判例時報2171号72頁）。

弁護士　久保友子

Q 5-26 明渡しと留守との違い

賃借人が1ヶ月以上住んでいない部屋があるので、新入居者を入れようと思います。何か問題はありますか。

■ 結 論

賃貸借契約が終了し、かつ賃借人が賃借していた目的物の占有を自ら解いたのであれば（明渡し）、新入居者を入れることは違法でなく、損害賠償責任を負うことはありません。これに対し、賃貸借契約が終了したかどうかを問わず、未だ賃借人の占有が続いていると認められる場合に（一時的・長期的留守など）、新入居者を入れることは占有妨害として損害賠償責任を負う可能性が出てきます。

■ 賃借目的物に対する賃借人の占有の有無の判断

賃借人の占有が続いているかどうかの判断は、賃借人の占有意思が明確であればいいのですが、それが不明な場合には、一般に、社会常識的にみて賃借人が物件を事実上支配していると客観的に認められるかどうかにより判断します。具体的には、賃借人の出入り・居住の有無、家財道具・什器などの存置の有無、賃料支払いの有無などの事情を総合的に判断することになります。

賃貸借契約が続いている場合と終了した場合に分けて検討しましょう。

■ 賃貸借契約が存続中の場合

賃貸借契約が終了しない限り、賃貸人は目的物を賃借人に利用させる義務を負いますから（民法601条）、新入居者を入れることはこの義務を果たさないことになり、これによって賃借人が受けた損害を賠償しなければなりません。

賃借人が連絡もなく戻ってこなくなっても、賃貸借契約が終了しない限り賃貸人は賃借人に目的物を使用させる義務がありますので、勝手に賃借人が部屋を明け渡したと判断して、賃借人の家財道具などを処分したり、新入居者を入れたりすることはできません。このような場合には、まずは

賃借人の保証人や勤務先などに問い合わせて、賃借人の意思を確認するべきです。

また、賃料を支払わなくなるなど賃貸借契約の解除事由があれば、契約を解除したうえで、明渡しを求める民事訴訟を提起して、その判決に基づいて明渡しの強制執行をするという法律上の手段をとることになります。

■ 賃貸借契約の終了後の場合

賃貸借契約が期間満了で更新されなかったり、合意や債務不履行による解除で終了したとしても、賃貸人の賃借人に使用させる義務はなくなったとはいえますが、勝手に賃貸人が残した家財道具を処分したり、新入居者を入れたりすることはできません。賃貸借契約の終了後も賃借人が居座っていたり、住んでいなくとも家財道具が残されているなど、社会常識的に元賃借人の占有が続いているときは、上記の民事訴訟上の手続をとることなく、賃借人を締め出したり、家財道具を処分したり、新入居者を入れたりすることはできません（これを「自力救済の禁止の原則」といいます）。

自力救済が禁止されている代わりに、賃貸人は、賃貸借終了後も元賃借人が目的物の占有を続けたことによって被った損害──多くの場合その期間新入居者を入れることができないことで得られたはずの賃料相当額の損害──を請求することができます。

なお、賃貸借契約書に、「賃貸借契約の終了後に賃借人が残した物件について、これを賃貸人が自由に処分できる」などといった条項が入っていることがあります。

しかし、この条項の意味について、東京高裁判決平成3年1月29日（判時1376号64頁）は、これは賃借人がみずから明け渡した後に残った物件については、賃貸人が自由に処分することが許されるという意味であって、賃借人が明け渡す前に、この条項に基づいて、賃貸人が賃借人の所有物を自由に処分することは賃借人の占有に対する違法妨害にあたるとして賃貸人に損害賠償を命じました。

したがって、このような条項が賃貸借契約書にあるとしても、賃貸人が賃借人の家財・荷物を勝手に処分したり、新入居者を入れたりすることは控えるべきでしょう。

池袋総合法律事務所　弁護士　荻野明一

Q 5-27 不法行為債務との相殺

家賃滞納に対抗して鍵を交換し家財道具を廃棄したら、賃借人が損害賠償請求してきました。滞納家賃と相殺できますか。

■「自力救済」は違法

　家賃を滞納して任意に物件の明渡しをしない賃借人に対して、賃貸人は、賃貸借契約解除→目的物明渡請求（訴訟）→強制執行、という法に定められた手続によって、物件の明渡しを実現することになります。

　これに対し、本問のように法の定める手続を経ずに実力で権利回復・実現を図ることを「自力救済」といいます。裁判所は自力救済について「権利に対する違法な侵害に対抗して現状を維持することが不可能又は著しく困難であると認められる緊急やむを得ない特別の事情が存する場合においてのみ、その必要の限度を超えない範囲内で、例外的に許される」と判断しています（最判昭和40年12月7日）。裁判で自力救済が許されるとされた事例は少ないですから、本問のケースは自力救済が許されず、賃貸人の行為は違法になると考えるべきです。

　賃料滞納への対抗として、賃貸人が家財道具の搬出や鍵の付け替えによる締め出しをする事例はしばしばみられました。賃貸人だけでなく、家賃保証会社や賃貸人から委託を受けた管理会社がこれらの行為に出て、裁判で不法行為による損害賠償が認められたケースが続き、社会問題にもなりました。平成21年には、国土交通省住宅局や公益財団法人日本賃貸住宅管理協会が、追出し行為等が違法行為にあたるとして注意喚起しています。

　なお、賃貸借契約書に「賃借人が賃料の支払いを7日以上怠ったときは、賃貸人は、直ちに賃貸物件の施錠をすることができる」といった自力救済を認める特約条項を明記したとしても、そのような特約は公序良俗に反し無効であるとされています（札幌地判平成11年12月24日等）。

　また、自力救済は刑事事件になる場合もあるので注意が必要です。例えば、賃借人の承諾なく物件内に入った点で刑法130条の住居侵入罪に、家財道具を廃棄した点で刑法261条の器物損壊罪に該当します。

■ 損害賠償請求

　本問のような自力救済は、賃借人の居室に対する占有を無理やり奪い、また賃借人の所有・占有する動産類を廃棄する違法な行為ですから、不法行為にあたり、賃貸人はこれによって賃借人に生じた損害を賠償しなければなりません（民法709条）。

　損害賠償の範囲は、通常生ずべき損害、すなわち不法行為と相当因果関係のある損害とされています。本問のようなケースにおいて裁判で相当因果関係のある損害と認められた例としては、以下のものがあります。

　①搬出処分された物品の財産的損害（時価、残存価値など）、②締め出出されなければ必要のなかった費用（他の場所で物を保管した費用、他の場所で宿泊した費用など。なお、東京地判平成16年10月27日は新たに賃貸借契約を締結した費用は不法行為との因果関係がないとしましたが、東京地判平成27年11月10日は礼金や仲介手数料等の新たな住居を賃借する際の費用を不法行為と因果関係のある損害と認めています）、③営業設備を使用できなかったことにより生じた損害、④精神的苦痛にかかる慰謝料（事案により3万円とされたケースもあれば80万円とされたケースもあります）、⑤弁護士費用（財産的損害と慰謝料合計額の1割程度の額）。

■ 相殺の可否

　2人が互いに弁済期にある同種の債務を負担している場合には、一方からの相殺の意思表示によって、対当額について債権債務が消滅し、各債務者はその分だけ債務を免れることとなります（民法505条）。

　しかし、「悪意による不法行為に基づく損害賠償の債務」の債務者（加害者）が、被害者に対して有する債権と損害賠償の債務を相殺することは禁止されています（民法509条）。これは、不法行為の被害者の保護と不法行為の誘発防止のためです。ここで、「悪意」は損害を与える意図があることが必要と解されていますが、本問のような自力救済行為の場合は「悪意」が認められると考えられます。

　したがって、賃借人が加害者である賃貸人に対して不法行為に基づく損害賠償請求をしたのに対して、賃貸人が未払賃料債権との相殺を主張しても相殺は認められず、未払賃料は別途請求するしかないということになります。

　なお、被害者からの相殺は禁止されていないので、本問のケースでも賃借人の側から相殺することはできます。

ホライズンパートナーズ法律事務所　弁護士　坂東利国

5-28 賃借権と抵当権との関係

抵当権付きの建物を賃借したところ、抵当権者から即時明渡しを要求されました。抵当権者には明渡請求権があるのですか。

■ 結 論

　原則として抵当権者に賃借人に対する明渡請求権はありません。所有者は、抵当権が設定されている建物であっても賃貸借を行い、賃料を徴収することができ、抵当権者と賃借人は原則何らの関係にも立ちません。

　しかし、賃借権の設定に抵当権の実行としての競売手続を妨害する目的が認められ、その占有により抵当不動産の交換価値の実現が妨げられて抵当権者の優先弁済請求権の行使が困難となるような状態があると認められるときは、抵当権者は、賃借人に対して、占有の排除（明渡し）を求めることができます。また、一定の場合には、抵当権者は建物を直接自己へ明渡すように請求することもできます。

■ 抵当権の性質

　抵当権は、競売手続において実現される抵当不動産の交換価値から他の債権者に優先して被担保債権の弁済を受けることを内容とする物権であり、不動産の占有を抵当権者に移すことなく設定される担保権です。

　したがって、所有者が抵当不動産を誰に賃貸しようと、直ちに抵当権が侵害されたとは評価できませんから、抵当権者は、原則として、抵当不動産の所有者が行う抵当不動産の使用または収益について干渉することはできず、賃借人に明渡請求することはできません。

■ 抵当権による占有排除の必要性

　しかし、現実には、抵当権の実行としての競売手続を妨害する目的で、抵当不動産が不法占拠されたり、あるいは短期賃貸借が設定されたりする例が数多くみられます。そのような場合、抵当権を実行されるような所有者は、自ら不法占拠者に対して所有権に基づく返還請求権を行使する余力を持たない場合も多いので、抵当権者自ら対応する必要性が認められます。また、所有者は、抵当権を設定し抵当権者に交換価値を把握せしめた以上

は、使用収益するに当たっても抵当不動産を適切に維持管理すべきであり、抵当権の実行としての競売手続を妨害するような占有権原の設定は、これを否定する必要も認められます。

■ 最高裁判決

最高裁は、平成11年11月24日（民集53巻8号1899頁）、従前の判例を改め、不法占拠（権原なき占有）によって競売不動産の売却価格が下がるおそれがあるような場合には、抵当権が侵害されたと評価でき、抵当権者は物件の所有者に代わって妨害を排除できるとしました。

そして、最判平成17年3月10日（民集59巻2号356頁）は、抵当権設定登記後に抵当不動産の所有者から占有権原の設定を受けてこれを占有する者（賃借人）についても、「その占有権原の設定に抵当権の実行としての競売手続を妨害する目的が認められ、その占有により抵当不動産の交換価値の実現が妨げられて抵当権者の優先弁済請求権の行使が困難となるような状態があるときは、抵当権者は、当該占有者に対し、抵当権に基づく妨害排除請求として、上記状態の排除を求めることができるものというべきである」と判示しました。さらに、「抵当権に基づく妨害排除請求権の行使に当たり、抵当不動産の所有者において抵当権に対する侵害が生じないように抵当不動産を適切に維持管理することが期待できない場合には、抵当権者は、占有者に対し、直接自己への抵当不動産の明渡しを求めることができる」とも認めました。

■ 抵当権者が賃借人に対して即時明渡しを請求できる要件

賃借権設定における妨害目的や、抵当権者の権利行使が困難となるような状態が認められる事実として、前記最判平成17年3月10日では、①賃料額が適正な賃料額を大きく下回っていること、②敷金額または保証金額が賃料額に比して著しく高額であること、③抵当権設定者（所有者）の代表取締役Ａが賃借権設定後において賃借人の取締役の地位にあったこと、④Ａは競売手続による売却が進まない状況下で抵当権者に対し抵当権を100万円の支払いと引換えに放棄するように要求したこと（なお被担保債権額は約17億円でした）、などがあげられています。このうち、特に①および②は、それぞれが妨害目的を推認させるに十分な事実であると考えられ、抵当権者からの明渡請求の可否の検討にあたり、まず確認されるべき事項と考えられます。

虎門中央法律事務所　弁護士　今井和男

Q 5-29 複数の賃貸借契約を結んでいる場合

同じ賃借人に建物1階を店舗、2階を住居として賃貸中です。店舗の用法違反を理由に住居を含めて契約を解除できますか。

■ はじめに

　同一の賃借人に対し複数戸の住宅や店舗を賃貸することがあります。そのような場合、ある1戸だけの住居または店舗について用法違反などの違約事由が生じたときは、それを含めて全戸分の賃貸借を解除できるか否かが問題となります。この問題は、契約の態様や、転借人の有無などによって、考え方が変わってきます。

■ 店舗と住居について1個の賃貸借契約が締結されている場合

　まず、一つの賃貸借契約の内容として、店舗と住居を合わせて賃貸しているケースが考えられます。この場合は、一つの賃貸借契約全体について解除事由があることになりますから、店舗と住居を合わせた全戸分の賃貸借を解除することは可能です。

　ただし、形式的に1枚の契約書で契約が取り交わされていればいいということではなく、契約が1個のものであるか複数のものであるかは、その内容によって変わってきます。仮に、賃料の取決めや契約期間、敷金の扱いなどの規定から、各部屋の関係が独立しているなど、契約が複数あるといえるような場合には、次に述べる解説を参照してください。

■ 店舗と住居で個別の賃貸借契約が締結されている場合

　原則として、個別の契約の解除事由があるかどうかは、それぞれの契約ごとに判断されます。したがって、店舗と住居の契約当事者が全く同一であったとしても、例えば店舗の契約について解除事由があるからといって直ちに住居の契約についても解除事由があることにはならず、住居の契約を解除することはできません。

　ただし、複数の契約書で賃貸借契約を取り交わしているとしても、実態としては一つの契約と見えるケースもあります。すなわち、その契約の内

容が、住居と店舗の賃料、使用態様の取決めなどの面で不可分一体といえる場合や、双方の契約が密接に関連付けられ契約のいずれかが履行されるだけでは契約を締結した目的が全体として達成されないような場合には、一方の契約上における債務不履行をもって、他方の契約の解除事由になり得るでしょう（最判平成8年11月12日民集50巻10号2673頁参照）。

■ 第三者に転貸されている場合

　問題となるのは、賃貸人と賃借人との間では店舗と住居について一個の賃貸借契約を締結したが、店舗と住居がそれぞれ別の人に転貸されているという場合です。この場合、例えば店舗の転借人にのみ用法違反があり、住居の転借人には用法違反がないという場合にも、住居の賃貸借契約が解除され転借人はそれに対抗することはできなくなってしまうとすれば、住居の転借人は不測の不利益をこうむることになります。

　この点について、東京高裁に、参考としうる判決があります（東京高判平成5年11月22日判タ854号22頁）。この判決の趣旨からすると、住居と店舗について賃貸借契約が一つの契約書で互いに区別することなくまとめて記載され、賃料、管理費、保証金も不可分に定められていたような場合であっても、住居と店舗がそれぞれ独立して転貸の対象となる建物部分として認められているような場合には、「店舗」の転借人がした用法違反により賃貸借契約の解除が認められる範囲は「住居」の転借人の利益も考慮にいれるべきであるとし、解除の効力は店舗部分についてのみ認められるのが相当、という結論を導き得るところです。このように、第三者への転貸がある場合には、この第三者の利益との調整の観点から、必ずしも、契約全体の解除が認められない場合もあります。

　なお、このように契約の一部のみ解除となるような場合には、解除の対象とならない残存賃貸部分の賃料や敷金・保証金等の再設定などをどのように行うか、という実際上の問題が生じるでしょう。いずれも、契約条項でこのような場合の特約が定めてあるとか（ただし契約の一部だけ解除になったような場合についての取決めが事前にされることは非常に稀でしょう）、賃貸人・賃借人間の合意で以後の賃料額を定められれば問題ありませんが、協議が調わない場合は、賃料減額請求権の行使により適正賃料を定める方法などが考えられます。一方で、契約の一部だけが解除されたからといって、直ちに敷金の精算や保証金の返戻などを求めることまでは、法的には認められ難いでしょう。

府中ピース・ベル法律事務所　弁護士　平山　諒

5-30 競売手続中の明渡請求

抵当権を実行し不動産競売開始決定が出ましたが、賃借人を称する者が占有しています。明渡しを請求できないでしょうか。

　競売対象不動産に占有者がいると、買受申込みをしようとする者が躊躇するなど、実質上、競売手続の妨害になることがあります。そこで、民事執行法は、差押債権者や買受人が保全処分の申立てをすることによって、そのような妨害を排除するための規定をもうけています。それが、①売却のための保全処分の定め（民事執行法55条）、②買受けの申出をした差押債権者のための保全処分の定め（同法68条の2）、③最高価買受申出人または買受人のための保全処分の定め（同法77条）、④担保不動産競売の開始決定前の保全処分の定め（同法187条）です。

■ 売却のための保全処分

　借地権・借家権が抵当権に対抗できない場合であっても、買受人が代金を納付して所有権を取得するまでは、目的物を使用収益する権利は前所有者にあり、したがって、前所有者から賃借した者は目的物を占有・使用することができます。

　これに対し、差押債権者は、債務者または不動産の占有者が不動産の価値減少行為等をするときには、執行裁判所に対し、一定の保全処分をするよう申立てをすることができます（同法55条1項）。競売中の建物を建て増ししたり、新規に不自然な態様で賃貸したりするような行為がそれにあたります。発令される保全処分の種類は、（ア）価格減少行為の禁止または一定の行為を命ずる保全処分（同項1号）、（イ）不動産に対する占有を解いて執行官に引き渡すことを命ずること、執行官に不動産を保管させることを内容とする保全処分（同項2号）、（ウ）不動産に対する占有を解いて執行官に引き渡すことを命じ執行官に不動産の保管をさせること、価額減少行為者に対し不動産の占有の移転を禁止することを命じ不動産の使用を許すことを内容とする保全処分および公示保全処分（同項3号）があります。

　なお、上記の保全処分のうち、（イ）（ウ）の保全処分については、占有者を目まぐるしく変更させて占有者の特定を困難にする執行妨害に対抗で

きるようにするため、「相手方を特定することが困難である特別の事情」があるときは、執行裁判所は、相手方を特定しないで、これを発することができるとの規定が設けられており（同法55条の2）、この規定は②買受けの申出をした差押債権者のための保全処分（同法68条の2第4項）、③最高価買受申出人または買受人のための保全処分（同法77条2項）、④担保不動産競売の開始決定前の保全処分（同法187条5項）にも準用されています。

■ 買受けの申出をした差押債権者のための保全処分

入札または競り売りの方法により売却を実施しても買受けの申出がなかった場合において、債務者または不動産の占有者が不動産の売却を困難にする行為をし、またはその行為をするおそれがあるときは、差押債権者は、買受可能価額以上の額の申出額を定め、次の入札または競り売りの方法による売却の実施において申出額に達する買受けの申出がないときは自ら申出額で不動産を買い受ける旨の申出をしたうえで、①債務者または不動産の占有者に対し、不動産に対する占有を解いて執行官または申立人に引き渡すことを命ずること、②執行官または申立人に不動産の保管をさせること、を内容とする保全処分を申し立てることができます（同法68条の2）。

■ 最高価買受申出人または買受人のための保全処分

最高価買受申出人または買受人のための保全処分は、代金納付後に申し立てられる引渡命令（同法83条。5-31参照）の実効性を保全するための制度ですが、これについても前述の売却のための保全処分（同法55条）と同様の規定が置かれています（同法77条）。

■ 担保不動産競売の開始決定前の保全処分

担保不動産競売の申立てをしようとする者は、競売の開始決定前であっても、債務者または不動産の所有者もしくは占有者が価格減少行為をする場合において、特に必要があるときは、執行裁判所に対し、前述の売却のための保全処分（同法55条）と同様の保全処分をするよう申し立てることができます（同法187条）。

なお民事執行法に基づく制度ではありませんが、最判平成17年3月10日（民集59巻2号356頁）は、競売妨害的な占有者に対して、抵当権者が抵当権に基づく妨害解除請求として、直接自己への抵当不動産の明渡しを求めることができる場合があることを認めています（5-28参照）。

葛飾亀有法律事務所　弁護士　宗万秀和

競売買受けと引渡命令

競売で賃貸建物を買い受けました。建物引渡命令を求めることができるのは、どのような場合ですか。

■ 引渡命令の制度趣旨——買受人の保護

　不動産の競売手続において、買受人が所有権を取得するのは、代金を納付した時点です（民事執行法79条）。

　ところで、競売は任意売却と異なり、不動産の所有者（債務者）の意思に反して所有権の移転を行う手続ですから、買受人が新所有者となっても、債務者または占有者から任意で引渡しを受けられないおそれがあります。この場合、買受人としては、明渡請求訴訟を提起することも可能ですが、訴訟を遂行し最終的に引渡しを受けるまでには、かなりの時間がかかり、その間せっかく取得した不動産を使用収益できないことになりかねません。これでは買受人の保護に欠けることになります。

　そこで、買受人が迅速かつ簡易に競落不動産の占有を取得できるよう、裁判所は、買受人の申立てによって債務者および一定の要件のある占有者に対し、不動産を買受人に引き渡すべきことを命ずることができるとされています（民事執行法83条1項）。これが引渡命令です。

　引渡命令は、買受人の代金納付日から6か月（買受けの時に民法395条1項に規定する抵当建物使用者が占有していた建物の買受人の場合は9か月）以内に申し立てなければなりません。また、引渡命令は買受人のみが申し立てることができ、買受人は買受不動産を他に譲渡しても引渡命令の申立権を失いません（東京高判昭和61年6月23日判時1198号117頁）。

■ 引渡命令の相手方——債務者および一定の占有者

　引渡命令を求めることのできる相手方としては、まず債務者およびその一般承継人（死亡の場合の相続人等）が挙げられます。債務者と同視し得る者についても、引渡命令の相手方と認めるのが一般ですが、どの範囲まで債務者と同視し得るとするかは個別の事例によります（例えば、抵当権設定者、つまり設定当時の所有者は相手方となると解されています）。

次に、債務者以外の第三者に対してですが、「買受人に対抗することができる権原により占有していると認められ」ない不動産の占有者は、引渡命令の相手方とすることができます（民事執行法83条1項）。これにより、占有者は、債務者に対して適法な占有権原を有していても、買受人に対抗し得る権原がなければ、引渡命令を発付されることになります。

■ 占有権原を有しない占有者の例

買受人が、権原を有しない占有者であるとして引渡命令を求めることができる相手方の具体例としては、
① 不法占拠者
② 競売等による差押えの効力発生後に占有を開始した賃借人
③ 抵当権設定後に占有を開始した賃借人

等が挙げられます。

占有形態や賃借権の性質を把握する上で、競売不動産の物件明細書や現況調査報告書の記載は重要な手がかりとなります。

■ 裁判例

建物の最先順位の抵当権者よりも先に賃借権の設定を受けた場合には、賃借人はその占有権原を買受人に対抗できます。もっとも、このような主張をした賃借人に対しても、契約締結当初の契約書が提出されていないこと、賃貸人の口座への振込金の性質が不明で金額も一定せず賃料支払いの裏付けと言えないこと、賃料に比して敷金・造作譲渡金の額が異常に高額であること、賃料が貸金と相殺処理されていること、その他の事情を詳細に認定して、競売手続を妨害するため賃貸借の外形を作出したものにすぎないと排斥した裁判例があります（東京高判平成9年12月3日判タ969号272頁）。

また、最先順位の抵当権者に対抗できる賃借権により不動産を占有する者が、当該不動産に自己の債務を担保するために抵当権の設定を受けていた事案において、裁判所は、この占有者の債務を担保するための抵当権の実行として競売の開始決定（二重開始決定を含む）がされていた場合には、引渡命令の対象となるものの、それ以外の場合（占有者の債務の担保としての抵当権に基づく競売開始決定はされていない場合）には引渡命令を発することができないと判断しています（最判平成13年1月25日民集55巻1号17頁）。

池袋総合法律事務所　弁護士　川合順子

第三者に対する賃貸借の対抗力

建物の譲受人や競売による買受人から明渡しを請求された場合、賃借人はこれに対抗できないのでしょうか。

■ 賃借権の対抗力

建物賃借人は賃借権登記を経ているときはもちろん（民法177条）、登記を経なくとも建物の引渡しを受けていれば建物譲受人に対して賃借権を対抗できますので（借地借家法31条1項）、賃借人は建物譲受人からの明渡請求に応ずる必要はありません。そして、賃貸借当事者間で、以上の記載に反する賃借人に不利な特約を定めても、その特約は無効です（借地借家法37条）。

ただし、一時使用目的の建物賃貸借は上記借地借家法31条1項の適用がなく（同法40条）、賃借権登記を経ない限り、当該賃借人は建物譲受人に賃借権を対抗できませんので、注意が必要です。なお、一時使用とは期間の長短だけで決められず、「賃貸借の目的、動機、その他諸般の事情から、当該賃貸借契約を短期間内に限り存続させる趣旨のものであることが、客観的に判断される場合であればよいのであって、その期間が一年未満の場合でなければならないものでは」ありません（最判昭和36年10月10日民集15巻9号2294頁）。

■ 競売による買受人に対する対抗力

建物が抵当権実行としての競売により買受人に所有権移転された場合、賃借人の建物引渡しがその不動産の最先順位の抵当権設定より前に行われたときは、原則として賃借権が対抗力を有するため当該賃借人は保護されます。ただし例外的に、最先順位の抵当権者に対抗できる賃借人であっても、その者のために後順位抵当権が設定され、その債務の不履行により当該抵当不動産の売却代金からこの債務の弁済がされるべき事情がある場合には、その賃借権を主張することは信義則に反し許されず、その賃借人は建物買受人に対して賃借権を対抗できず（最決平成13年1月25日民集55巻1号17頁）、当該不動産を引き渡さなければなりません。

次に、（最先順位の）抵当権設定登記がなされた後に賃借人が建物の賃借引渡しを受けたときは、賃借人は抵当権者に賃借権を対抗できず、競売により所有権を取得した買受人に賃借権を主張できません（最高裁昭和38年9月17日民集17巻8号955頁）。

　しかし、これでは賃借人は大きな打撃を受けるおそれがあります。そこで競売手続開始前から使用収益をしており、かつ抵当権者に対抗できない賃借人等は、買受け時から6か月を経過するまでは、その建物を買受人に引き渡すことを猶予され得ます（民法395条1項）。この点、滞納処分による差押え後の占有者（賃借人）でも、競売手続開始前からの占有者（賃借人）はこの引渡猶予の対象となります（東京高決平成25年4月16日金融法務事情1978号112頁）。しかし、競売開始決定を原因とする差押登記後に建物を占有しはじめた賃借人は、仮に競売申立事件に関する事情を知らなかったとしても上記民法395条1項の要件を充足せず、引渡猶予の対象となりません（東京高決平成21年9月3日金融法務事情1896号91頁）。また、抵当権者に対抗できない賃借人から使用貸借を受けて不動産を占有する転借人につき、建物売却以前に前所有者（抵当権設定者）が建物明渡しを求められない地位にあった転借人は引渡猶予の対象となりますが、前所有者が明渡しを求められる地位にあった転借人は引渡猶予の対象となりません（東京高決平成20年4月25日判時2032号50頁）。

　また、引渡猶予により保護されうる賃借人等でも、買受人が当該賃貸人等に対し、買受け後の建物使用対価について相当の期間を定めてその1か月分以上の支払いの催告をし、当該期間内に履行がなければ当該賃貸人等は保護を受けられません（民法395条2項）。この点、賃借人が買受人から上記催告を受けて当該建物の元所有者またはその管理者に建物使用対価を支払ったとしても、買受人に対して履行したことにはならず、引渡猶予を受けられません（東京高決平成20年12月19日判タ1314号300頁）。

■抵当権者の同意を登記した賃貸借の対抗制度

　抵当権に後れる賃借権は抵当権者および買受人に対抗できませんが、それでは濫用的賃貸借のみならず正常な賃貸借まで保護されず不都合です。そこで登記した賃貸借（で抵当権登記に後れるもの）は、その登記前に登記をした抵当権を有する全員が同意し、かつその同意の登記があるときは、その同意をした抵当権者および買受人に対抗できます（民法387条1項）。

大越法律事務所　弁護士　大越　徹

敷金返還請求権の差押えと質入れ

5-33

裁判所から賃借人の債権者が敷金返還請求権を差し押さえたとの通知がありましたが、どうすればいいですか。また、賃借人から質入れの通知があった場合はどうですか。

■ 結 論

　敷金返還請求権は、賃借人の賃貸人に対する金銭債権ですから、差押え、質入れ自体は有効です。

　したがって、賃貸人が、差押えや質入れの通知を無視して、敷金を賃借人に返還しても、債権者には改めて支払わなければなりません（民事執行法145条、民法364条、467条）。

　もっとも、敷金は、賃借人が賃貸人に対して負担する賃貸借契約上の債務を担保する目的で交付されているという性質上、支払いの時期、金額については注意が必要です。

■ 明渡し前について

　敷金は、賃料債務その他の賃借権に基づいて生ずる賃借人の賃貸人に対する金銭の給付を目的とする債務を担保する目的で、賃借人が賃貸人に交付する金銭です（民法622条の2）。

　しかし、差押えの通知を受けた当時、まだ賃貸借契約が継続している場合、賃借人が負担する債務の金額は不確定です。

　今後、賃借人が賃料を滞納するかもしれませんし、賃貸建物を破損することもあり得ます。賃借人がその債務を弁済しなかった場合には、敷金をもって充当する必要があるので、敷金を全額返すことになるのか、その一部を返すのか、はたまた一切返す必要がないのかは、賃貸借契約が継続している間はもちろん賃貸借契約が終了しても賃借人が建物を明け渡すまでは、分からないのです。

　したがって、明渡し前については、返還すべき敷金の金額が不確定であることから、差押えがなされても、直ちに差押債権者に対して、敷金を支払う必要はありません。

■ 明渡し後について

　賃借人が建物を明け渡した後は、明渡し時までに賃借人が負担している債務額が明らかになります。

　差押えの通知を受けた当時、賃貸借関係が終了していた場合や差押えの通知を受けた後に賃貸借契約が終了し、賃貸物件の明渡しが完了した場合には、明渡し完了までに生じた賃借人の債務について、敷金を充当し、充当後に残額がある場合には、その残額を差押債権者に支払えばいいのです。つまり、未払賃料や原状回復費用などが生じている場合、その金額を控除した金額を支払うことになります。

　また、明渡し完了時までに発生した債務ですので、契約関係が終了後、賃借人が明渡しに応じない場合には、賃料相当損害金が発生しますので、賃料相当損害金についても控除できます。

　そして、賃借人の賃料未払いの期間が長期にわたり、賃借人の債務額が敷金の金額を超えてしまった場合には、賃貸人は、差押債権者に支払う必要はなくなります。

　それでは、差し押さえられた金額よりも返還すべき敷金の額が多額である場合、どうすべきでしょうか。

　この場合、差押えの効力は、差押通知の差押債権目録に記載された金額に限られますので、差し押さえられた金額を債権者に支払った後の残額については、賃借人に支払わなければなりません。

■ 質入れについて

　賃借人が敷金返還請求権を質入れした場合も、差押えと同様に考えます。

　敷金返還請求権に質権が設定された場合、賃借人が、賃貸人に対して、質権を設定した旨を通知するか、賃貸人が、質権の設定を承諾すると、質権者は、賃貸人に対して質権の設定を対抗できることになります。

　質権設定の通知が届いた日や賃貸人が質権の設定を承諾した日以降は、賃貸人は、賃借人に対する敷金の返還が禁止されますので、賃借人に敷金を返還しても、敷金の返還を質権者には対抗できません。

　そして、敷金を質権者に支払うべき時期や金額は、差押えがなされたときと同様に、賃借人の建物明渡し後、明渡しまでに生じた賃貸借契約上の賃借人の債務を控除した残額を質権者に支払うことになります。

法律事務所空　弁護士　中村隆史

譲渡制限特約のある敷金返還請求権の譲渡

賃借人が譲渡制限特約のある敷金返還請求権を第三者に譲渡した場合、賃貸人は債権譲受人に対する履行を拒めますか。

■ 結 論

　賃貸借契約終了前の譲渡については、敷金返還請求権の譲受人が特約の存在を知っていた（悪意）か、重過失によって知らなかった場合には、賃貸人は債権譲受人に対し履行を拒むことができます。

　一方、賃貸借契約終了後の譲渡については、敷金および譲渡制限特約の趣旨に鑑みて、原則として債権譲受人の主観を問わず賃貸人が履行を拒むことは困難です。

■ 債権譲渡と譲渡禁止特約についての基本的な考え方

　債権は第三者に譲渡することが可能です（民法466条1項）。債権者・債務者間で債権譲渡を制限する特約（譲渡制限特約）をした場合でも、債権譲渡は有効となります（同条2項）。ただし、債権譲受人その他の第三者が特約のあることにつき悪意、または重過失によって特約の存在を知らなかった場合、債務者は債権譲受人等に対し履行を拒むことができ、債権譲渡人に対して主張できる弁済その他の債務消滅事由を債権譲受人等に対抗できます（同条3項）。

■ 賃貸借契約終了前に敷金返還請求権を譲渡した場合

　賃借人が敷金を差し入れている場合、賃借人は賃貸人に対し敷金返還請求権を有しています（民法622条の2）。この敷金返還請求権も債権ですから、第三者に譲渡することは可能で、当該請求権に譲渡制限特約が付いていても、賃借人はこれを有効に譲渡することができます。

　しかし、敷金返還請求権の譲受人が譲渡制限特約の存在を知っていたか、知らないことにつき重過失があれば、賃貸人は債権譲受人からの履行請求を拒むことができます（東京高判平成7年10月31日金法1463号36頁参照）。

なお、債権譲受人が敷金返還請求権の譲渡を賃貸人に対して主張するためには、譲渡人（賃借人）から賃貸人に対して譲渡の通知をするか賃貸人が譲渡を承諾することが必要ですし、賃貸人以外の第三者に対抗するためにはこの通知・承諾に確定日付のある証書が必要です（民法467条1項・2項）。

■ 賃貸借契約終了後に敷金返還請求権を譲渡した場合

　一方で、賃貸借契約終了後の敷金返還請求権の譲渡については、次のような裁判例があります。

　1つ目は店舗の保証金に関する裁判例で、当該保証金の趣旨が主として本件賃貸借の存続中に発生すべき賃借人の債務を担保する点にあることに鑑みると、本件譲渡制限特約（改正前は「譲渡禁止特約」）は、「賃貸借終了後保証金返還請求債権が現実に発生したのちにおいて、正規の指名債権譲渡の方式によってなされたその譲渡までを禁止する趣旨のものではない」としています（東京高判昭和48年11月19日判時725号43頁）。

　2つ目の裁判例は、当該譲渡制限特約について「本件賃貸借契約書中に当該特約の占める位置及びその文言からして、当事者間の信頼関係を必要とする賃貸借契約が存続していることを前提とした約定であって、賃貸借契約が終了した後まで効力を有するものとは解されない」としています（東京高判平成7年7月27日判タ910号157頁）。

　上記裁判例の考え方によれば、賃貸借契約終了後に敷金返還請求権を譲渡した場合には譲渡制限特約の効力が及ばないので、債権譲受人が譲渡制限特約の存在につき善意か悪意かを問わず、賃貸人は債権譲受人に対し履行を拒めないことになります。上記裁判例はいずれも当該賃貸借契約の解釈から結論を導き出しているので、この考え方がすべての契約に当てはまるとは断定できませんが、賃貸借契約終了後は敷金返還請求権が具体的に発生し、特に明渡し後は返還すべき金額も確定することに鑑みると、第三者への譲渡を制限する必要性もないと考えられ、今後はこれらの裁判例の考え方が主流になるものと予想されます。

宇田川・新城法律事務所　弁護士　宇田川靖子

敷金・保証金と賃料との相殺および賃料の支払留保

Q 5-35 賃貸人が支払不能状態で、このまま賃料を支払っても敷金や保証金の返還見込みはないので、不払いにしてもよいですか。

■ 敷金・保証金の法的性質

　民法622条の2第1項によれば、敷金とは、いかなる名目によるかを問わず、賃料債務その他の賃貸借に基づいて生ずる賃借人の賃貸人に対する金銭の給付を目的とする債務を担保する目的で、賃借人が賃貸人に交付する金銭をいい、賃貸人は賃借人に対し、賃貸借が終了し、賃貸物の返還を受けたときに、敷金残額を返還すれば足ります。民法622条の2は改正前民法下の判例（最高裁昭和48年2月2日民集27巻1号80頁、最高裁昭和49年9月2日民集28巻6号1152頁等）を採用したものといえます。

　これに対し、保証金の法的性質は一定ではなく、敷金の性質を有するもののほか、建設協力金の性質を有するもの、貸金の性質を有するもの、即時解約金の性質を有するもの、権利金の性質を有するもの、これらの性質を併有するものもあるといわれています。そこで、保証金の法的性質や返還時期については、賃貸借契約の条項や保証金が授受された趣旨に照らして、個別具体的に判断する必要があります。

■ 賃借人の側で賃料と敷金・保証金とを相殺できるか

　民法622条の2第2項によれば、賃貸人から敷金による充当をすることはできますが、賃借人からは敷金の充当を請求することはできません。

　また、一般に、相殺を受ける側の債権者の債権（受働債権といわれます）が履行を請求できる状態になければ相殺することはできません。

　本問の場合、賃借人が賃貸人に対して家屋を未だ明け渡していない段階では敷金の返還を請求できないので、賃借人は賃料と敷金との相殺を主張できません。敷金の返還が危ういからといってもこの結論は変わらないと考えられます。

　保証金についても、その返還を請求できる状態にない限り（本問の場合、返還を請求できない可能性が強いと考えられます）、賃借人は、賃料と保証金との相殺を主張できません。

以上のとおり賃借人の側から相殺を主張できない以上、賃借人が賃料の支払いを拒絶することは債務不履行とみなされ、賃貸人から損害賠償請求を受けたり、場合によっては、賃貸借契約が解除される危険があります。

■ 賃借人のとるべき対応について

　賃貸人が破産手続開始決定を受けた場合に、賃借人による敷金と未払賃料との相殺を限定する規定は破産法上ありませんが、もともと敷金返還請求権は、賃貸借契約が終了して明渡しが完了した後に発生する債権であり、現に家屋を明け渡すまで相殺できないと判断した裁判例もありますので（大阪地裁平成5年8月4日判タ834号222頁）、家屋の明渡しをする覚悟がなければ、賃料不払いによって、敷金を実質的に回収することは困難といえます（5-38参照）。

　換言すれば、賃料不払いが違法であるとしても、賃借人は、結局、家屋を明け渡して敷金・保証金の返還を請求できるようにすれば、その時点から、未払賃料、損害金、原状回復費用等と敷金とを対当額で相殺できるようになるので、このような取り扱いによって敷金を実質的に回収することができるわけです（ただし、家屋を明け渡す前に、第三者が賃貸人の賃借人に対する未払賃料請求権を差し押さえた場合、賃借人はこの第三者に未払賃料を支払わねばなりませんので相殺することは不可能となります）。

　この点、抵当権者から物上代位権を行使され賃料債権を差し押さえられた場合において、当該賃貸借契約が終了し目的物が明け渡されたときは、賃料債権は敷金の充当によりその限度で消滅すると判断した裁判例があります（最高裁平成14年3月28日民集56巻3号689頁、判時1783号42頁。賃貸人が転貸賃料を差し押さえた場合として東京地裁平成16年4月28日金法1721号49頁）。また、抵当権者が物上代位権を行使して賃料債権の差押えをした後は、賃借人は、抵当権設定登記後に賃貸人に対して取得した債権を自働債権とする賃料債権との相殺合意をもって抵当権者に対抗することはできないと判断した裁判例があります（最高裁平成13年3月13日民集55巻2号363頁、判時1745号69頁）。

　以上から、賃借人としては、賃料不払いによって賃貸借契約が解除される可能性があることを前提として、家屋を引き続き使用する必要性の有無、自分の賃借権に優先する第三者の存否、差押えの可能性、損害金の約定の存否、敷金・保証金の金額、賃貸人の対応状況等の諸事情を総合的に考慮して、慎重に決定する必要があるといえます。

宮村法律事務所　弁護士　宮村純子

建物所有者の敷金・保証金等返還義務

Q 5-36

建物所有者は、必ず敷金・保証金等の返還義務を負うのでしょうか。

■ 結　論

　常に必ず敷金・保証金等の返還義務を負うとは言い切れず、敷金・保証金等の返還義務の有無については、敷金・保証金等の法的性質など、事案に即した個別具体的な判断が求められます。

■ 敷金・保証金および類似した名目の金銭の性質および返還義務について

　建物賃貸借における敷金とは、建物明渡しまでに賃貸借契約に基づいて賃貸人が賃借人に対して取得する一切の債権（賃料債権など）の担保にするために、賃借人から賃貸人に払われる金銭です（民法622条の2）。

　担保ですから、賃貸借契約が終了した場合には、賃貸人の被担保債権がなければ全額、被担保債権がある場合には、その金額を差し引いた残額が賃借人に返還されることになります。

　民法が改正されるまでは敷金の法的性質について様々な学説がありましたが、改正民法では、敷金は「いかなる名目によるかを問わず、賃料債務その他の賃貸借に基づいて生ずる賃借人の賃貸人に対する金銭の給付を目的とする債務を担保する目的で、賃借人が賃貸人に交付する金銭」をいうことが明記されています（民法622条の2）。

　保証金および類似した名目の金銭（以下「保証金等の金銭」といいます）は、敷金と異なり、様々な性質のものがあります。具体的には、貸金、敷金、権利金、即時解放金の性質を有するもの、あるいはこれらの性質が合わさったものがあるといわれています。返還義務の有無については性質ごとに慎重に検討する必要があります。

　貸金としての性質を有するものとしては、建設協力金としての性質を有するものがあります。これは賃貸人が建物を建てる際の資金について協力する趣旨で金銭を貸し付けるものですが、このような趣旨に限定されない資金である場合もあります。事案ごとの慎重な検討が必要となりますが、一般的には返還義務を負う金銭であると言われ、賃料と相殺する形で返還

する必要があります。

　権利金は、営業利益の対価、賃料の前払い、賃借権の譲渡性を認めた場合や場所的な利益の対価などとして交付される金銭です。一般的には返還義務を負わない金銭であると言われています。

　即時解放金というのは、賃貸借契約に定められた期間よりも早く契約を終了させる場合の制裁金のことです。例えば、1年以内に明け渡す場合には保証金の20％を賃貸人が取得して残金を返還するなどという合意がある場合です。

　以上のように、保証金等の金銭の法的性質は様々ですので、返還義務の有無については、その実質に即して判断しなければなりません。

■建物の所有権が移転した場合の敷金・保証金等の金銭の返還義務

　賃貸借契約の継続中に建物所有者が移転した場合、敷金に関する法律関係は賃貸借契約に付属従属するものであるため、当然に新しい所有者である新賃貸人に承継されると解されています（最判昭和48年2月2日民集27巻1号80頁）。

　しかし、保証金等の金銭については、上記のような性質により結論は異なってきます。

　建設協力金の性質を有する保証金等の金銭の返還義務は、当然には新所有者には承継されないと解されます。判例も建設協力金について、他にも敷金が差し入れられている場合に、承継しないと判断しています（最判昭和51年3月4日民集30巻2号25頁）。

　敷金の性質を有する保証金等の金銭は、敷金と同様に解されます。

　権利金の性質を有する保証金等の金銭の返還義務が新所有者に承継されるか否かは、権利金の内容によって異なるものと考えられます。

　即時解放金の性質を有する保証金等の金銭の返還義務は、その賃貸借契約の存続を左右する金銭として大きな意味を持っていますので、当然に承継されると考えられます。

■所有権の移転の前に具体的返還義務が発生していた場合

　所有権の移転の前に賃貸借契約が終了して建物の明渡しが完了し、具体的な返還義務が発生していたような場合には、現実にその義務を負担しているものが返還すべきですから新所有者に返還義務が承継されることはないと考えられます（前掲最判昭和48年2月2日）。

堀越法律事務所　弁護士　堀越　董

賃借人の敷金・保証金返還請求権と自己破産

Q 5-37 敷金・保証金返還請求権を有する賃借人が自己破産を申し立てた場合、敷金・保証金返還請求権はどう扱われますか。

■ 敷金とは何か

　敷金とは、いかなる名目によるかを問わず、賃料債務その他の賃貸借に基づいて生ずる賃借人の賃貸人に対する金銭の給付を目的とする債務を担保する目的で、賃借人が賃貸人に交付する金銭をいいます（民法622条の2第1項）。

　保証金と呼ぶときもありますし、出るときに一定の割合を「償却」と称して返さない特約がある場合もあり、返さない部分は、法律的性格は権利金です。

　賃料の2～3か月分が多いといわれていますが、商業地域では20～50倍にもなる例もあります。

　ビルの貸室では、建設費の補充的な意図をもって交付されることもあり、坪いくらといって預かることもあり、要は、実質判断です。

■ 自己破産とは

　債務超過または支払不能に陥った法人または個人が、不健全な経済活動や消費活動をやめて健全な形で再出発するために利用すべき制度です。

　債権者から申立てを受ける場合もありますが、みずから選択して申し立てるのが自己破産です。

　自然人の破産原因は、支払不能だけであり、年齢、信用、身体の状況、債権額にもよります（今、現金がなくても、返済能力があれば支払不能ではありません）。

■ 同時廃止か破産管財人を選任するか

　破産になると、財産的な価値あるものは、原則提供し、これを換価して平等に配当するわけですが、破産財団を構成すべき財産がなく、管財人の費用もまかなえないようなときは破産手続開始決定と同時に破産手続を廃

止します。これを同時廃止といいます。

　同時廃止になれば、個人の場合は、すぐ免責の申立てをして、これが通ると、そのままの生活を維持でき、かつ、免責を受けた債務の支払義務はなくなるので、ゼロからスタートできるわけです。

　全国的には、破産事件の中では、管財事件より同時廃止手続の方が多いです。しかし、東京地裁では、平成11年ころまでは、消費者破産の多くは同時廃止手続によって行われていて、新受件数の比較で、東京地裁の管財事件の割合は破産事件全体の20％程度であったものの、その後管財事件の件数が増え、平成26年までのデータによると、平成20年以降は管財事件の割合は破産事件全体の50％を超えています（『破産管財の手引［第2版］』5～7頁）。

■ 敷金返還請求権がある場合の同時廃止や免責について

　財団に組み入れ、管財人を付けて、配当手続をしなければならない財産として、敷金や保証金はどう考えるべきでしょうか。

　身分不相応な部屋を借りていて、明け渡せば多額の敷金が返ってくるような場合や敷金返還請求権と他の財産とを合わせて管財人の費用をまかなうことができる場合には、同時廃止は認められません。

　もっとも、居住用家屋の敷金返還請求権は本来は換価処分の対象となるはずですが、東京地裁では、自由財産として扱われるとされていますので、破産しても換価処分する必要はありません。居住用家屋の敷金返還請求権は考慮されず、他の財産で管財人の費用をまかなうことができない場合には同時廃止になります。

　これに対して、退職金や生命保険の解約返戻金の扱いは違います。

　退職金も、破産宣告までの計算上の額は、破産財団に組み入れるべきだと解されているので、ある程度の額を親族等から提供してもらい、それを任意配当するように強く勧告を受け、それが、同時廃止そして免責の前提となることが、裁判実務上多いようです。

　また、生命保険の解約返戻金は、差押えそして解約が可能ですので（差し押さえた債権者も解約可能です）、財団を構成します。

　したがって、高額の解約返戻金がある場合（多くの場合は借入金もあって相殺されますが……）は、この額の分を親族等に出してもらい、同時廃止そして免責をとるのです。

DK国際法律事務所　弁護士　宮崎大輔

Q 5-38 賃貸会社の破産等と敷金・保証金

賃貸会社が破産・会社更生・民事再生の手続に入ってしまった場合、敷金や保証金の返還はどうなってしまうのですか。

■ 結 論

　敷金や敷金の性質を有する保証金は、賃貸会社が破産手続に入った場合は、賃借人が破産管財人に賃料を支払う際に、敷金返還請求権の額の限度で弁済額の寄託請求をする（破産法70条後段）ことで敷金返還請求権が確保され、会社更生・民事再生手続に入った場合は、賃料の6か月分の限度で、相殺により、または共益債権として扱われることにより保護されます（会社更生法48条3項、民事再生法92条3項）。

■ 破産手続における敷金の取扱い

　建物賃貸借における敷金（民法622条の2）とは、賃貸借契約終了後明渡しまでに賃貸借契約に基づいて賃貸人が賃借人に対して取得する一切の債権を担保するものであり、敷金返還請求権は、明渡終了時までに生じたこの被担保債権を敷金から控除し、なお残額があることを条件として、その残額につき発生する停止条件付債権です（最判昭和48年2月2日民集27巻1号80頁）。

　よって、賃貸人が破産した場合、賃借人の敷金返還請求権は、停止条件付の破産債権（破産法2条5項）となり、除斥期間の満了前に明渡しが完了し停止条件が成就していないと、中間配当においては配当が寄託され（同法214第1項4号）、最後配当においては配当手続から除斥されます（同法198条2項）。

　これに対し、賃借人としては、破産手続開始後、破産管財人に賃料を支払う際、敷金返還請求権の額の限度で弁済額の寄託請求ができるとされており（同法70条後段）、これによって敷金返還請求権を確保することができます。すなわち、賃借人が除斥期間内に建物を退去すれば、破産管財人に対する賃料の弁済はなかったものとされ、寄託金は賃借人に返還されます。そうすると賃料未払分が生ずることになりますので、敷金からこの賃

料未払分が控除され、残額のみが破産債権となります。結果として、この賃料未払分の限度で賃借人の敷金返還請求権が確保されたといえます。

保証金についても、敷金としての性質を有するものは上記と同様の扱いとなり、それ以外の性質のものは性質に応じて個別に処理方針が検討されることになります。

■ 物上代位により賃料が差し押さえられた場合

建物賃貸借の賃貸人が破産した場合、当該建物に抵当権を有する抵当権者が物上代位により賃料債権を差し押さえることも考えられます。

この場合には、賃借人は、抵当権者に対して賃料を支払うべきことになりますが、破産管財人に対して上記破産法70条後段の寄託請求ができるか否かについては議論があります。敷金債権者である賃借人の期待を重視して寄託請求を肯定する見解もありますが、そもそも寄託請求は賃料が破産管財人の手に渡ることを前提とした規定と解されますので、物上代位により賃料が差し押さえられた場合には破産管財人に対する寄託請求はできなくなると考えられます。

■ 賃貸人が更生会社・再生債務者となった場合

会社更生法や民事再生法では、賃料債権を受働債権とする相殺について、破産法の扱いとは異なり、手続開始時の賃料の6か月分に相当する額に限り相殺ができるものと規定され、また、敷金返還請求権を有する更生債権者・再生債権者がこれを自働債権として賃料と相殺する場合についても破産法とは異なる扱いをしていることに注意する必要があります（会社更生法48条3項、民事再生法92条3項）。

すなわち、更生債権者が、更生手続開始後にその弁済期が到来すべき賃料債務について、更生手続開始後その弁済期に弁済したときは、更生債権者が有する敷金返還請求権は、更生手続の時における賃料の6か月分に相当する額（2項の規定により相殺をする場合には、相殺により免れる賃料債務の額を控除した額）の範囲内におけるその弁済額を限度として、共益債権になると規定されており（会社更生法48条3項）、民事再生法にも同様の規定が置かれています（民事再生法92条3項）。

このように会社更生法や民事再生法においては、賃借人の敷金返還請求権は、賃料の6か月分の限度で、相殺により、または共益債権として扱われることにより、保護されることになります。

上林法律事務所　弁護士　上林典子

Q 5-39 賃貸会社の役員の個人責任

賃貸会社が保証金を返還しない場合、賃貸会社の役員個人に対して、責任を追及することはできますか。

■原 則

　株式会社などの会社は、法人格を認められ（会社法3条）、それ自体が独立して権利義務の主体となります。
　したがって、会社が賃貸人である場合、賃借人に対する保証金返還債務は会社自身が負担することになります。そのため、会社が経営不振により保証金を返還できない場合、その会社の役員（取締役、監査役）に対して、保証金の返還を求めることはできないのが原則です。

■例 外

　しかし、以下の場合には、役員個人が、保証金の返還について責任を問われることになります。
(1)　役員個人が、賃貸会社の保証金返還債務を支払うことを約束した場合
　役員個人が、会社の保証金返還債務について支払うことを約束した場合には、当該役員に対して保証金の支払いを求めることができます。その支払いの約束としては、債務引受、保証などが考えられますが、保証することを約束する場合、書面または電磁的記録に基づき保証契約がなされる必要があり（民法446条2項・3項）、債務引受でも書面を作成した方が良いでしょう。
(2)　役員に第三者に対する会社法上の損害賠償責任が発生する場合
　会社の取締役・監査役は、悪意または重過失に基づく任務懈怠により第三者に損害をこうむらせた場合、会社と連帯して損害賠償をする責任を負います（会社法429条1項）。
　例えば、役員の悪意または重過失に基づく任務懈怠が原因で会社が経営不振に陥り、賃借人に保証金を返還することができなくなった結果、賃借人が保証金相当額の損害をこうむった場合には、その役員は、賃借人に対して直接に損害賠償責任を負うことになります。

この会社法上の責任は、法が取締役または監査役の責任を加重するために特に認めたものですので、役員の加害行為が民法709条の要件を満たす場合には不法行為責任と競合することになります（最判昭和44年11月26日民集23巻11号2150頁参照）。

　なお、旧商法266条ノ3等に基づく責任に関し、参考となる裁判例として東京地判平成8年3月28日判時1584号139頁があります。事案の概要は、格別の資産を持たず、代表取締役と監査役の2名以外に従業員がおらず、業務を停止していた同族会社が、監査役所有の建物を第三者に賃貸したというもので、裁判所は両役員の責任を認めました。その理由として、①両名は、会社の資産状況に照らして保証金の返還が不能または著しく困難となることをもともと知っていたこと、②代表取締役は会社の資産状況について賃借人に説明をせず、かつ、保証金返還債務について保証人を付すなどの措置をとらずに会社を賃貸人としたこと、③監査役は、このような代表取締役の業務執行について監視義務を怠ったことを挙げています。

(3)　事実上の取締役に会社法上の損害賠償責任が発生する場合

　役員として登記されていなくとも、重要事項についての決定権を有する実質的な経営者がいる場合、その者に対して会社法429条1項を類推適用して責任を追及することができる可能性があります。このような責任を認めた裁判例として名古屋地判平成22年5月14日判例時報2112号66頁があります。

(4)　法人格否認の法理が適用される場合

　裁判例上、会社の法人格が全くの形骸にすぎない場合、またはそれが法律の適用を回避するために濫用されるような場合においては、当該事案限りで会社の法人格を否認し、会社とその背後にある実体を同一視するという法人格否認の法理が認められています。

　例えば、監査役が会社を支配し、会社と自己の業務・財産を混同し、賃貸借契約上の利益を享受していたなどの事案において、会社は名ばかりのもので、その実質は監査役の個人営業であるとして、会社のみならず監査役個人も建設協力保証金返還義務を負うとした大阪地判昭和44年5月14日判時598号77頁があります。

晴海パートナーズ法律事務所　弁護士　後藤　大

あ

- 違約金 2-6
- オーナーチェンジ 2-26, 4-19

か

- 解約予告 2-36, 2-37
- 替え玉 2-17
- 仮差押 4-22
- 仮処分 5-1, 5-7
- 会社役員 2-19, 2-24, 5-39
- 看板 3-1
- 強行規定 2-4
- 供託 3-22, 4-7, 4-8, 4-9, 4-10
- 共有 2-25, 2-32, 4-28
- クリーニング 2-7, 5-17, 5-18
- 競売手続 2-31, 5-30, 5-31
- 欠陥 2-11, 3-20, 3-21, 3-23, 3-24, 5-18
- 原状回復義務 ... 1-2, 1-5, 1-6, 2-7, 5-15, 5-16, 5-17
- 合意解除 2-23, 2-24
- 公営住宅 2-32, 2-42
- 更新料 2-5, 2-35
- 公正証書 2-3
- 高齢者 2-45

さ

- 債権譲渡 ... 4-26, 4-27, 4-29, 5-31
- 催告 4-14, 5-11
- 詐害行為 4-27
- 差押 4-23, 4-25, 4-27, 5-33
- サブリース 2-22
- 残置物 2-7, 5-9, 5-13, 5-14
- シェアハウス 2-44

- 敷金
  ...... 1-2, 2-30, 2-31, 5-10, 5-33, 5-36, 5-37, 5-38
- 時効の援用 2-41
- 失火 3-34, 3-35, 3-36
- シックハウス 3-22
- 自動更新 1-3
- 社宅 2-23, 5-23
- 集金管理 4-30
- 修繕義務
  ..... 3-18, 3-19, 3-20, 3-21, 3-23, 3-24, 3-25, 3-27, 3-28
- 重要事項説明 2-10
- 受忍限度 3-8, 3-10, 3-11, 3-12
- 受領拒否 4-30
- 少額訴訟 5-10
- 使用貸借 2-40
- 譲渡禁止特約 5-34
- 消費者契約法 2-5, 2-6, 5-15
- 消費税 4-32
- 使用不能 3-20, 3-30
- 消滅時効 2-41
- 使用目的 2-13, 3-2, 3-8, 5-32
- 信頼関係の破壊
  .... 2-16, 2-20, 3-3, 3-6
- 心理的瑕疵 2-11
- 生活音 3-11, 3-12
- 説明義務 1-3, 2-10
- 騒音 3-8, 3-11, 3-12
- 造作買取請求権 2-1, 2-4
- 相続
  ...... 2-25, 2-32, 2-42, 2-45, 5-13

た

- 代理受領 4-21

立退料	5-3, 5-4
建替建物	3-33
多人数使用	3-13
短期賃貸借	1-4
仲介	2-9, 2-10, 2-12
駐車場	2-46
調停	4-6
賃借人の原状回復義務	1-2
賃料減額	4-3, 4-4, 4-7
賃料支払先	4-19
賃料増額	4-3, 4-5
通常の損耗	2-5, 5-16
定期借家契約	2-2
抵当権	4-24
撤回	2-26, 2-37
同居人	1-32

な

日常家事	2-15

は

破産	2-28, 5-37, 5-38
破産管財人	2-29, 5-37
反社会的勢力	3-7
ピッキング	3-39
必要費	3-31
標準契約書	2-39
付帯使用権	3-15
扶養義務者	4-18
プライバシー	3-27
ペット	3-14
法定更新	2-25
防犯	3-38, 3-39
暴力	3-6
暴力団排除条項	3-7

保証会社	2-6, 4-31, 5-25
保証金	2-31, 5-36, 5-37, 5-38
保証人	1-3, 2-39
保証ルールの改正	1-3

ま

マンション	2-43, 4-11
無催告解除	4-14
無断譲渡	2-18, 2-19
無断転貸	1-5, 2-18, 2-20
迷惑行為	3-8

や

有益費	3-17
用法違反	3-1, 3-3, 3-10, 3-11, 3-12, 3-13

ら

離婚	2-34
老朽化	5-4

6訂版編集委員会

委員長	弁護士	篠塚　　力
委　員	弁護士	佐藤　雅彦
	弁護士	牧野　盛匡
	弁護士	宇田川靖子
	弁護士	芳賀　成之
	弁護士	小松　達成
	弁護士	濱島　幸子
	弁護士	中野　敬子
	弁護士	青木　和久
	弁護士	大原　義隆
編集協力	弁護士	田中みどり
	弁護士	竹内英一郎
事務局	弁護士	外立　憲和

賃貸住居の法律Q&A［6訂版］

2000年2月15日　初版発行
2019年9月27日　6訂版発行
2022年3月30日　6訂版第2刷発行

編著者　　東京弁護士会易水会
発行者　　馬場栄一
発行所　　㈱住宅新報出版
〒171-0014　東京都豊島区池袋2-38-1
　　　　　　電話（03）6388-0052

印刷・製本／藤原印刷　　　　　　　Printed in Japan
落丁本・乱丁本はお取り替えいたします。
本書は、『著作権法』により、著作権等の権利が保護されています。本書の全部または一部を転載・複写等することは、著作権法上禁止されています。

ISBN 978-4-909683-39-7 C2030